KB074011

구어 전사자료의 구축과 연구의 실제

강 소 영

지식과교양

서문

'공부는 머리로 하는 게 아니라 엉덩이로 하는 것이다' 우스갯소리로 주고받는 말이긴 했지만, 고등학교 때부터 대학원 박사학위를 받기 전까지도 여러 차례 들어왔던 말이다. 그러나 진득하니 앉아서 들여다보려 해도 구어 전사 자료는 밑바닥이 보이지 않는 우물과 같은 존재였다.

현재 사용하는 말들 속에 존재하는 규칙을 찾고 이를 통해 미래를 예측해 보는 것, 누구나 매력적이라고 느낄 수 있는 주제이기에 전사 자료를 구축하고 이를 섬세하게 들여다보는 작업을 열심히 진행해 왔다. 특히 살아 숨 쉬는 날것을 대하고 있다는 생각을 하면 전사 자료의 생동감이 무기력감에 지친 나에게 힘을 불어 넣어주기도 했다.

매력적인 주제, 우물과 같이 깊고 깊어서 나같이 평범한 사람에게도 연구할 한 켠을 내줄 수 있을 듯싶었던 주제, 그러나 나의 도전은 여전히 현재 진행형이고 부끄러움만 가득하다. 나보다 학문의 길을 두, 세 곱절 더 걸어오셨던 분들이 여전히 풀리지 않는 숙제를 한가득

안고 있는 것 같다고 하셨던 기억이 새록새록 되살아온다. 구어 전사 자료를 연구한 지 10년이 지나서야 그 말을 이해할 수 있는 처지라니, 나도 참 한심한 모양이다.

구어 전사 자료를 활용한 연구는 지속적으로 언어공동체의 사회문화적 특성과 담화 사이의 관련성을 찾는 데 관심을 기울여 왔던 내 연구를 가장 잘 보여주는 거울과 같은 존재이다. 향후 연구 주제 역시 최근의 상호작용언어학의 이론을 적용하여 다양한 언어표현들의 함축적 의미를 찾아내는 데 주력하고자 한다. 현재에도 대화참여자들이 대화의 장에서 매 순간순간 어떻게 앞의 말을 판단하여 대화를 이끌어나가는지를 분석하여, 대화에 반영되는 계층별, 성별, 세대별 사회 행위를 규명하는 것을 목표로 삼고 연구를 진행 중이다.

담화를 분석대상으로 삼아 특정 어휘나 문법 구문을 언어 사용의 관점에서 해석하는 것은 기능주의적 접근방법이다. 이에는 담화분석, 변이 언어학, 의사소통민족지학 등의 다양한 연구 분야가 존재하지만, 최근 기능주의적 담화분석(Chafe 1984 Ford&Thompson 1996, De Bois, J., S. Schuetze-Coburn D. Paolino, & S. Cumming 1993)과 대화분석(Sacks, Schegloff, & Jefferson 1974, Schegloff 2007)의 분야가 서로 결부되어 상호작용언어학(Interactional Linguistics)이라는 새로운 학문분야를 만들어 냈다. 구어담화자료를 해석하는 구체적이고 세밀한 연구방법론을 제공한 셈이다.

대화분석의 이론과 방법론을 받아들인 상호작용언어학은 말차례 체계(turn-taking), 말차례단위(turn-constructional units), 대화의 순차구조(sequence organization), 전이관련지점(Transition-relevance places), 수정현상(repair), 인접대귀(adjacency pairs), 협력구문(co-

construction) 등 여러 주제의 연구가 진행되어 왔다. 이러한 연구주제 가운데 이 책은 말차례 단위, 말차례 단위에 덧댄 첨가구문(추가어)이나 담화표지 등을 연구대상으로 삼아 연구를 진행한 것이다.

향후 이를 발전시켜 다양한 집단 내에서 그들만의 효과적인 담화전략을 위해 사용되는 어휘, 문법 요소, 인접대귀(adjacency pairs), 선호조직(preference organization)을 찾고, 이를 토대로 대화지배적인 화행, 화행연속체를 체계화해 보려고 한다. 지금까지 지속해 온 수정, 추가어, 담화표지, 문법화 등의 작업들이 이어지다 보면, 효율적이면서도 대화지배력이 큰 화행, 화행연속체의 체계화가 가능해질 것으로 보인다.

나의 이 책이 거대한 목표 중의 하나라고 하기엔 너무 부끄럽지만, 아직은 여러 가지 생각이 많아서라고 위안을 해본다. 전사 자료를 구축하는 여러 방법이 있고 학자들 사이에서 논란이 계속 되고 있지만, 이것 역시 전사 자료를 구축하는 한 방법일 뿐이라는 점을 밝히며, 전사자료를 구축하는 과정에서 도움을 주었던 여러 학생들에게 고마움을 표한다.

2016년 12월

강소영

6

차례

제1절

새로운 문법범주의 생성

Ⅰ. 화제를 구조화하는 담화표지[1]

1. 담화표지를 둘러싼 담론

TV 프로그램은 1:1의 인터뷰 담화이든 여러 명의 자유로운 담화이든 일정한 대본 아래에서 진행되는 것이 특징이다. 그러나 오락프로그램은 즉흥성이 보장되기 때문에, 화제의 전환이 자주 일어나며, 이를 예고하기 위한 다양한 전략들이 동원되곤 한다. 이를 위해 가장 많이 사용되는 것이 담화표지인데, 아래 예시는 이를 잘 보여준다.

    (1) K: 기분도,
              아주 좋습니다,
              ①네=
         일동: ②네=

---

[1] 이는 어문연구79(2014)편에 실린 논문을 수정, 재수록한 것이다.

L: 긴장[을]--

T: ③[아니] 근데,

        느낌이 약간,

        차승원씨 필이 나요,

J: 예에=

        그니까=

(1)은 자신의 말을 끝내려 하거나(①) 남의 말에 호응을 보내거나
(②) 아니면 남의 말차례를 가로채어 자신의 의견을 개진하는(③)등,
대화의 순차적인 흐름을 따라가거나 혹은 흐름을 깨는 행위를 할 때
특정한 담화표지를 사용하고 있는 장면이다. 대화참여자 모두가 특
정 화제를 협동적으로 이끌어 나가기 위해 최선을 다하기 때문에, 대
화의 마무리나 새로운 화제로의 진입과 같이 국면이 전환되는 순간에
완충제 역할을 해줄 담화표지의 사용이 필요한 것이다.

구어담화는 비공식적이고 편안하며, 주제전환이 빠르고 형식에 매
이지 않음이 특징이다. 화, 청자 또한 복잡하게 얽혀 있어서 대화의
흐름을 따라가기가 어려워 보이지만, 대화참여자 간에는 서로의 대화
를 침범하지 않으려는 원칙이 작용하고 있어 대화구조의 체계화가 가
능하기도 하다. 이러한 구조를 제대로 작동시킬 수 있는 것은 현재 화
자가 말을 끝낼 것을 미리 알 수 있는 장치가 존재하며, 현재 화자의
말을 잇기 위해 제2의 화자가 사용하는 장치 또한 존재하기 때문이
다. 따라서 지금까지 담화자료의 구조화는 이러한 장치의 존재를 보
여주는 언어 자료를 모아 분석하고, 그 장치가 어떤 모습으로 실현되
는지를 보여주는 데 집중되어 왔다.

　현재의 화자에서 다음 화자로의 전환이 일어나는 지점에 대한 연구
는 말 순서교대의 체계화를 시도한 박성현(1998)에서 구체적으로 논
의되었다. 이 논문에서는 화제를 체계화하고, 대화 화제가 도입되고
전개되는 과정에서 사용되는 여러 언어적 장치들을 제시하였다. 그
예를 들면 조사 '-는', 용언 '있지' '맞어', 부사 '아니' '어쨌든' 등이 있
는데, 특히 화제전환을 표시하는 장치들에는 부사가 많이 사용되고
있었다. 그러나 이들은 부사가 아니라 담화표지로서 분류가 가능하다.
　담화표지의 분류에 있어 가장 기본적인 것은 그들의 기원에 따라
정리하는 것으로, 감탄사, 부사, 접속부사 등에서 담화표지로의 변화
과정에 대한 체계적인 기술이 이에 해당한다.(신현숙 1987, 김미숙
1997, 전영옥, 남길일 2005, 안주호 2012 등) 그러나 최근에는 담화
전략적 쓰임을 원하는 화자의 의도에 따라 담화표지와 담화 구조를
연결 지어 논의를 전개하고 있는 추세다.(안주호 1992, 신지연 2001,
신칠범 2011, 노은희 2012 등)
　한 가지 예를 들면 안주호(1992)는 담화구조를 도입-전개-종결로
나누고, 시발표지, 전환표지, 종결표지의 담화표지를 선정, 그들의 의
미기능을 논하였다. 전환표지에 속하는 담화표지들을 화제의 이탈성
을 적용하여 논의할 것을 제안한 것은 의미 있는 시도였으나, 결과적
으로 화제의 이탈성이라는 기준을 살리지 못하고 모두 전환표지로만
분류된 것은 아쉬움으로 남는다. 최근 각 단계별로 나타난 담화표지
를 분류, 그들의 의미기능을 살피려 한 신칠범(2011)의 논의 역시 담
화표지들을 종합적으로 정리, 분석한 의미 있는 연구였으나, 화제전
개 아래 화제흐름의 구조화(화제전환)와 담화책략(주의집중, 얼버무
림 등)이 섞여 있어, 층위의 구별이 필요할 것으로 보인다.

무엇보다 이들은 토론이나 드라마 대본처럼 잘 짜인 담화형식을 갖춘 자료여서, 본고에서 다루려는 TV 오락 프로그램을 설명하는 데에는 한계를 지닌다. 예를 들면 신칠범(2011:107)에서 화제도입의 담화표지로 제시된 '저, 저기, 어, 자, 에' 등에서 '저,저기,에'는 본 자료에서 발견되지 않았다. 더구나 TV 오락프로그램은 시청자와 참여자들을 상대로 한 액자형 도입과 종결 방식을 취하고 있어 적용하는 데에는 한계가 있다.

따라서 본고는 TV 오락프로그램을 대상으로, 소(小)화제별로 대화구조를 나눈 뒤, 이를 좀 더 큰 틀로 묶어 화제의 진행과정을 도식화하고, 각 단계별로 사용된 담화표지에는 어떤 것이 있는지를 살펴보려 한다. 논의의 대상으로 삼은 프로그램은 각 방송국의 간판 오락프로그램으로, 6편의 녹음자료(MBC 라디오스타, 무르팍도사, KBS 해피투게더, tvn피플인사이드)는 40-50분 정도 진행되었으며, 본고는 이들 자료를 억양단위를 기준으로 전사하였다.

억양단위(intonation unit)는 순간적으로 떠오른 화자의 생각이 하나의 통일된 억양곡선(intonation contour)으로 실현되는 것을 포착하여 이를 기준으로 대화를 전사하는 방식으로, 이전의 연구들에서 담화의 운율적 단위인 억양단위로 전사함이 구어체 담화를 분석하는 데에 유리할 수 있음이 여러 차례 지적된 바 있다.(Chafe 1994, 김해연 1997,2001, 전영옥 2003 등) 특히 말의 서두에 등장하는 '아니 근데'는 '아니'와 '그런데'의 의미를 합하여 나오는 의미가 아닌, 제3의 의미를 가지기도 하기 때문에 억양단위를 기준으로 전사하는 것이 적절하다고 여겨진다. 아래는 억양 단위를 기준으로 전사한 자료를 보인 것이다.

(2) P   이태원에 가면,

          이러고,

          장사하시는 분 계시는[데]--

    H: ①[아니] 근데,

          ㅇㅇㅇ씨 말이,

          은근히 얄밉네,

          (중략)

    J: ②사실 저기,

          저-,

          ㅇㅇㅇ씨 같은 스타일이,

          의도하지 않았지만,

          주변분들 굉=장히,

           불편하게 하는 스타일이에요,

    H: 편하진 않아요,

    M: 또,

          있[어요↗]

    J: ③[아니 근데],

          자매분들이,

          이렇게 서로 좀,

          싸운 적이 있다,

　

(2)는 특정인을 상대로 그녀의 외모, 성격, 재능 등을 이야기하고 있는 대목으로, 외모에 대한 1차 평가가 끝나갈 무렵 평가당사자인 H가 옆에서 자신의 외모에 대해 한 마디를 던진 이를 고발(①)하였다. 논점이 잠시 일탈한 상태로 고발자에 대한 이야기를 하다가(②) 다시

평가 당사자인 자매에 대한 이야기(③)로 화제가 복귀되었다. 만약 억양 단위가 아니라면 '아니'와 '근데'의 의미기능으로 기술되어야 하는데, 그럴 경우 복합형이 가진 제3의 의미기능을 규명치 못하고 넘어갈 수 있다. 억양단위를 기준으로 전사하면 이들은 하나의 통일된 억양곡선을 실현, 한 단위로 묶여 연구대상은 단일형, 복합형 모두를 아우를 수 있는 장점을 가진다.

요컨대, 본고는 억양단위를 기준으로 6편의 TV 오락프로그램을 전사하고, (1) 몇 개의 말차례가 결합되어 대화구조를 만들어 내는 과정을 살피며 (2) 화제가 바뀔 때마다 말차례를 잡은 화자의 첫 마디에 분포한 언어적 표현을 분류, (3)그 안에서 지배적인 힘을 발휘하는 담화표지들을 선정, 그들의 실현양상을 살펴보기로 한다.

2. 첫마디에 분포하는 담화표지의 사용 현황

1) 대화의 구조

본고는 연구대상으로 다자간의 대화방식과 1:1의 대화방식 그리고 초대자가 많은 경우와 초대자가 1명인 경우 등 다양한 대화 구조를 보일 수 있는 것을 선택하였다. 그러나 TV 프로그램의 특징 상 모두 대본이 마련되어 있고, 비슷한 분량으로 대화가 진행되고, 대충 5개 정도의 틀 아래에서 하위화제들을 나누어 대화가 진행되었기 때문에, 화제체계의 도식화가 용이하였다. 이들 프로그램의 큰 틀을 도식화하여 제시하면 다음과 같다.

〈표1〉 TV 오락프로그램의 코너 소개

다수의 출연자		사회자와 출연자	
남성 사회자 군	혼성 사회자 군	女진행자	男진행자
열기	열기	열기	열기
출연자소개	출연자 소개	인사	인사
근황토크	과거회상	근황토크	프로필
인물별 탐구	이심전심텔레파시	과거회상	인물탐구
노래+토크	스피드퀴즈	노래+토크	루머해명
마무리	마무리	마무리	마무리

오락프로그램은 참여자들이 모두 모인 가운데 프로그램의 성격을 보여주는 구호가 흘러나오면서 문이 열린다. 그러나 이는 프로그램의 선전과 같은 것이어서, 대화는 출연자들 중 누군가가 시작을 알리는 멘트를 날리면서부터 시작되었다고 할 수 있다. 하지만 다수의 출연자들이 참석한 프로그램은 동일 질문을 반복적으로 여러 명에게 물어보는 것이 특징적이어서 화제의 시작을 둘로 나누었다. 즉 새로운 정보를 꺼내는 것인지, 동일정보를 대상을 달리하여 물은 것인지로 나누어, 전자를 화제의 시작, 후자를 화제의 재시작으로 명명하였다. 특히 중복된 질문으로 인해 말차례의 넘김이 자연스러워야 참여자 상호간에 체면이 깎이지 않기 때문에, 대화의 운용과 관련된 담화표지의 의미기능도 자연스럽게 드러낼 수 있을 것으로 기대된다.

다음은 여러 명의 화, 청자들이 무작위로 질문을 던지는 화제전개의 단계로, 질문과 응답이 순차적이지 않으며, 화제심화, 화제일탈, 화제복귀가 불규칙적으로 일어나는 것이 특징이다. 혼성 사회자군으로 이루어진 프로그램에서 화제심화, 화제일탈 그리고 화제복귀가 이루어지는 화제전개의 순간을 택해, 이를 구현해 보이면 다음과 같은 모습이다.

〈표2〉 TV 오락프로그램의 화제전개의 실례

과거회상의 場	
본 화제	일탈된 화제
화제 1 JH의 7세쯤 사진	
ㄴ 개구쟁이	
ㄴ 유치한 장난	
ㄴ 여동생과의관계 → 전형적	사진유형
화제 2 JH의 수학여행(10대)	
ㄴ 인기도	
화제 3 JH의 연극무대(20대)	
ㄴ 작품설명 → P씨 연극	
ㄴ	P 씨 동기
ㄴ	P씨의 사랑

출연자의 과거를 상위화제로 하여, 사진 3장(하위화제, 7세, 10대, 20대)에 담긴 사연을 듣는 방식으로 진행된다. 각 사진마다 주인공과 관련한 추억이 자유롭게 나오며, 이 소(小)화제를 중심으로 화제는 심화, 발전된다. 아래 'ㄴ'는 화제의 심화를 보인 것이다. 그러나 출연자들의 개인적 취향에 따라 연상되는 주제들은 매우 자유롭게 개진될 수 있어, 화제는 일탈되었다가 다시 원상태로 복귀되기도 한다. 아래 '→'는 일탈된 화제를 보이는 것이다.

결국 오락프로그램은 (1)정해진 화제를 꺼내는 화제시작의 단계와 여러 명의 화자에게 반복, 제시하는 화제재시작 단계, 그리고 (2)정해진 화제 아래에서 자유롭게 연상되는 소(小)화제들이 엮여서 화제를 심화, 발전시키거나, 때론 일탈했다 복귀하는 화제전개 과정을 지나, (3)정해진 화제를 완결 짓는 마무리 단계로 체계화할 수 있을 것이다.

  그렇다면 각기 프로그램에서 화제의 첫 마디에 분포하는 단어는 무엇일까? 첫 마디는 순서교대만이 아니라 화제의 전개, 청자와의 호응 등 대화의 흐름을 유연하게 이어줄 수 있는 전략적 장소이며, 따라서 메시지의 원활한 전달을 의미기능으로 갖은 담화표지의 잦은 출현이 예상된다. 이러한 전제 아래, 소(小)화제의 첫마디에 분포하는 담화표지의 사용현황을 분석, 제시하면 다음과 같다.

〈표3〉TV 오락프로그램의 담화표지 사용 실태

연원	화제시작		화제전개			화제 종결	계
	시작	재시작	심화	일탈	복귀		
감탄사	18	15	10	6	1	11	64
부사	5	1	7	3	4		17
지시사	2	1	4	1	1		9
접속사	2	1	39	5	0		47
복합형	2		6	4	1		13
계	29	18	66	19	7	11	150

  정해진 코너 아래 각 초대 손님들에게 질문을 던져 화제를 시작한 말차례는 74회였다. 그리고 화제를 심화, 발전시키거나 일탈, 화제복귀를 이룬 말차례는 127회, 마지막으로 대화를 종결짓는 마무리와 끝마무리를 이룬 말차례는 11회로, 결국 화제가 바뀌는 지점은 모두 212회로 나타났다.

그 중에서 첫 마디에 가장 많이 분포하는 것은 담화표지로 150(71%)회가 사용되었다. 세부적으로 보면, 감탄사에서 기원한 담화표지(자, 아, 네 등)는 64회, 접속부사에서 기원한 담화표지(근데, 그럼 등)는 47회, 감탄사와 접속부사의 결합형인 복합형 담화표지는 13회, 지시대명사나 부사에서 기원한 담화표지는 26회였다. 담화표지의 높은 사용빈도를 보건대, 메시지의 정확한 전달이 아니라 메시지를 무리 없이 전달하려고 하는 화자의 태도가 대화 곳곳에 숨어 있음을 짐작할 수 있다.

다음 절에서는 가장 많이 쓰인 담화표지를 중심으로 화제 흐름에 기여한 담화표지들의 실제를 살펴보려고 한다.

2) 각 단계별 첫마디에 분포한 담화표지의 실제

(1) 화제의 시작

현재 오락프로그램은 성우의 멘트가 흘러나오거나, 정해진 문구를 출연자들이 함께 외치면서 프로그램을 열기 때문에, 화제를 시작한 단계가 아니며, 따라서 담화표지의 사용도 발견되지 않는다.

(3) J   함께하면,
         더 행복한 목요일 밤,
         ○ ○ ○ ○,
         게스트를,
         소개해 드리도록 하겠습니다,
         우리,

따라서 오락프로그램의 화제시작은 문을 열고나서 출연자들이 착석한 후 본격적인 화제를 시작하는 데서부터이며, 화제를 시작하는 데 가장 많이 사용하는 담화표지는 '자'이다(12회).

    (4) K: <u>자</u>,

            뭐-,

            저희가 소개한 게,

            기분 나쁜 게 없었나요↗

출연자가 모두 모여서 눈인사를 나누자마자 사회자의 진행발언이 이어지는데, 그 첫머리를 여는 말이다. 말차례가 정해져 있지 않고 출연자들의 숫자가 많아 어수선하기 때문에, 주목을 요하고 자신의 발언에 힘을 싣기 위해서는 [주의 환기]의 '자'가 가장 적절하다.

다음으로 '아'(3회)와 '아니'(4회) 역시 화제를 시작하는 담화표지로 사용된다. '아'의 예부터 들면 다음과 같다.

    (5) J: <u>아=</u>,

            오늘 진짜,

            형제자매 특집이죠

            형제 자[매]--

        M: [아]니,

            자매 자매,

        J: 조크입니다,

            조크,

J의 말은 특집제목으로 나온 것이므로 새롭지는 않다. [확인]의 종결어미 '-지'의 사용에서도 확인할 수 있듯이, '아'는 [몰랐던 것을 깨달았을 때 내는 말]이 아니다. 단지 갑자기 어떤 생각이 떠올랐다는 듯이 발화하여 주위 사람들의 시선을 모으는 [주의환기]의 기능을 가졌다.

'아니' 역시 선행명제에 대한 부정의 의미기능을 갖지 않는다.

(6) H: 남편은,

한숨 쉬어요.

일동: [@@@]

J: ①아니,

저희가,

오늘 좀,

가족사진을 준비를 했어요,

예,

(6)의 ①은 가족사진을 보면서 어렸을 때의 추억을 이야기하는 코너의 첫 대목으로, 모든 이들이 웃고 있을 때 사회자가 말차례를 잡고 새로운 화제를 꺼내고 있다. 이때 사용된 '아니'는 앞서 이야기된 화제를 끊고 새로운 화제가 나온다는 것을 알리는 기능을 가지므로, [선행화제의 연속성 부정]을 의미한다 할 수 있다. 선행화제의 연속됨을 부정함으로써 새로운 화제의 시작이 확실하게 표시되고, 이는 참여자들의 시선마저 끌어들임으로써, '아니' 역시 [주의환기]의 의미를 획득하게 된다. 요컨대, 화제의 시작단계를 표시하는 담화표지는 [주의

환기]의 의미기능을 공통적으로 지니고 있다고 할 수 있다.

(2) 화제의 재시작

앞 절에서는 새로운 정보를 발화하는 화제시작 단계를 보았지만,
오락프로그램은 다수의 출연자들이 나와 있고, 그들에게 동일한 질문
을 던져 고루 출연의 기회를 제공한다. 따라서 동일한 화제를 다른 이
에게 발화하는 경우는 비일비재하며, 이 경우 앞선 화자와 뒤에 물어
볼 화자 사이의 연결고리를 자연스럽게 이어줄 수 있는 장치들이 필
요하다. 순서교대는 참여자들에게 체면위협행위가 되기 때문이다.

TV오락프로그램은 조사결과, 화제의 재시작단계에서 [주의환기]
'자'(12회), [감정토로]의 '아,아이고'(3회)를 많이 사용하였고, 이름
을 불러 말 순서를 지정하거나(17회) 손으로 가리키는 몸짓언어(2
회)를 사용함을 볼 수 있었다. 담화표지 '자' '아이고'의 사용 예를 제
시하면 다음과 같다.

(7) Y: 자,

　　　　 I씨 신곡,

　 K: 네.

　 I: 그 뻔한 말,

　　　　 (노래 한 소절)

　　　　 요런 건데,

(8) H: 집에 가세요,

　　　　 집에 가세요,

　 JH: 우리집에서 나가세요,

M: 아니,
      너무 싫어하세요,

일동: @@@,

K: 아이고,
      우리 M씨 얘기를 안했네요,

(7)은 인물들 집중탐구라는 코너에서 여러 출연자에게 그의 신곡에 대해 반복적으로 질문을 던지는 장면으로, 화제 시작단계에 사용된 [주의 환기]의 '자'가 쓰였다. 동일한 질문을 반복하는 데서 오는 어색함보다는 자신의 말차례가 지배력을 가질 수 있도록 대화 참여자들의 시선을 끄는 것이 더 효과적이라 생각하는 화자의 태도를 읽을 수 있다.

(8)은 선행 화자들의 농담에 맞춰 모두 웃은 뒤, 사회자가 말차례를 잡고 다른 이에게로 말머리를 돌린 경우이다. 앞 화자와 동일한 질문을 던질 것이지만, 마치 자신이 큰 잘못을 저질렀다는 듯이 '아이구'를 사용하여 순서교대를 자연스럽게 넘기고 있다. 화자의 기쁨, 안타까움, 놀람 등의 감정 토로가 순서교대에 관여하고 있는 청자들에게 전해져, 그것이 순서교대의 체면위협을 막아주는 방어막이 되고 있음을 알 수 있다.

지금까지 본 것처럼, 화제시작 단계의 담화표지로 사적담화에서는 주저어인 '저' '어' 등의 사용이 보고되지만(신칠범 2011:107), TV 오락 프로그램은 이와 달리 '자'와 '아'의 사용이 나타났다. 이는 다수의 출연자들로 시끌벅적한 오락프로그램의 성격이 반영된 것이며, 따라서 '자'와 '아'의 사용에는 다수의 출연자들 속에서 자신에게 주의를 집중시키는 것이 대화의 시작에서 가장 중요하며, 때로는 화자의 감정 토로로 말 순서교대에 대한 부담을 줄여줄 수 있다고 생각한 화자의 담화전략이 반영되어 있다고 볼 수 있다.

(3) 화제전개

화제의 전개는 다양한 주제와 그와 관련된 다수의 대화참여자들, 그리고 말차례를 잡으려고 기회를 노리는 여러 명이 서로 얽혀 있어서, 담화표지의 사용이 잦을 수밖에 없다. 특히 기존의 화제를 이어받아서 논의를 심화, 발전시키기도 하지만, 기존의 화제를 확대해석하다 보면 일탈이 일어날 수도 있고, 따라서 원래 화제로 복귀하기 위한 시도도 끊임없이 이어지게 된다. 화제일탈과 화제복귀와 같이 예기치 못한 순간으로 진입할 때에는 국면의 전환을 알리는 담화표지의 사용이 예측되는바, 본고는 화제전개를 화제심화-화제일탈-화제복귀 세 단계로 설정하고, 각 단계별로 첫머리에 가장 많이 쓰인 담화표지를 살펴보았다. 이를 보이면 다음과 같다.

〈표4〉 화제전개에 사용된 담화표지의 현황

	심화	일탈	복귀	계
근데	17	5	0	23
아	8	5	1	13
아니	7	3	4	14
그럼	6			6
아근데	3	1		4
아니근데	0	4	1	5

제시된 예 이외에도 접속부사 '그래서' '그리고' 등 1번 등장하는 담화표지들도 다수 있지만, 다음 절에서는 상위빈도에 오른 담화표지들을 중심으로 오락프로그램에서의 그들의 사용이 갖는 의미를 살펴보려고 한다.

가. 화제 심화

앞선 화제를 이어서 심화, 발전시키는 데 많이 쓰이는 담화표지는 '근데'(17회)와 '아'(8회) 그리고 '아니'(7회)의 순으로 나타났다. 먼저 '근데'와 '아'가 화제심화의 장면에 사용된 경우를 보이면 다음과 같다.

(9) 사회자: 요즘 밖에 나갈 때도 그냥=
그렇게,
편하게 하고 가세요↗
출연자: 네,
[저는],
사회자: [아],
학교갈 때,
지하철 타고 다니시나요↗
출연자: 지하철 타고 갈 때도,(0.1)
있었죠,
그러면[서--]
사회자: ㅤㅤㅤ[아우],
막히는 데 최고죠,

> 출연자: 아우,
>
> 그럼요,
>
> 사회자: <u>근데,</u>
>
> 나는 편한데,
>
> 남들이 자꾸 불편하게,
>
> 쳐다보지 않아,

　출연자의 연예인답지 않은 편한 옷차림에 대한 화제로, 사회자가 외출복인지, 지하철을 타고 다닐 때도 입었었는지, 대중의 시선이 부담스럽지 않았는지를 연이어 묻고 있다. 동일화제 아래에서 풍성한 화젯거리를 낳고 있는 장면으로 화제가 전환될 때마다 '아'와 '근데'를 사용하여 자연스럽게 넘기고 있다.

　감탄사에 연원한 담화표지 중 '아'가 가장 많이 쓰이는 것은 [모르고 있었거나 잊고 있었던 것이 갑자기 떠오름] 즉 새롭게 인식하게 되었음을 바탕으로 새로운 화제로의 진입이 용이하기 때문이며, 접속부사에 연원한 담화표지 중 '그런데'가 가장 많이 쓰인 것은 [화제전환]의 의미가 화제의 심화, 발전에 맞았기 때문이다.

　앞선 예시들과 달리 '아니'의 화제심화는 앞선 말을 끊고 또 다른 화제로 나아갈 때 사용하고 있음이 특징적이다.

　(10) JH:　　삼촌이 쫓겨났어요,

　　　　　　너무 싫어[하셔서--]

　　　일동　　[@@@]

　　　JM:　　[너무] 싫어하세요

```
일동:    [@@@]
J:       아니,
         무슨 시트콤도 아니고,
         가족끼리 모여서,
         작은 아버지가,
         아니,
         화토,
         좀,
```

(10)은 앞선 화제(도박)를 이어받아 이야기를 발전(명절의 고스톱)시키는 대목에서 사용된 '아니'의 예이다. [선행화제의 연속성 부정]의 의미로 인해'아니'는 새로운 화제로의 진입이 자연스러워 화제 심화에 어울리는 담화표지이다. 특히 '아니'는 앞선 말 순서마저 부정하여 새로운 말 순서를 만들려는 화자의 의도를 내포할 수 있어, 모두의 웃음으로 말 순서가 정해지지 않을 경우 이를 끊고 새로운 화제와 말 순서를 설정할 수 있는 이점이 있다.

나. 화제일탈

TV 오락프로그램은 정해진 코너 아래 출연자들의 애드립이 자주 발생하기 때문에, 원래 화제에서 약간 벗어난 대화를 주고받기도 한다.

```
(11) 출연자: 그런 게,
             모든 게,
```

그-

뮤지션의 음악과,

동일시되어진다고 생각해요 저는,

그래서,

일러스트레이터 ㅇㅇㅇ 씨라는 분과,

우연히 연결되었어요,

사회자: ①근데,

우연히 발견하신 거라면서요,

출연자: 네↗

네,

제가 이-이 옷을,

맞추는,

그 양복점이죠,

(중략)

사회자: ②근데,

이번 앨범에 변화--

진화,

말씀하셨는데,

(11)은 앨범과 앨범재킷까지 모두 책임지고 만들어낸 출연자의 신곡 앨범에 대한 이야기를 나누고 있다. 그런데 앨범재킷을 만든 일러스트레이터와의 만남에 대한 화젯거리로 빠졌다가(①) 다시 원래의 앨범이야기로 돌아가고(②) 있다. ①은 화제일탈의 순간으로 '근데'를 사용하여 첫머리를 열었다.

무계획적으로 이루어진 대화구조상 그리고 참여자들의 자유연상

작용에 따라 자유롭게 화제가 흐르고 있으므로, 화제의 심화 단계에
서 앞선 화제와의 관련성이 떨어지는 경우, 화제일탈로 이어질 수밖
에 없다. 따라서 화제일탈은 화제심화의 담화표지와 동일하게 '근데'
'아' '아니'의 사용예가 많다.

> (12) 가. J:　아니 두 분은,
>
>　　　　　두 분은,
>
>　　　　　가만히 계시는데도 똑같애요,
>
>　　　M:　똑같이 생겼어요.
>
>　　　H:　<u>아</u>,
>
>　　　　　앤 원래,
>
>　　　　　눈이 좀더.
>
>　　　　　작았는데,
>
>　　　　　눈을 집었어요,
>
>　　　　　근데,
>
>　　　　　근데,
>
>　　　나. H:　거친 시기에 함께 놀았[던--]
>
>　　　　 I:　　　　　　　　　 [<u>아니</u>],
>
>　　　　　　언니가,
>
>　　　　　　레이저로 죽인 남자들이 많아요.
>
>　　　일동　[@@@]

(12-가)는 형제는 닮았다는 주제로 이야기를 나누고 있는데, 갑자
기 자매간의 성형수술 이야기로 화제일탈을 한 대목이며, (12-나)는
남자친구를 꽉 잡고 살고 있는 여가수에 대해 이야기를 하고 있는데

말을 가로채어 과거의 남자친구들에 대한 이야기로 화제일탈을 한 대목이다. 각기 갑자기 생각났음을 의미하는 '아'와 선행화제를 부정하여 새로운 화제를 꺼내는 '아니'를 사용하여 말의 첫머리를 열었지만, 둘 모두 앞 화제와의 관련성이 떨어져서 화제일탈의 의미기능을 가진다.

화제일탈의 담화표지 중에서 가장 눈에 뜨이는 것은 복합형 담화표지 '아니 근데'로, 화제전개에서 화제일탈에 가장 많이 쓰였다.

> (13) 출연자: 제가 이제,
> 중학교 대부터,
> 기타는 좀 쳤는데,
> 사회자: 네,
> 출연자: 그래서 이제,
> 그때부터,
> 기타치면서,
> 노래를 시작했죠,
> 사회자: 혼자서↗
> 출연자: ①네,
> 사회자: ②아니 근데,
> 경기민요는,
> 언제 배우신 거예요 그럼↗
> 출연자: ③@@@
> 고삼 때부터요.

출연자의 과거회상이 이어지는 대목으로, 사회자는 출연자의 응답

(①)으로 화제가 일단락되었다고 판단하고 화제를 전환시켰다. 그런데 발라드 가수인 출연자에게 민요를 시켜보려는 의도에서, 사회자가 상황에 어울리지 않게 꺼낸 민요이야기는 화제일탈을 불러왔다. 출연자의 헛웃음(③)이 이를 입증하며, '아니 근데'는 앞 화제와 완전히 다른 화제로의 진입을 표시하는 화제일탈의 의미기능을 가졌음을 알 수 있다.

'아니 근데'는 '아니'를 가지고 있고, '아니'와 동일하게 화제일탈의 의미기능을 지니고 있어서, '아니'와의 관련성을 무시할 수는 없다. 그러나 이 둘은 의미기능의 중복이 있을 수 있으나, 서로 구별되는 지점이 있어 별개의 담화표지로의 설정이 가능하다. 아래는 '아니 근데'가 '아니'와 달리 선행 명제의 즉각적인 수정기능을 가지지 않았음을 보이는 예문이다.

(14) H: 방송 도중에,
          일반인 출연자가 벗어놓은 옷을,
          끝=까지 챙겨줬다,
     K: 진짜,
          오지랖 최고네요,
     Y: 벗은 옷을 좋아하나,
          내 남자로,
          이런 사람 어때요↗
          내 남자로 ,
     I: 글[쎄]--
     H: [아니] 근데,
          남자 옷이었어요,

H가 말한 내용에 틀린 부분이 있을 때 바로 수정을 하지 못하고, 다른 이들이 대화를 주고받고 있는 중간에 끼어들어 '아니 근데'로 말 수정을 시도한 예시이다.

'아니 근데'의 시간차를 둔 사용과 달리, 담화표지 '아니'를 이용한 수정은 다음 말차례에서 즉각적으로 이루어진다. 아래는 동생의 말 중에서 잘못된 부분을 즉각 수정하는 누나의 말 첫머리에 사용된 '아니'의 예이다.

> (15) H: 누나 되게 어렸을 때,
>
> 한,
>
> 유치원--
>
> 초등학생 때,
>
> 막,
>
> 이때에요,
>
> J: [아니=] 유치원 때는 아니야
>
> H: [초등하-] 초등학교 때,
>
> 한,
>
> 1 2학년 때,

(14)과 (15)의 예시에서 알 수 있듯이, '아니'와 '아니 근데'는 서로 다른 의미기능을 수행하고 있어서, 이 둘은 별개의 담화표지로 설정하는 것이 타당함을 확인할 수 있었다.

지금까지 화제심화와 화제일탈의 담화표지 '근데' '아' '아니'의 사용 예를 살핀 뒤, 화제의 일탈은 화제의 심화가 관련성이 약할 때 벌어지는 것으로, 이는 여러 명의 참여자들이 화제와 말 순서가 정해지지 않은 상태에서 자유롭게 이야기를 나누는 오락프로그램의 성격상 나타날 수밖에 없는 것으로 설명하였다. 그리고 '아니 근데'는 '아니'와 '근데'가 결합한 형태이므로 동일 의미기능(화제일탈)을 가지기는 하지만, '아니'와 다르게 시간차 수정에 분포하는 등 차이 역시 가지고 있음을 알 수 있었다.

다. 화제복귀

오락프로그램은 논리적인 귀결이 필요하지 않고 단지 참여자들끼리 웃고 떠들면서 이야기를 나누는 것이 특징이므로, 자유롭게 자신의 생각을 펼칠 수 있다. 따라서 앞 화제와의 연관성이 떨어지는 화제일탈의 경우에도 이를 무시하고 넘어가는 경우가 잦다. 물론 화제복귀 역시 별다른 담화표지 없이 자연스럽게 넘어가기도 한다.

(16) P:　　아 왜,

　　　　실명을 얘기해요,

　　J:　　실명 아니잖아요.

　　모두　@@@@

　　B:　　OO라고 얘기 안하면 돼요↗

　　P:　　그건 실명 아니에요↗

　　J:　　그건 예명이에요,

　　　　실명은 위험한데,

　　　　예명은 아니잖아요.

　　S:　　어머,

　　　　몰랐네,

　　　　OO가 본명 아니었어요↗

J: 예명이에요,

S: 아,

나는 몰랐네,

①성격이 털털해서,

남자한테 되게 인기 많았을 것 같아,

(16)은 별다른 담화표지의 사용 없이 자연스럽게 화제복귀를 이룬 예시를 든 것이다. 한 남자연예인들의 실명을 공개한 것을 둘러싸고 설왕설래하며 화제 일탈을 이룬 상황에서, 화제복귀(①)는 논란의 대상인 출연자를 쳐다보는 것으로 끝났을 뿐, 담화표지의 사용은 보이지 않았다.

이처럼 화제복귀의 담화표지는 그다지 많이 나타나지 않았다. 아니(4회), 아니 근데(1회)만이 쓰였을 뿐이다. 먼저 '아니'가 쓰인 예를 제시해 보면 다음과 같다.

(17) ①M: 예,

제가 안나오면,

못나온대요 오늘.

Y: 아니,

누가 그[랬]--

J: [아니],

섭외를 어떻게 하셨길래,

②H: 우리가 1+1이야↗

P: H씨,

H씨,

　　　　　그걸 몰라서 물어↗

　　　　　언니 안 나왔으면 못 나왔어.

③J:　　　아니-그-저,

　　　　　어쨋든,

　　　　　그-저,

　　　　　두 분 정말 닮으셨죠.

　　S:　　네,

　　　　　정말 닮았어요,

　　　　　선남선녀,

　　P:　　완판 닮네,

　　　　　정말 진짜,

　　S:　　희한하다,

　　　　　웃을 때 똑같이 생겼네,

　　　　　응↗

　　J:　　가만히 계실 때 정말 똑같아,

　　　　　아니,

　　　　　두 분은,

　　　　　두 분은 가만히 계시는데도,

　　　　　똑같아요 인사[를--]

④H:　　　　　　　　　[아],

　　　　　앤,

　　　　　원래 눈이 작았는데,

　　　　　눈을 집었어요,

　　　　　근데--

　　　　　[근데--]

```
P:    [언니는] 붙여넣고,
H:    예,
      저는 붙여놓고,
      우리 집안이 다 보완이 들어가야 돼요.
⑤J:   아니-그-저,
      제대로 인사를 좀 해주세요,
      에↗
```

M과 그의 동생 Y의 섭외 건(①)으로 이야기를 하다가, H의 끼어듦
으로 화제일탈(②)이 있었으나 사회자 J의 화제복귀(③)에 따라 다시
M과 Y에 대한 이야기를 나누었다. 이때 화제복귀를 위해 사용한 것이
담화표지 '아니'이다. 물론 M과 Y에 대한 이야기를 끝내고 H자매를
인사시키려는 사회자 J의 노력은, H가 자신의 성형수술 이야기를 꺼
낸 바람에 잠시 화제일탈을 겪은 후(④) 사회자 J의 중재로 화제복귀
(⑤)된 연후에 본격화되었다. 이때 역시 '아니'를 사용하여 화제복귀
를 자연스럽게 행하였다.

사적담화는 정해진 화제의 테두리 내에서 움직여야 할 필요성이 많
지 않기 때문에, 화제일탈의 경우에도 흐름이 매끄럽기만 하면 화제
복귀는 필수적이지 않다. 이는 달리 말하면, 군이 일탈된 화제를 복귀
시키려는 화자의 시도는 스스로에게 부담이 될 수 있으며, 따라서 화
자는 대화 분위기를 망치지 않도록 보완장치를 마련할 수도 있음을
의미한다. 그런데 화제복귀를 위한 말의 첫머리에 담화표지 '아니'를
사용하였음은 이에 '아니'의 의미기능이 적절하게 맞아 떨어졌기 때
문으로 보인다. 즉, [선행화제의 연속성 부정]의 의미를 가진 '아니'가

화제일탈의 장면에서 사용되는 경우, 참여자들은 일탈된 화제를 끊겠다는 화자의 의지를 읽을 수 있기 때문에, 화자로서는 불평, 불만 없이도 화제를 복귀시키겠다는 자신의 의사표현을 확실하게 인지시킬 수 있어서 '아니'의 사용이 선호된 것으로 보인다.

다음으로 '아니 근데'의 예를 볼 차례인데, 이는 화제전개가 농담으로 흘러 화제일탈을 이룬 경우, 이를 복귀시키는 말의 첫머리에 등장한다. 아래는 '아니 근데'를 사용하여 말차례를 잡고 원래 화제로의 복귀를 꾀한 예를 제시한 것이다.

> (18) L: Why Why today you don't want it
>   S: 아,
>
>   secret.
>
>   일동   [@@@]
>
>   L: ①아니 근데,
>
>   정말 재밌는 건,
>
>   이렇=게 위트 있으신 분들이요,
>
>   느는 게,
>
>   눈에 너무 보=여요,

한 출연자의 영어강사 경력을 화제로 다른 이들의 콩글리쉬가 남발되며 잠시 화제일탈을 이루었다. ①은 그 내용을 듣고 모두 웃고 있을 때 영어강사였을 때의 화제로 다시 복귀하는 대목이므로 화제복귀의 '아니 근데'가 사용된 것이다. '아니 근데'는 '아니'와 '근데'를 구성성분으로 하고 있어 이들의 의미기능에 영향을 받는바, 결국 화제일탈 뒤 복귀의 순간에 사용된 담화표지는 '아니'의 [선행화제와의 연속성

부정]의 의미자질이 가장 결정적인 영향을 미친 것이라 할 수 있을 것이다.

지금까지 화제 전개를 체계화하여 화제심화, 화제일탈, 화제복귀의 매순간 첫 마디에 나타나는 담화표지를 조사, 분류하고, 지배적으로 많이 사용된 것을 묶어 그들의 사용 환경과 그 안에서의 의미기능을 점검해 보았다. 그 결과, 화제심화, 화제일탈, 화제복귀의 환경에 두루 사용된 것은 '근데'와 '아' '아니'였으며, 특히 화제일탈과 화제복귀에는 '아니'와 '아니 근데'의 사용이 두드러졌음을 알 수 있었다. 물론 각기 구별되는 의미기능을 지니기도 하였지만, '아니'와 '아니 근데'가 화제일탈과 화제복귀라는 동일 의미기능을 지닐 수 있음은 [선행화제의 연속성 부정]의 의미를 가진 '아니'의 의미기능에서 연유한 바가 큰 것으로 보인다.

3) 화제의 종결

프로그램의 문을 닫을 때는 시작과 비슷하게 좌중이 정색을 하고 시청자를 향하여 인사를 하기 때문에 별다른 담화표지를 사용하지 않았다. 단지 한 프로그램에서만 시청자들의 주의를 끌어 마무리 광고를 확실하게 알리기 위해 [주의환기]의 '자'(1번)를 사용하였을 뿐이다.

(19) K:　　자,
　　　　여러분들의 음악에,
　　　　많은 사람들의 인생,

            곳곳에,
            함께 하길 바랍니다,
            (중략)
            여러분,
            다음 주에 만나요,
            제발.

  여러 명이서 자유롭게 대화하다가 이들을 갈무리하여 화제종결을
시도하기 때문에 모든 이들의 주목을 받기 위한 [주의환기]의 '자'의
사용이 적절하다.
  전체 프로그램의 종결과는 별도로, 소(小)화제를 마무리 짓는 화자
의 의도는 문장(그만하죠)이나 호응을 보이는 몸짓언어 등을 이용해
나타난다. 특히, 인터뷰 담화에서는 사회자가 소(小)화제를 종결하고
다음 화제로 넘어가겠다는 의사를 담화표지 '네'(10회)의 사용으로
드러내었다.

    (20) J: 혼자서 다,
                책임져야 되니까,
         B: ①네,
                [그렇죠].
         J: [그래서],
                소중함을 더 많이,
                느껴요,
                솔로활동을 하면서,
         B: ②네.(0.1)

> 이번에=
>
> 2집 파트 투,

상대방의 이야기에 공감을 표하는 '네'(②)가 앞선 화제를 종결하고 다음 화제로 넘어가는 말의 첫머리에 사용된 경우이다. 다른 이의 말에 맞장구를 치는 앞선 '네'(①)와 달리 차분하게 가라앉는 운율을 지녔고 잠깐의 휴지마저 뒤를 이어, 화제를 종결짓고 새 화제를 열겠다는 화자의 태도를 표명한 담화표지라 할 수 있다.

지금까지 본 것처럼 화제의 종결은 별다른 담화표지의 사용이 필요 없었다. 이는 다수의 참여자들이 자유로운 화제전개로 거침없이 대화에 참여하기 때문에 굳이 화제종결의 표시를 하지 않고 넘어가기 때문으로 보이며, 바로 이 점이 다른 자료와 구별되는 오락프로그램만의 특성이라 할 수 있을 것이다.

4. 결론

지금까지 TV 오락프로그램을 대상으로 화제가 바뀔 때 첫머리에 사용되는 담화표지의 의미기능을 알아보았다. TV 오락프로그램은 시청자들을 향한 여는 말에 이어서 '화제시작-화제전개-화제종결'로 짜였으며, 화제시작은 출연자들을 대상으로 한 화제시작과 동일한 화제를 다른 대상에게 물어보는 화제재시작으로 나뉘었다. 그리고 화제전개 단계는 앞서 나온 화제를 심화, 발전시키거나 화제일탈, 화제복귀를 행하는 3단계로 나누었고, 화제의 마무리는 출연자를 향한 소

(小)화제종결과 시청자를 향한 프로그램의 종결 두 단계로 나눌 수 있었다. 이들 각 단계별로 첫머리에 분포한 어휘를 조사하였고, 그 결과 담화표지의 사용이 가장 많음을 알 수 있었다. 그들의 사용현황을 화제의 구조에 따라 정리하면, 우선 화제의 시작은 '자' '아니' '아'의 순서로 분포하였고, 화제심화, 화제일탈은 '아'와 '근데'가 많이 사용되었다. 또한 '아니 근데'와 '아니'는 화제일탈과 화제복귀에 주로 사용되어, '아니'의 [선행화제의 연속성 부정]의 의미기능이 이들의 사용에 지배적임을 알 수 있었다. 본 논문은 TV 오락프로그램을 대상으로 화제의 구조화를 시도하였고. 화제의 구조 속에서 갖는 담화표지의 기능을 점검하였다. 화제의 구조화와 담화표지의 의미기능을 살피는 첫 단계의 논문이기 때문에 아직 나아가야 할 길이 멀다. 각종 자료에 등장하는 담화표지들을 찾고, 대화구조 내에서 그들의 사용양상을 살펴, 이의 지배원리를 계속해서 살펴볼 필요가 있을 것이며, 이는 후속연구로 남겨둔다.

Ⅱ. 복합형 담화표지 '아니 근데, 아 근데'[2]

1. 서론

인간이 언어를 사용하는 목적에는 정확한 메시지의 전달도 있지만, 화,청자간의 원활한 의사소통을 돕기 위한 도구로서의 사용 역시 존재한다. 우리의 일상을 지배하는 구어는 특히 후자의 목적에 부합하는 경우가 많다. 아래는 구어 전사자료를 검토하다 화자의 원활한 의사소통을 돕는 데 목적이 있는 어휘들의 사용이 눈에 뜨여 제시한 것이다.

   (1) A: 그래서,
            어찌 하고 온 건데,
       B: <u>아니↑</u>

---

2) 이는 한국어의미학44(2014)에 실린 논문을 수정, 재수록한 것이다.

<u>뭐=</u>
내가 먼저 하겠다고 했지 <u>뭐</u>,

B가 전달하려는 메시지는 '내가 먼저 하겠다고 말했다'이다. 나머지는 추궁당하는 상황에서 곤란한 말을 꺼내기 어려워 이를 조절하고자 하는 화자의 태도를 담고 있어, 구어 전사자료에서 이들이 차지하는 비중이 큼을 알 수 있다. (1)에서 '아니'는 상대의 말에 예,아니요로 답을 하는 상황이 아니므로 부정응답의 감탄사가 아니며, '뭐' 역시 모르는 대상이나 사실을 묻는 것이 아니므로 대명사로 쓰인 것이 아니다. 이들은 단지 메시지를 원활하게 전달하려는 화자의 태도만을 담고 있어서 Shiffrin(1987)의 정의 이후 담화표지로 분류되었다.

담화표지는 '발화의 명제 내용에 영향을 미치지 않고, 발화를 연결하거나 화자의 태도를 표시하거나, 담화 구조를 표시하는 등의 일정한 담화상의 기능을 수행하는 언어요소'로, 이에는 앞서 보았던 '아니, 뭐'뿐만 아니라 아래의 '아니 근데'처럼 두 단어 이상이 결합된 구역시 포함이 된다.

(2) A: 요런 정도면,
          듣지도 않고,
          C 씨란 이름만 듣고,
          뭐
    B: ①아니,
          [아니],
    C   [난 B]씨는
    B: [₂그− ₂]

C:　　[₂ 퇴짜 ₂] 놓을 줄 몰랐어요,

　　　　넙쭉받을 줄 알았는데,

일동: ②@@@@

B:　　아니 근데,

　　　　곡을 주셨는데,

　　　　원곡을 주신 게 아니라,

　　　　압축파일을 주셨더라구요,

　B에 관한 일화를 소개한 뒤 농담이 이어지자 대화참여자 모두 웃음으로써 말 순서가 정해지지 않은 상태(②)였다. 이때 B의 발언은 '아니 근데'로 시작된다. 앞서 B가 자신의 황당한 심정을 토로하는 데 사용한 '아니'(①)와 동일하게 '아니'를 포함하고 있지만, 지금은 황당한 감정을 보일만한 대목은 아니다. 모두 웃고 있는 상황에서 말을 꺼내는 것은 화자는 물론 상대방에게도 부담이 될 수 있으며, 따라서 화, 청자 간의 부담을 완화시키기 위한 대화책략이 반영된 '아니 근데'라고 할 수 있다.

　이처럼 대화참여자들의 원활한 의사소통을 도와주는 담화표지에는 구 단위의 예들이 다수 포함되어 있다. 기존 연구에서는 이들을 구성요소 중 어느 하나의 의미로 귀속시켜 다루기도 하였으나, 이들 중에는 한 덩어리처럼 결합되어 제3의 의미기능을 가진 것도 있어 이에 대한 본격적인 연구가 필요하다고 보인다. 본 논문은 이들을 복합형 담화표지라 칭하고 '아니 근데', '아 근데'를 예제로 삼아, 이들이 복합형 담화표지로 분류될 만한 통사, 의미적 특징을 가졌음을 보이려 한다. 우선 2장에서는 복합형 담화표지의 정의와 통사적 특징을 볼 것

이며, 3장에서는 실제 발화현장에서 이들이 가진 의미를 알아본 뒤,
이러한 복합형 담화표지가 생겨나는 이유를 4장에서 정리할 것이다.

2. 복합형 담화표지의 정의와 분류

1) 복합형 담화표지의 정의

기존의 연구에서 단어가 아닌 구 이상의 단위를 대상으로 담화표지
를 설정한 경우는 다수 목격된다. 강소영(2005)에서 '그러하다'와 부
사형 어미 '-어' 그리고 용언 '가지다'의 활용형 '가지고'가 결합한 '그
래 가지고'를 [원인]과 [화제복귀]의 담화표지로 설정한 것이 그 예
이다. 또한 '그런데'의 의미를 논하면서 앞뒤에 붙은 또 다른 담화표
지와 한데 묶어 의미를 논한 노은희(2012)나 김미선(2012) 역시 단
어가 아닌 구 단위를 대상으로 담화표지를 설정할 수 있다는 실마리
를 안겨 주었다.

먼저 노은희(2012:43)의 예를 재인용하면서 논의를 전개해 보겠다.

> (3) 미라모: 어머, 그래요? 어쩌나, 학교 재단 이사장 일 하려면 뭣
>   보다 내조가 뒷받침이 돼야 할 텐데! <u>그건 그렇구, 저,</u>
>   <u>근데</u> 신사장님 뭐 필요한 거 없으세요?
>   금실: (영문 모르는) 네?
>   미라모: <u>아니, 다른 게 아니구</u> 실은 우리 미라가 좀 있으면 장
>   사장님 생신인데, 뭘 자꾸 드리고 싶다구 그래서요

미라모가 두 번의 발화순서를 통해 화제전환을 이루는데, 이를 표시하기 위해 다양한 담화표지가 사용되고 있다. '그건그렇구'는 이전 화제 마무리를 강조하며 화제전환을 표시하고, '저, 근데'는 화제도입을 초점화하여 화제전환을 이끌고 있다고 설명하였다. 이에 의하면 '저, 근데'는 각기 초점화와 화제전환의 독자기능을 표시하는 것일 수도 있고, '근데' 단독으로 초점화와 화제전환을 표시하는 것일 수도 있다. 물론 후자의 경우 '저'는 말하기 어려운 일이 있을 때 주저어로 사용된 담화표지로 처리한다. 어느 것이 되었든 '그건 그렇구'로 화제를 마무리 짓고 화제전환을 시도하는 경우, '근데'나 '저' 하나만을 사용하는 것은 어색하다. 갑작스런 화제전환에 대처하기 위해 화, 청자 모두 대비를 할 수 있는 마음의 여유가 필요하며, 화자의 조심스러운 마음을 담아 화제를 전환하기 위해서는 '저'와 '근데' 두 담화표지가 복합적으로 사용되어야 하기 때문이다.

이처럼 '근데'는 단독이 아닌 다른 담화표지와 나란히 놓여 자주 사용된다. 아래는 김미선(2012:34)에서 부연요청, 발언재촉의 '그런데'로 든 예시를 재인용한 것이다.

(4) 강은표: 싸우는 이유가 뭔데?
현정Y: 내가...
강은표: (보며)...
현정은: 확실히 알고 있었거든... 근데...
강은표: 근데?
현정은: (미소 지으며) 너무 오래돼서..잊어버렸다

(5) 유정부: 어떤 놈이 그래?

　　유경:　　그게.. 그러게.. 헷갈린다. 갑자기 나두

　　유정부: 지 밥벌인 하는 놈이야?

　　유경:　　돈 많아, 되게

　　유경부: 성질이 지랄이야?

　　유경:　　자상해 합리적이고

　　유경부: 너 요리한 건 싫다 안해?

　　유경:　　내가 만든 요린 무조건 다 맛있다는데

　　유경부: <u>근데 뭐?</u>

　　유경:　　난.. 딴 남자가 좋다, 아부지

　(4)는 부연요청의 '그런데' (5)는 발언재촉의 '그런데'의 예인데,
(5)는 '그런데'의 단독사용만으로 부여되는 의미가 아니다. 발언재촉
의 의미는 말꼬리에 사용된 '뭐'의 존재를 무시하고서는 말할 수 없
다. 물론 이 의미가 '뭐'만으로 살아나는 것도 아니다. 아래는 '뭐'만을
사용하여 물은 경우로, 이때 '뭐'는 [어떤 사실에 대해 놀람]의 의미를
가진다.

(6) 유경:　　내가 만든 요린 무조건 다 맛있다는데

　유경부: 뭐?

　유경:　　난..딴 남자가 좋다, 아부지

물론 '그런데' 단독 사용으로도 발언재촉의 의미는 나오지 않는다.

(7) 유경:　　내가 만든 요린 무조건 다 맛있다는데

유경부: <u>근데?</u>

유경: 난..딴 남자가 좋다, 아부지

(7)의 '근데?'는 앞서 (4)의 예시처럼 부연요청의 의미를 가질 뿐이다. 따라서 이 경우 발언재촉의 의미를 가지려면 '근데'와 '뭐'가 나란히 놓여야 하며, 이는 결국 '근데 뭐' 두 담화표지가 연이어져 오는 데서 발생하는 의미임을 강하게 보여준다.

더구나 '아니'의 의미기능을 논술한 김미숙(1997:91-92)에서 '아니'는 '주의집중의 효과를 나타내어 화제전환을 하기도 한다'고 설명하였는데, 이 안에는 '아니'만이 아니라 '아니 근데'를 포함하고 있다.

(8) 가: 네...①<u>아니</u> 뭐, 빌면 뭐 하냐구요. 그때만 빌면은

　　나: ②<u>아니, 근데</u> 이, 저 그 우리 고향말로는 이런 사람을 보고는
　　　　심판없다고 하는 거예요

　　가: 심판없어요?

　　나: 이 물인지 불인지 모르는 사람을, 이, 심판 없는 사람이에요

　　가: ③<u>아니, 근데</u>

　　나: 어-

　　가: ④<u>아니</u>, 우리도 가끔 보면은

　　나: 자기가 월급이 얼마나 된다고

　　가: 대표로 결제를 하고 올 때가 많거든요 네

　　나: 그 집도 그래요?

　　나: 참 나...

　　가: ⑤<u>아니</u> 정말로, 요즈음 아, 전업주부들의 경우에는 남편이
　　　　절어다 주는 월급 그게 사실 한 달 생활의 전부 아니겠어요?

(8)은 원문을 재인용한 것으로, 다섯 번 나타난 '아니'는 주의집중의 표지로 설명되었다. 그러나 주의집중은 화제전환과 주의환기(당황스런 감정의 표현)에 수반된 효과로 보인다. 즉, ②,③은 화제가 전환된 경우(헛된 말처럼 들리는 남편의 사과->심판 없는 사람으로 정의, 심판 없는 사람->사고치고 들어오는 남편)이며, ④, ⑤는 화자가 황당해 하면서 자신의 감정을 드러내는 장면이므로, 화제의 전환과 개인의 감정표출을 의미할 뿐, 주의집중이 주(主)기능으로 보이진 않는다. 의미상의 차이에 더하여 ②③의 '아니 근데'는 '아니'와 '근데'가 연이어진 사용상의 제약을 가지고 있어, ①④⑤의 '아니'와 구별하여 처리하는 것이 타당하다. 이렇게 보면 복합형 담화표지 '아니 근데'의 설정이 자연스럽게 제기된다.

다음 절에서는 담화표지가 연이어져 나오는 예들을 대상으로 복합형 담화표지의 범주를 설정하려는 목적 하에, '아 근데'와 '아니 근데'를 대표 항으로 설정, 이들이 담화표지로서의 특징을 지니고 있는지를 검토하여 보려 한다.

2) 복합형 담화표지의 종류와 그 특징

구어담화의 자유롭고 즉흥적인 대화의 특징상 담화표지의 사용이 잦을 수밖에 없는데, 여러 담화표지가 연이어 나오는 경우도 자주 눈에 띈다.

(9) (슬라이드가 꺼짐)

    A: <u>아이= 근데,</u>

　　그니까,

　　아니↑

　　칸 영화제 가셨다고 했잖아요

　　출연자의 일화가 담긴 슬라이드를 본 후 다수의 사회자들 중 한 명이 말차례를 잡고 출연자에게 질문을 던지는 장면으로, 본 메시지(칸 영화제에 가셨다고 했다)를 전달하기 전에 4개의 담화표지를 연이어서 사용했다. 말차례도 정해져 있지 않고 화제마저 자유롭기 때문에 화, 청자 간의 원활한 의사소통을 위해 이와 같은 담화표지 연속체를 사용하는 경우가 잦은 것이다.

　　그렇다면 연이어 나올 수 있는 담화표지의 종류는 어떻게 될까? 본고는 이를 위해 오락프로그램 6편과 개인 간의 사적담화 3편을 연구대상으로 하여 담화표지 연속체를 뽑아 보았다. 남녀혼성대화로 MBC 라디오스타(1시간09분18초, 남자 6명 여자 2명, 3914개 억양단위)와 KBS 해피투게더(1시간02분37초, 남자 4명, 여자 6명 참여, 3005개 억양단위) 오락프로그램 총 2편을 택하였고, 인터뷰 형식의 대화로 MBC 무르팍 도사080514(36분 08초, 여자출연자1명, 사회자3명, 2023개 억양단위) MBC 무르팍 도사090805(57분 54초, 남자출연자 1명, 사회자 3명, 2662개 억양단위) 그리고 tvn 피플인사이드120831(47분 15초, 여자출연자1명, 여자사회자 1명, 2167개 억양단위) tvn 피플인사이드130109(35분54초, 남자출연자1명, 여자사회자 1명, 1243개 억양단위), 총 4편를 택하였다.

　　남녀혼성대화는 남성사회자군(라디오스타), 남녀혼합사회자군(해피투게더)를 고려하여 선정한 것이며, 인터뷰는 남성사회자(무르팍

도사), 여성사회자(피플인사이드)에 남성,여성출연자가 나오는 프로
그램을 각기 1편씩 넣어 성차에 구애 없이 결과를 도출하도록 조절
하였다. 사적 담화는 20대 여성들(6인, 24분18초, 1325개 억양단위),
30-40대 여성들(2-3인, 36분06초, 1879개 억양단위) 간의 대화, 그
리고 20대 남녀의 대화(2인, 13분 25초 802개 억양단위)를 선정하여,
연령별, 성별 차이를 두지 않으려 했다.

연원을 감탄사와 접속부사에 두고 있는 예들을 중심으로 다수의 예
시가 나왔다.

> (10) 가. <u>아</u>, 네, <u>아니 근데</u>, 이전에 마지막 사랑을 몇 해 전으로 끝냈
> 다고
> 나. <u>근데⌣ 이제, 이</u>, 여동생을 눈빛을 보니까, 너무, 원하는 것
> 같아서
> 다. 어, 기본적으로는, <u>인제, 그</u>, 내정설은, 계속, 매회 있었어요,
> 솔직히요
> 라. <u>그니까요, 근데, 뭐, 인제</u>, 결국은, 나중에 인제, 그 생방송에
> 왔으니,
> 마. 어머니, <u>아니, 저, 뭐</u>, 무슨 장사하세요↗
> 바. <u>저, 아니 그니까</u>, 내일을 두려워하지 말라는 말과도 같고

이들은 사이에 휴지(pause)가 있기도 하고 연이어져 나와 한 억양
단위에 분포하기도 하는데, 본고는 복합형 담화표지의 예로 한 억양
단위에 분포하고 그 의미기능이 변화한 예들을 선정, 연구를 진행해
나가려 한다. 한 억양단위 내에 분포하고 있음은 그들의 의식 속에서
이를 하나의 단위로 인식하고 있음을 보여주는 바이기도 하기 때문이

다. 즉, 복합형 담화표지를 연이어진 담화표지들이 긴밀하게 결합하여 하나의 담화표지를 형성, 새로운 의미기능을 표시하고 있는 것으로 한정하여 살필 것이므로, 이들의 긴밀한 결합을 보이는 비분리성은 우선적인 조건으로 작용한다.

본 연구대상 자료를 분석한 결과, 한 억양단위에 분포할 만큼 긴밀하게 결합한 것으로는 아니 근데, 아 근데, 아니 그러니까, 아이 뭐, 아이 근데, 근데 뭐 총 6개가 있었으나, 본고에서는 사용빈도가 유의미할 정도로 분포한 '아니 근데'와 '아 근데'를 연구대상으로 설정한다.

'아니 근데'와 '아 근데'를 기존의 감탄사#접속부사로서 다루는 게 아니라 복합형 담화표지로 다루기 위해서는 이들이 하나로 뭉쳐 담화표지의 통사, 의미적 특징을 지녀야 한다. 따라서 이를 위해 기존의 연구결과를 토대로 담화표지의 특징을 들고, 이를 '아니 근데'와 '아 근데'의 경우에 적용해 보려고 한다.

먼저 강소영(2005:5-6)에서 제시한 담화표지의 특징을 들면 다음과 같다.

1. 실현양상(문어 vs 구어, 특수한 곳에 쓰임 vs 두루 쓰임)
2. 구성성분의 범주의 변화(←형태적 고정성, 공고한 결합)
3. 독특한 담화적 기능(←선행 담화와 후행 담화의 결속, 생략 가능성)

담화표지란 담화 상에서 의미를 갖는 요소이므로 문어보다는 구어에서 더 많이 쓰여야 하며, 따라서 '아 근데'와 '아니 근데'의 구어와 문어에서의 사용현황을 짚어볼 필요가 있겠다. 물론 개인적인 말버릇이 아니라 보편성을 띄는 현상, 즉 담화에 참가한 사람들의 직업이나 대화의 주제 등에 영향을 받지 않고 두루 사용되어야 하나의 범주를 형성할 수 있으므로, 이 역시 함께 검토할 것이다.

다음으로 담화표지의 공고한 결합과 형태적 고정성, 즉 활용하거나 조사가 결합되거나 대치되지 않는 불변화사로서의 특징을 본 논문에서는 구성성분의 범주의 변화로 묶어 처리한다. 체언인데도 조사가 결합할 수 없고 동사인데도 활용을 할 수 없다거나 또한 다른 것으로의 대치불가능성은 이들이 기존의 것과 형태, 통사적 특징을 달리 한다는 것을 의미하기 때문이다. 따라서 구성성분의 공고한 결합으로 기존의 것과 달라진 형태가 되었다면, 구성성분의 범주의 변화를 보이는 여러 통사, 의미적 특징이 적용될 가능성이 높으며, 이를 기준으로 '아 근데'와 '아니 근데'의 범주의 변화여부를 알아볼 것이다.

마지막으로 독특한 담화적 기능을 수행하고 있음을 예증하기 위하여, 담화표지로서의 의미기능을 수행하는 순간 문장 내 다른 성분들과의 결속관계가 없어짐에 주목하려 한다. 담화표지는 문장의 개념적 의미에는 영향을 끼치지 않기 때문에 다른 문장성분과 독립적이다. 따라서 의미 전달에 무리가 없으면 생략 가능할 것이며, '아니 근데' '아 근데' 역시 이에 해당하는지의 여부를 살펴볼 것이다.

(1) 구어담화에서의 사용

본 연구대상인 구어담화 전사자료와 국립국어원의 말뭉치자료를 대상으로 '아', '아니'의 사용현황을 조사하고 통계를 내보았다. 구어자료에는 '아니' 결합형이 많았으나 문어자료에는 '아' 결합형이 많이 나타났다. 그러나 구어 전사자료에서 앞뒤 구성성분이 밀접하게 결합

되어 한 억양단위에 분포한 예로는 '아니 근데'와 '아 근데'가 가장 많
이 나타났다. 물론 문어자료에는 사이에 쉼표가 분명하게 명기되어
있어 앞뒤에 연이어지는 담화표지들을 개별적으로 인식하고 있음을
보이고 있었다. 아래 ','표시는 사이의 휴지를 표시함이다.

〈표1〉 '아니'와 '아' 결합형의 분포 현황

구어자료		문어자료	
아니	아	아	아니
근데 14회	근데 12회	, 글쎄 36회 [3)	근데 2회
그니까 4	, 그,뭐 4회	, 그런데 14회	그렇담 1회
,그,뭐 10회	,그니까 1	, 그리고 6회	
,그래서1	,그리고 1	, 그럼 5회	
	,그래도 1	, 그럼 5회	

〈표1〉에서 보듯이 '아니 근데'와 '아 근데'는 구어담화에서 많이 쓰
여야 한다는 담화표지의 특징을 충족시키고 있다. 더구나 '아니' 결합
형은 문어자료마저 대화 안에 사용된 예시만이 나타나, 구어에서 유
의미한 사용을 보임을 알 수 있다.

특히 '아니 근데'와 '아 근데'는 전체 빈도수에서도 구어자료에서의
활발한 사용을 보이고 있다. 다음은 구어자료 9편을 대상으로, 화제의
첫머리에 분포하는 담화표지 상위 10위를 순서대로 제시한 것이다.

---

3) '아! 글쎄'와 '아, 글쎄' 두 가지 형태로 나타났지만, 저자가 영탄을 강조하기 위해 부호
를 사용한 경우와 아닌 경우의 차이가 있을 뿐이었다. 따라서 한 데 묶어 수치화하였다.

〈표2〉담화표지의 분포 현황(상위 10개)

순위	담화표지	빈도	순위	담화표지	빈도
1	그런데	82	6	아니 근데	14
2	그러니까	28	7	아 근데	12
3	자	26	7	그래 가지고	12
4	아니	22	9	네	10
5	아	20	10	그럼	8

첫마디는 순서교대만이 아니라 화제의 전개, 청자와의 관계설정 등 대화의 흐름을 유연하게 이끌어나가기 위한 전략적 장소이며, 효율적으로 메시지를 전달하기 위해 화자가 담화표지를 자주 사용하는 곳이기도 하다. 자유롭게 화제를 꺼내고 이를 발전시키다가 새로운 화제로 갈아타는 등 화제는 총 528회 바뀌었다. 그 중에서 첫머리에 가장 많이 분포한 것은 담화표지로 336회(64.5%)가 사용되었다. 물론 그 중에서 제일 많이 분포한 것은 '그런데(근데)'였으며, 본고의 연구대상인 '아 근데' '아니 근데'는 각각 14회, 12회로 중간순위에 분포하였다.

더구나 연구대상인 구어자료는 대화참여자들이 20-50대까지 다양한 연령별로 그리고 성별 구애 없이 두루 포진되어 있어서, 이들의 사용이 보편적임을 보이었다.

(2) 구성성분의 범주의 변화

'아 근데'와 '아니 근데'가 긴밀한 관계를 유지하여 하나의 담화표지로 굳어가는 중이라면 구성요소들의 긴밀성으로 인해 제한된 공기관계를 보일 것이다. 앞서 〈표1〉에서 '아니'와 '아'가 일부 접속사와만 결합하고 있는 데에서 알 수 있듯이, '아니'와 '아'는 후행 접속부사와의 결합에 제약성을 띠어 이들 간의 응집력이 높아져 감을 알 수 있다.

그리고 이들이 긴밀하게 결합이 되었다면, 구성요소들 사이에는 다른 단어들의 개입이 불가능한 비분리성이 나타날 것으로 기대된다.

```
(11) A. 아니 근데,              (12) A: 왜 나는 꼭,
        그 남자가,                     핑계 같기만 하지↗
        좀 있다 군대를 가,          B: 아니
     B: [에이]                        아니요,
     C: [야],                         제가 그런데↗
        뭐야,                         사실 상황이=
     A: 아니 근데,                    그렇게 좋지 못했어요,
        근데,
        군대라고 막-
        꼭 그렇게--
```

(11)은 군대를 간다는 자신의 말에 야유를 보내는 친구들의 말을 무시하고 군대 가는 남자들에 대한 일반론으로 화제를 전환한 경우로, 복합형 담화표지 '아니 근데'가 사용된 예이다. 그런데 (12)는 선행화자의 말에 부정적인 응답을 보내는 '아니'와 본격적인 화제(자신의 처지에 대한 변명)로의 진입을 알리는 '그런데'의 모습을 보여, '아니'와 '그런데' 각기 자신의 의미기능을 살려 말하고 있는 예이다. (11)의 '아니 근데'는 사이에 형태소를 넣어 분리하는 것이 어색하고, (12)는 종결어미 '요'나 주어 '제가'와 같이 다른 형태소의 개입이 자연스러워서 이 둘이 서로 다른 것임을 보인다. 따라서 비분리적인

(11)의 '아니 근데'는 구성요소들이 긴밀하게 결합된 복합형 담화표지로 처리가능하다.

　구성요소들의 긴밀한 결합으로 새로운 단위로 인식이 되면, 이들은 제3의 의미를 갖게 되고 그 의미에 맞춰 특정한 환경을 가지게 된다. 즉 기존의 구성요소들이 나타난 구문과는 다른, 변화된 환경에서 이들이 분포하게 되는데, '아 근데'와 '아니 근데'는 '아니'와 '아' 그리고 '그런데'와 달리 말의 첫머리에서만 분포하는 것이 특징이다. 우선 '아니'와 '아' 그리고 '그런데'의 자유로운 분포현황부터 보이면 다음과 같다.

(13) 가.　Y:　H씨도 뭐,

　　　　　　의외로 속을 많이 썩였다고,

　　　　　　얘기를 지금,

　　　　M:　아니,

　　　　　　가출했었어요↗

　　나.　P:　여기,

　　　　　　고려청자 있잖아요,

　　　　　　여기,

　　　　모두　[@@@]

　　　　Y:　아니- 그- 저,

　　　　　　오빠가,

　　　　　　유치한 장난을 많이 쳤다던데,

　(13)은 말의 첫머리를 여는 어휘로 사용된 '아니'의 예이다. 그런데 우리말의 자연스러운 어순도치에 따라 '아니'는 주어와의 자리바꿈도

자연스럽게 이루어진다.

(14)　　Y:　명절에 가족들이 모여서,

작은아버지가,

아=니,

화토를 좀 치신다고,

명절에,

그렇게,

　'아니'와 마찬가지로 '그런데' 역시 문장의 첫머리만이 아니라 주어
다음 그리고 문장의 맨 마지막까지 자유스러운 분포를 보인다.

(15)　　가.　근데 눈물은 안--,

되게 슬펐는데,

눈물은 [안]--,

나.　나는 근데 ㅇㅇ아,

그 장면이 그렇게,

눈물이 나지 않더라구,

다.　행여는 긍정적인 것만,

포함돼 있는--,

그런--,

요즘 누가 행여 쓰냐=근데↗

　물론 감탄사 '아' 역시 문장의 어느 성분에도 구애를 받지 않기 때
문에 문장의 첫머리에도 분포하고 주어 다음에도 올 수 있다.

(16) 가. 아,　　　　　　　　나. 내가 아↑

　　　 그건 맞는 것 같아,　　　 먼저 가긴 했지만,

그러나 '아니 근데' '아 근데'는 말의 첫 머리에만 분포한다.

(17) 가. A:　[1 야아= 1]

　　　 B:　[1 하지마 1] [2 하지마 2]

　　　 C:　[1 안돼 1]　[2 안돼 2]

　　　 D:　아니 근데,

　　　　　 그게 뭐냐면,

　　나 A:　근데,

　　　　　 몸무게가 오십이야,

　　　 B:　안 돼에,

　　　　　 [야 안 돼],

　　　 C:　[뭐하는 짓]이야.

　　　 B:　아 근데,

　　　　　 근대 갔다오면 좀=

　　　　　 커지지 않을까↗

　　물론 다음과 같이 문장 가운데에 나타나는 것 같아 보이는 예도 있
지만, 이는 발화에 실패해 다시 시작하는 경우이기 때문에 이 역시 말
의 첫머리에 사용되는 것은 동일하다.

(18) 아니 내--

　　아니 근데,

나 진짜,

네 번째에 고백 받을 줄 몰랐고,

(3) 생략가능성

마지막으로 선, 후행발화의 결속을 담당하는 담화표지로의 변화가
능성을 살펴볼 차례인데, 이는 생략가능성과 연계되어 있다. 담화표
지란 화자의 메시지를 전달하는 것이 아니기에 문장의 명제내용에는
영향을 끼치지 않는다. 따라서 문장 내 성분들과의 결속관계가 없어
반드시 필요한 성분이 아니며, 의미 전달에 무리가 없으면 생략가능
하다.

(19) 가.　K:　진짜,

오지랖 최곤데요.

J:　벗은 옷을 좋아하나↗

내 남자로,

이런 남자 어때요↗

내 남자로,

I:　글[쎄].

H:　[아니] 근데,

남자옷이었어요.

S:　어,

그래요↗

나.　L:　**빠빠롤라가 뭐예요** ,

미국에서 리메이크를 한다는 소리까지,

나왔었어요,

J: ①아 근데,

미국이란 말이 너무 광범위한데,

L: 그래서 미국이라고 하는 거예요.

(가)는 매너 좋다고 소문난 연예인을 대상으로 노출된 부위에 옷을 덮어준 일화를 이야기하고 있는 장면이다. 그때 대상이 여자가 아니라 남자였음을 수정하기 위해 '아니 근데'를 사용하였다. 틀린 발언을 수정하는 것이므로 의미상 연결고리가 별다르게 필요 없는 상황이며, 따라서 '아니 근데'를 생략하고 '남자옷이었어요'라고 치고 들어오는 것도 가능하다.

생략가능성은 '아 근데' 역시 마찬가지로, 앞서 L의 발언에서 모호하게 처리된 '미국'이란 어휘의 사용에 반박을 가하는 장면(나-①)에서 '아 근데'를 빼버리고 '미국이란 말이 너무 광범위하다'고만 말해도 무방하다. 문장의 명제 내용에 영향을 끼치지 못하고 화자의 태도만을 나타내는 관계로, 이들의 전후관계가 화, 청자에게 인지될 수만 있다면 굳이 '아니 근데'나 '아 근데'를 필요로 하지 않게 되므로, 생략이 자유로운 것이다.

지금까지 '아니 근데, 아 근데'가 외형상으로는 두 단어가 이어진 구의 모습이지만, 실제 담화 속에서 한 단어처럼 결합되어 화자의 태도를 표현하는 복합형 담화표지로 기능함을 다양한 특징을 들어 알아보았다. 다음 장에서는 '아니 근데' '아 근데'의 구체적인 의미 기능에 대해 살펴보려고 한다. 앞뒤 구성성분의 긴밀한 결합으로 복합형 담화표지로 변화되었을 경우에는 각 구성요소들은 의미적으로도 긴밀하게 통합되어 제3의 의미로 전이되기 때문에, '아 근데'와 '아니 근데'는 기존의 '아' '아니' 그리고 '그런데'가 사용된 것과 다른 의미기능을 가질 것으로 기대되기 때문이다.

3. 복합형 담화표지의 의미기능

1) '아니 근데'의 의미기능

'아니'는 (13-가)처럼 예측하지 못한 상황에 응답하면서 화제일탈을 이루거나, (13-나)처럼 선행 내용과의 연결을 부정하면서 새로운 화제로의 진입을 이루어내는 데 쓰인다. 논의의 편의상 (13)의 예시를 재인용하면 다음과 같다.

> (13) 가. Y: H씨도 뭐,
>
> 의외로 속을 많이 썩였다고,
>
> 얘기를 지금,
>
> M: <u>아니</u>,
>
> 가출했었어요↗
>
> 나. Y: 꽃병이 있는데,
>
> 시들지를 않았잖아요,
>
> 이거는,
>
> 여유가 돼서,
>
> 계속 꽃을 갈아준단 말이에요.
>
> P: 여기,

　　　　　고려청자 있잖아요,

　　　　　여기,

　　　모두　[@@@]

　　　Y:　아니-그- 저,

　　　　　오빠가,

　　　　　유치한 장난을 많이 쳤다던데,

　　새로운 화제이든 일탈된 화제이든 (13)은 앞선 화제와의 관련성이
없는, 즉 화제의 단절감이 있는 장면이며, 따라서 '아니'를 포함하는
'아니 근데' 역시 동일 의미를 지닐 것으로 예상된다. 다음은 화제일
탈과 화제복귀에 사용된 '아니 근데'의 예이다..

　(20) 가.　P:　이태원에 가면,

　　　　　　　이러고,

　　　　　　　장사하시는 분 계시는[데--]

　　　　　H:　　　　　　　　　　　[아니] 근데,

　　　　　　　ㅇㅇㅇ씨 말이,

　　　　　　　은근히 얄밉네,

　　　나.　L:　Why Why today you don't want it

　　　　　S:　아,

　　　　　　　secret.

　　　일동　[@@@]

　　　　　L:　아니 근데,

　　　　　　　정말 재밌는 건,

　　　　　　　이렇=게 위트 있으신 분들이요,

느는 게,

눈에 너무 보=여요,

　H에 대한 이야기를 나누다가 갑자기 옆 사람을 고발하는 화제일탈의 대목(20-가)과 농담으로 잠시 일탈된 화제를 원래 화제(연예인들의 영어실력)로 돌리는 데(20-나) 사용된 '아니 근데'의 예시이다. 화제의 일탈과 원래의 화제로의 복귀는 화제 간의 연결성이 가장 약한 지점으로, '아니 근데' 역시 단절적인 화제로의 전환을 의미한다고 할 수 있다.

　그러나 화제의 전개, 즉 화제심화, 일탈, 복귀 각 장면마다 두루 나타난 '아니'와 달리, '아니 근데'는 화제일탈과 화제복귀에 주로 분포하고 있는 점이 특징적이다. 다음은 화제의 각 단계별 발화 첫머리에 사용된 '그런데' 그리고 '아 근데', '아니 근데', 마지막으로 '아' '아니'와의 비교를 제시한 것이다.

〈표3〉 화제의 구조와 담화표지의 분포 현황

담화표지 \ 화제의 단계	시작	심화	일탈	복귀	계
근데	2	70	6	4	82
아	3	13	6	2	20
아니	5	8	6	7	22
아 근데	2	9	1		12
아니 근데	0	2	6	6	14

　또한 '아니'와 달리 '아니 근데'는 시간의 간격차를 두고 이전 화제

로 복귀, 잘못된 것을 수정 지시하는 장면에서도 사용되고 있어, 둘은
분포환경에서 차이가 남을 알 수 있다.[4]

    (21) 가. H: 방송 도중에,

                     일반인 출연자가 벗어놓은 옷을,

                     끝=까지 챙겨줬다,

           K: 진짜,

                     오지랖 최고네요,

           Y: 벗은 옷을 좋아하나,

                     내 남자로,

                     이런 사람 어때요↗

                     내 남자로,

           I: 글[쎄--]

           H: [아니] 근데,

                     남자 옷이었어요.

       나.   H: 누나 되게 어렸을 때,

                     한,

                     유치원--

                     초등학생 때,

                     막,

                     이때에요,

           J: [아니=] 유치원 때는 아니야

           H: [초등하ㅡ],

---

4) 이는 앞글에서 담화표지의 사용현황으로 지적한 사항인데, '아니'와 '아니 근데'와
의 비교를 위해 재인용한 것이다.

초등학교 때,

한,

1 2학년 때,

'아니 근데'는 말한 내용에 틀린 부분이 있어도 수정을 하지 못하고 있다가 다른 이들의 대화 중간에 끼어들어 수정을 시도한 경우(가)에 사용되었다. 그러나 '아니 근데'의 시간차를 둔 사용과 달리, (21-나) 에서 보듯 '아니'는 다음 말차례에서 즉각적으로 이루어져 둘은 서로 다른 담화표지로 인정할 수 있음을 보인다.

또한 '아니 근데'의 수정지시는 '근데'와도 구분되는 의미기능이다. 화제전환의 '그런데'는 다음과 같이 앞선 화제가 틀렸을 경우 이를 수정하는 것처럼 보일 수 있다. 그러나 이는 화제전환일 뿐, 수정의 의미를 가진 것이 아니며, 따라서 '아니 근데'와의 교체도 불가능하다.

(22) I: 제가 저게 생물 쪽은,

플랑크톤까지밖에 안 배웠어요,

K: 플랑크톤,

가장 먼저 배우는 거 아니에요↗

S: [₁ 플랑크톤 ₁]   [₂ 가장 초기에 ₂--]

I: [₁ 플랑크톤까 ₁]지 [₂ 밖에 안 배웠어요 ₂]

S: 제일 끝에,

고래 배[@우고@],

J: 고래까지 배워야--

[₃ 그래도 나는-- ₃]

K: [₃ 졸업하는 거야 ₃ ↗]

> I: 근데=
> 저-,
> 홍-홍어가 아마
> 되게 뒤에 나올 걸요↗
> 뒤에 나와요.

다른 이들이 해양학과 교재의 마지막을 장식하는 어류가 무엇인지로 갑론을박이 벌어졌을 때 S와 J의 '고래'로 결론 난 논의에 대해 '홍어'라고 수정, 제시하는 예이다. 수정을 위한 화자의 끼어듦이 일어나는 순간인데, '근데'를 '아니 근데'로 대체하는 것이 어색하다. 이는 앞 화제와 반대되는 화제로의 전환을 담당한 '그런데'가 화제의 차이로 인해 수정의 의도로 비치는 것일 뿐, '그런데'가 수정의 의미를 가진 것이 아니기 때문이다. 따라서 '아니 근데'와 '그런데'는 별개의 담화표지로서 기능하고 있음을 알 수 있다.

지금까지 본 바와 같이, '아니 근데'는 '아니'와 '근데' 각각이 쓰일 때와 분포환경이 다르고, 새로운 의미기능마저 보여, 복합형 담화표지로의 설정이 가능함을 확인할 수 있었다.

2) '아 근데'의 의미기능

'아'는 감정 감탄사로서 1)어떤 생각이 갑자기 떠오르거나 몰랐던 것을 깨달았을 때 나는 말 2)놀라거나 당황하거나 초조하거나 다급할 때 나오는 소리 3)근심, 걱정, 절망 따위의 느낌을 나타낼 때 하는 말 4)말을 하기에 앞서 주의를 끌기 위하여 내는 소리로 정의된다. 따라

서 '그런데'가 후행하는 경우는 앞선 상황에 대한 자신의 감정을 드러
낸 뒤 화제를 바꾸는 의미를 가질 것으로 예상할 수 있다.

본 연구대상인 구어자료의 분석결과에 따르면 '아 근데'는 갑자기
떠오른 화제를 제시하는 것처럼 끼어들어, 화제의 심화, 일탈의 의미
기능을 가지기 때문에, 감정 감탄사 '아'의 의미는 소산(燒散)한 것으
로 보인다.

(23) 가. 남   잃어버리면 안 되는--
              그 문서가,
              쫌 중요한 게 많아=
              ...(3)아 근데 어제--
              .(1)어젠가╱
              내가 어제 수업에 들어갔는데,

자신이 가지고 있던 문서를 분실한 사건을 다루다가 갑자기 떠오른
자신의 자랑거리(선생님의 질문에 대한 답변이 훌륭했다는 점)로 화
제를 돌려 잠시 화제 일탈된 대목이다. 화제의 전개는 앞뒤 상황을 이
성적으로 판단하여 개입될 상황이므로, 화자의 감정을 토로하는 감
정 감탄사 '아'에서 기인한 의미로는 유추가 어렵다. 따라서 담화표지
'아'의 의미 중 [갑작스런 깨달음]의 의미만이 '아 근데'의 의미기능을
유발시킨 점이 특징적이다.

물론 '아 근데'의 수정 지시 역시 '아'와도 '근데'와도 구별되는 점이
다.

(24) K:　　아,

　　　　　진짜↗

　　　　　미국사람이↗

　　　L:　　아니,

　　　　　한국분이,

　　　　　저기- 사모님께서,

　　일동:　아=

　　　J:　　①아 근데,

　　　　　빠빠가 어떻게 되는가요↗

　　　　　빠빠룰라가 되는 거,

　　　K:　　에이,

　　　J:　　죄송해요,

　　　L:　　빠빠룰라가 뭐예요,

　　　　　미국에서 리메이크를 한다는 소리까지,

　　　　　나왔었어요,

　　　J:　　②아 근데,

　　　　　미국이란 말이 너무 광범위한데,

　　　L:　　그래서 미국이라고 하는 거예요.

　　일동　@@@

　①과 ②는 앞서 발화된 내용에서 잘못된 부분이나 궁금한 것이 있을 때 이를 수정하여 말해줄 것을 요청하는 말의 첫머리에 '아 근데'가 사용된 예문이다. ①처럼 이미 종결된 화제에서 궁금한 것이 있을 때 다시 질문을 던져 화제복귀를 시도한 장면도 가능하지만, ②처럼 바로 앞서 잘못 이야기한 단어를 대상으로 질문을 던져 화제심화

를 이룬 경우에도 쓰인다. 따라서 이상하다고 여겨지는 경우는 어느 순간이든, 심지어 다른 이들의 말차례에 개입하여 발언권을 확보하여 질문을 던질 때에도 사용되는 것이 '아 근데'의 특징이라 할 수 있다.

생각이 떠오르면 바로 그 순간 개입할 수 있는 '아 근데'는, 화자의 머릿속이 완전히 정리되지 않은 채 화제의 전환을 이룰 경우, 화제전환이 실패로 돌아가기도 한다. 그런 경우 화제전환의 의미기능을 상실한 채, 발언권 확보의 기능을 낳는다. 아래는 새로운 게임 명을 꺼내 화제를 전환할 때 잠시 머릿속을 정리한 후 본격적 화제전환을 보이는 예이다.

(25) S　　　지금 내가 레벨이 20인데,

　　　　　　이 오빠,

　　　　　　21이야.

　　J:　　　잉여 인증

　　S:　　　한 = 일주일도 안 돼[1 서 1],

　　D:　　　　　　　　　[1 뭐하1]는 [2 분이야╱ 2]

　　S:　　　　　　　　　　　　　　　[2 고속으로 2] 주행하고 있어.

　　J:　　　아 근데-

　　　　　　뭐지╱

　　　　　　나도 우파루마운틴 하는데,

　　　　　　내 친구한테,

　　D:　　　아,

　　　　　　그만해=

스마트 폰에 내장된 여러 게임에 대해 이야기를 나누는 대목이다.

한 게임을 마치고 새로운 게임을 화제에 끌어들일 때 '아 근데'가 쓰인 예시로, 말분절(--)이 사용된 데서 알 수 있듯이 화제전환은 실패하였다. 따라서 '아 근데'는 화제전환의 기능을 상실한 채 발언권 확보의 의미기능을 부차적으로 가지게 되었다. 아래 역시 '아 근데'는 발언권 확보만 담당하였고, 과거회상장면으로 일탈하는 데 '아니 근데'를 다시 사용한 예이다.

(26) J: <u>아 근데 걔,</u>
          <u>아니 근데,</u>
          내가 걔 좀 많이 만났어,
          둘이서,
          잘 놀았다↗

　지금까지 본 것처럼 '아니 근데' '아 근데'와 같은 복합형 담화표지는 '아니'와 '아' 그리고 '그런데'가 결합되었지만, 한 억양단위로 나올 만큼 긴밀하게 결합되어 한 단어처럼 여겨지고 있음을 알 수 있었다. 이는 원래의 분포현황이나 의미기능과는 다른 모습을 보이는 데에서 확인할 수 있었다. 구어담화의 우발적이고 비계획적인 말 순서교대와 대화참여자들 간의 예측 불가능한 역할관계를 고려하면, 이와 같은 새로운 복합형 담화표지의 도래는 불가피할 것으로 여겨진다. 따라서 대화분석 모형에 기초하여 이들이 어떠한 담화책략에서 비롯되어 등장한 것인지, 다음 절에서는 이들의 생성원인을 살펴보려고 한다.

4. 대화책략의 발현 예정지: 국면전환의 부담덜기

화,청자의 자유로운 담화자료를 분석하기 위해 Henne & Rehbock
은 거시차원, 중간차원, 미시차원의 세 단계를 설정하였다. 거시차원
은 대화의 단계를 시작-중간-주변-종료단계로 구분한 것이며, 주변
단계는 중간단계에서 이루어지는 핵심주제와 직접 관련이 없는 부차
적인 주제들을 다루거나, 대화 도중 기대하지 않았던 일로 인해 대화
가 중단되고 다른 주제로 의사소통이 일시적으로 이루어지는 단계를
말한다. 중간차원은 하나 이상의 대화행위로 구성되어 대화연속체,
인접쌍, 대화기여, 대화화행 등의 개념이 포함되고, 미시차원은 억양,
몸짓 등이 포함되어 있다.

대화구조의 분석과정에 기대어 유추할 수 있는 것은 대화 참여자들
역시 스스로의 말하기 과정에서 유의할 점을 알고 있을 것이란 점이
다. 따라서 거시적으로 대화의 흐름에 맞춰 화제를 이끌어나갈 것이
며, 자신의 대화행위가 의도하는 바가 무엇이며, 상대방과 어떠한 대
화연속체를 형성하게 될 것인지 그리고 이것이 대화의 흐름을 어떤
식으로 형성하게 될 것인지를 화자는 계속해서 점검하게 될 것이다.
또한 자신이 선택한 대화행위가 대화의 목적에 기여하는지, 더 잘게
나누어 화자의 의도를 효과적으로 드러낸 화행인지, 화,청자의 상호
작용에 기여하는 것인지 등을 염두에 두고 말을 하게 될 것이다.

대화분석 모형을 전제로 화자의 자가 점검표를 제시하면 다음과 같
다.

거시차원	중간차원
시작단계 - 적절한가?	대화행위 - 대화의 목적에 기여하는가?
중간단계 - 대화의 목적에 기여하는가? - 대화의 흐름 상 어디쯤인가? - 화제전환은 자연스러운가?	대화연속체 - 대화의 목적에 기여하는가? - 화,청자 상호작용에서 문제점은 있는가? - 상대에게 비선호적인 주제를 가졌는가 - 순서교대는 자연스러운가?
주변단계 - 왜 벗어났는가? - 중간단계로 돌아오는 효과적인 방법인가?	
종료단계 - 적절한가?	화행 - 대화의 목적에 기여하는가? - 화자의 의도를 효과적으로 드러냈는가?

　거시차원과 중간차원에서 대화의 구조를 분석해 보고 화자의 입장에서 유의해야 할 바를 생각해 보면, 우선 1)대화의 시작, 중간, 종료의 단계별 전환과 이를 성공적으로 이루기 위한 대화운용능력에 초점을 맞출 것으로 예상된다. 따라서 몇 개의 인접쌍들이 모여 소(小)화제를 이룰 때 그 화제의 전환이 어떻게 이루어졌는지를 살펴볼 필요가 있다. 2)대화의 화제나 목적에 부합한지에 유념하기 때문에 화제의 일탈이 발생했을 때 자연스럽게 복귀하는 방법으로 무엇을 선택하였는지를 살펴봐야 한다. 3)화,청자 상호작용은 문제가 생길 경우 협력관계가 아예 성립되지 않기 때문에 중요하다. 따라서 이를 깨뜨릴 수 있는 즉, 비선호적인 반응을 불러일으키는 화행이 어떤 식으로 보완되어 나가는지를 살펴봄으로써, 화자의 원활한 대화운용능력이 발

현되는 모습을 볼 수 있을 것으로 기대된다.

이를 위해 본고는 몇 개의 인접쌍들이 모여 소(小)화제를 이루는 과정을 분석하고 주제에 따라 대화의 흐름도를 그려본 뒤, 동일한 주제로 묶을 수 있는 것끼리 묶어 구조화를 시도하였다. 그 결과 각 전사자료는 대부분 5-6개의 주제를 지니고 있었으며, 각 주제별로 불규칙적으로 대화의 일탈과 복귀가 존재하고 있음을 보았다.

또한 소(小)화제를 기준으로 말의 첫머리에 분포하는 어휘를 통계를 낸 결과, 상당부분 담화표지가 점유하고 있음(64.5%)을 확인했다. 따라서 메시지를 전달하는 화자의 태도를 반영한 담화표지로 말의 첫머리를 여는 것이 자연스럽다고 여기는 화자들이 많으며, 그들의 대화운영방식이 담화표지의 잦은 사용을 유발시켰으며, 그 과정에서 복합형 담화표지 역시 생성되게 되었다고 보인다.

두 번째로 화제의 틀에 어긋나는 대목, 즉 화제의 일탈이 발생하였을 때 이의 자연스런 복귀를 노리는 장면을 분석한 결과, 총 22회에서 19회는 담화표지를 사용하고 있음을 보았다. 이 중 '아니 근데'(6회)가 '아니'(6회)에 못지않게 다수를 차지하고 있어, 특히 주변단계에서 화제복귀를 원하는 화자의 의도가 이의 발생에 한 원인이 되었을 것으로 보인다.

세 번째로 비선호적 반응을 불러일으키는 화행을 보완하기 위한 대화운용능력을 살펴볼 차례인데, 우선 수정 지시와 같이 상대방에게 불편함을 더할 수 있는 상황에서 '아니 근데' '아 근데'가 사용된 경우를 들 수 있다. 제안-거절, 주장-반박, 주장-회피 등 상대방에게 비선호적인 인접쌍은 다양하지만, '아 근데'와 '아니 근데'는 다른 이들의 대화 중간에 끼어들어 수정지시를 요구하므로 상대방에게 부담을 더

할 수 있는 상황이다.

    (27) H: 방송 도중에,
           일반인 출연자가 벗어놓은 옷을,
           끝=까지 챙겨줬다,
        K: 진짜,
           오지랖 최고네요.
        Y: 벗은 옷을 좋아하나,
           내 남자로,
           이런 사람 어때요↗
           내 남자로.
        I: 글[쎄--]
        H: [아니] 근데,
           남자 옷이었어요.
        Y: 어,
           그래요↗
        H: 네,
           남성 출연자분이었어요.
        K: 아,
           남성옷이었군요.

  이는 앞 절에서 시간차를 두고 수정을 요청하는 '아니 근데'의 예시
로 든 것이다. 이때의 수정요청은 대화참여자들에게 완료된 것, 따라
서 굳이 할 필요가 없는 내용을 다시 꺼내야 하는 상황이므로, 화자를
제외하고는 이의 발화를 추측할 수 있는 이는 없다. 거기다 특정인에

게 비선호적인 화제일 경우에는 말을 꺼내기가 어려워, 화,청자 모두
에게 비선호적인 상황이라고 할 수 있다. (28) 역시 상대의 곤란함으
로 웃음을 유발시키는 사회자의 의도를 알고 있는 화자로서는 그들
이 실망할 것을 알면서도 수정을 하러 끼어든 경우이므로, 비선호적
인 상황이다. 따라서 말의 첫머리를 여는 것이 부담스러운 대목이며,
이에 '아니 근데'를 사용한 것은 화자의 부담을 덜어주기 위한 화자의
대화책략에 '아니 근데'가 적절하였기 때문이라 할 수 있다.

　물론 다른 이들의 발언권을 빼앗는 행위가 갖는 비선호성 역시 복
합형 담화표지의 발생요인이 되었을 것이다. 특히 '아 근데'는 발언권
을 빼앗는 의미기능을 지니고 있었다. 이의 예시를 재인용하면 다음
과 같다.[5]

> (28) 정: 아 근데 걔,
> 　　　　아니 근데,
> 　　　　내가 걔 좀 많이 만났어,
> 　　　　둘이서,
> 　　　　잘 놀았다↗

상대방의 발언권을 뺏는 것만큼 모두에게 부담스러운 일은 없으며,

---

5) 발언권을 유지하는 것 역시 담화전략적인 사용이 모색될 지점이지만, 그보다는 발
　언을 빼앗는 것이 청자에게는 비선호적인 것이며, 따라서 본고는 복합형 담화
　표지의 출현이 발언권을 확보, 빼앗는 과정에서 자주 출현함에 주목하였다. '자주'
　란 용어는 좀 더 많은 자료를 대상으로 해야 쓸 수 있기는 하지만, 현재 자료에서는
　발화가 실패하여 발언권만 확보한 경우는 3회로 나타났다. 향후 좀 더 많은 자료를
　확보하여 사용현황을 점검할 것이다.

따라서 이 역시 화자 나름의 방법이 강구되어야 할 지점이다. 결국 이렇게 화자의 부담감이 큰 순간에 사용된 복합형 담화표지는 화자의 대화책략이 발현되어야 할 필요성이 제기되어 그 쓰임이 필연적으로 늘어날 수밖에 없었을 것이며, 이러한 이유로 단일형 담화표지만이 아니라 복합형 담화표지의 생성을 촉발시켰다고 보인다.

지금까지 본 것처럼, 화자의 말하기 과정에서 점검이 행해지는 곳, 따라서 긴장도가 높은 곳은 다양한 담화책략이 수반되기에 최적의 장소이며, 소(小)화제별로 나누어 본 결과 담화표지가 많이 사용되고 있음을 알 수 있었다. 특히 '아니 근데' '아 근데'는 단절성이 강한 화제나 발언권의 확보 등 대화의 급격한 국면전환이 일어나는 곳에 상대적으로 많이 분포하고 있어, 이러한 의미적 특징이 복합형 담화표지로의 변화를 이끈 동인이 되었음을 유추할 수 있었다.

5. 결론

발화의 명제내용에 영향을 미치지 않고, 화자의 태도를 표시하거나, 담화 구조를 표시하는 등 일정한 담화상의 기능을 수행하는 언어요소를 담화표지라 부르는데, 본고는 두 단어 이상이 결합된 예를 대상으로 이들이 한 단어처럼 기능하고 있음을 보이고, 이를 바탕으로 복합형 담화표지를 설정, 이의 생성요인을 알아보았다.

복합형 담화표지는 앞뒤의 구성성분이 긴밀히 결합하여 마치 한 단어처럼 기능하고 있는 예들 중에서 담화표지로서의 특징을 지닌 것을 말한다. 본 논문은 대표 예로 설정한 '아 근데' '아니 근데'가 담화

표지가 지닌 통사, 의미적 특징을 지니고 있음에 근거하여 이들을 복
합형 담화표지로 분류하였다. 구어에서의 의미 있는 사용과 성분과의
결속관계가 없어 의미전달에 무리가 없으면 생략가능한 점 역시 담화
표지의 특징에 부합하기에 이들을 복합형 담화표지라 칭하는 것이 타
당해 보인다. '아니 근데'는 시차를 둔 수정요청의 의미기능을 가지고
있었고 '아 근데'는 수정지시 이외에 발언권 확보의 기능을 가지고 있
었다. 이는 기존의 '아니'와 '아' 그리고 '그런데' 각각의 의미와는 다
른 것이어서 이들을 따로 분류해 놓아야 할 필요성을 더해 주었다. 마
지막으로 이들이 가진 의미기능을 토대로 그들이 가진 화제의 전환과
수정요청, 발언권 빼앗기 등은 거시차원과 중간차원에서 대화책략이
필요한 적절한 지점임을 주장하였다. 그리고 이러한 이유로 두 개 이
상의 담화표지가 하나로 결합되어 새로운 의미기능을 가진 복합형 담
화표지로 변화될 가능성이 앞으로도 이어질 것임을 전망하였다.

Ⅲ. 복합형 담화표지 '아 글쎄'

1. 복합형 담화표지의 정의

구어담화자료에는 외형상으로는 접속부사 같아 보이지만 기존의 접속부사처럼 문장과 문장의 연결기능을 담당하지 않아 또 다른 분류가 필요해 보이는 예들이 있다. '그런데' '그러니까' 등 '그러하다'계열의 접속부사들이 대표적인 예인데, 이는 문장의 연결이 아니라 문장의 첫머리, 주어 다음 그리고 문장의 맨 마지막까지 자유로운 분포를 보인다. 아래는 '그런데'의 축약형 '근데'의 사용 예이다.

(1) 가. (끼어들며)근데 여긴 어쩐 일이야,

　　　　말도 없이,

　　나. 나는 근데 ㅇㅇ아,

　　　　꼭 그런 것만도 아닌 것 같아,

　　다. 네가 먼저 간댔잖아,

너도 들었잖아↗

우리 모두 들었는데 근데↗

라.   영수가 분명히 오기로 했어요,

<u>그런데</u> 끝내 오지 않았네요.

  (1-라)의 '그런데'는 문장과 문장을 연결하는 접속부사로, 두 문장의 사이에 위치하고 있다. 그러나 나머지 예는 문장의 첫머리(가), 주어 다음(나), 문장의 마지막으로 도치(다)되어 나타나는 등 분포의 위치가 자유롭고, 접속의 기능도 가지지 않고 있다. 이들은 발언권을 확보하거나(가, 나) 따지는(다) 등 메시지를 원활하게 전달하려는 화자의 의도를 담고 있을 뿐이다. 따라서 Shiffrin(1987)의 정의처럼 '발화의 명제 내용에 영향을 미치지 않고, 발화를 연결하거나 화자의 태도를 표시하거나 또는 담화 구조를 표시하는 등의 일정한 담화상의 기능을 수행하는 언어요소', 즉 담화표지로 기능하고 있다고 할 수 있다.

  담화표지에는 앞서 보았던 '그런데, 그러니까' 혹은 '아니' '뭐' 등처럼 한 단어만이 아니라 '아니 근데' '아 근데' 그리고 '아 글쎄'처럼 두 단어 이상이 결합된 경우 역시 포함된다. 이처럼 두 단어 이상이 결합되어 복합형 담화표지로서 쓰임을 지니고 있음은 강소영(2014)에서 이미 지적된 바 있는데, 아래와 같이 '아 근데'는 감정 감탄사 '아'와 접속부사 '근데'의 의미에서 벗어나 한 덩어리로 쓰여 화제의 심화, 일탈의 의미기능을 가지고 있다.

  (2) 남   잃어버리면 안 되는--

　　　　　그 문서가,

　　　　　쫌 중요한 게 많아=

　　　　　...(3)아 근데 어제--

　　　　　.(1)어젠가↗

　　　　　내가 어제 수업에 들어갔는데,

　　자신이 가지고 있던 문서를 분실한 사건을 다루다가 갑자기 떠오른 자신의 자랑거리(선생님의 질문에 대한 답변이 훌륭했다는 점)로 화제를 돌려 잠시 화제 일탈된 대목이다. 화제의 전개는 앞뒤 상황을 이성적으로 판단하여 개입될 상황이므로, 화자의 감정을 토로하는 감정감탄사 '아'에서 기인한 의미로는 유추가 어렵다. 따라서 이는 감정감탄사 '아'의 의미는 소산(燒散)된 채, '근데'와 결합하여 화제의 일탈을 고지하는 담화표지로서 쓰였다고 할 수 있다.

　　이와 같이 둘 이상의 단어가 자신이 원래 가졌던 문법적 기능에서 벗어나 앞뒤의 구성요소들과 긴밀하게 결합되어 하나의 의미기능을 수반하고 있는 것들을 복합형 담화표지가 부르고, 앞 글에서는 구어에서 두루 쓰이는 현상, 구성성분의 범주의 변화, 독특한 담화적 기능을 가지고 있음을 밝히었다. 본고에서 연구대상으로 선정한 '아 글쎄' 역시 '아'와 '글쎄'의 자유로운 분포와 달리 구(또는 문장)의 맨 앞에만 분포하는 환경적 제약현상을 보인다.

　　(3) 가.　a. 글쎄 이것이 어떻게 된 일이지요?

　　　　　　b. 스물아홉이나 먹은 기집애가 글쎄 예식장으로 떠나는
　　　　　　　순간까지도

　　　c. 그런데 글쎄, 저 몹쓸 놈의 사슴 놈이

　　　d. 미스터 황도 그만두겠다고 저 난리지 뭐냐 글쎄.

　나.　a. 아까 누구한테 들으니, <u>아, 글쎄,</u> 그 사람이 전과 칠범이
　　　래요

　　　b. 아무리 자도 잠이 모자란단 말이야. <u>아 글쎄</u> 정승같이
　　　서 있지 말고 앉아라?

　(3-가)에서 보이듯이 '글쎄'는 문장의 맨 앞(a)만이 아니라 주어
(b)나 접속사(c) 그리고 문장의 맨 뒤(d) 등 자유로운 분포가 특징이
다. 그러나 '아'와 함께 결합된 '글쎄'는 구(나-a)나 문장(나-b)의 맨
앞에만 나타난다. 더구나 다소 황망한 감정적 토로로 주의를 집중시
키는 것(가, 나의 a) 이외에, 맥락의 단절(나-b)로 화제전환의 기능
도 지니고 있어 '글쎄'와는 의미차도 보인다. 이처럼 두 개의 단어가
긴밀하게 결합되어 의미기능이 달라지는 경우 일부 학자들은 연어
(collocation)로 처리하기도 한다.

　그러나 이는 언중이 자주 사용하여 단어가 가지고 있는 의미의 연
상 작용으로 이러한 결과가 생성되었다고 보는 쪽이기에, 다분히 심
리적인 차원으로 해석하여 이러한 변화의 원인을 정밀하게 다루지 못
할 우려가 있다. 따라서 본고는 통사적 구성에 기원한 문법형태소의
중간단계를 설정한 문법화 이론이 이러한 변화를 설명하는 데 적합하
다고 보고, '아 글쎄'가 감정 감탄사 '아'와 불명확한 태도를 표현하는
감탄사 '글쎄'의 융합으로 새로운 담화표지로 거듭나고 있다고 주장
하려 한다.

　물론 이는 통시적으로 통사적 구성에서 기원한 어미들이 다수 존재

하는 현실에 기반을 둔 것으로, 따라서 한 언어형식이 자신의 통사적, 의미적 특징을 잃고 조사나 어미 등 새로운 기능을 가진 단어로 변화하는 현상이 현재에 일어나고 있음을 보이는 바이기도 하다.

지금까지 살핀 것처럼 본고는 (1)하나 이상의 담화표지들이 연이어진 구성체에서 앞, 뒤 구성요소들의 긴밀한 결합으로 한 단어처럼 의미기능이 부여되는 예들을 복합형 담화표지라 정의하고, (2)그 하나의 예로 '아 글쎄'를 선정하여 이의 통사, 의미적 특징을 살펴보려고 한다. 특히 '아 글쎄'의 통사, 의미적 특징이 복합형 담화표지의 한 부류로 분류할 만한 특징인지를 검토할 것이다.

2. 복합형 담화표지 '아 글쎄'의 설정

1) '아 글쎄'를 둘러싼 담론

기존의 연구에서 구 이상의 단위를 대상으로 담화표지를 설정한 경우는 다수 목격된다. 대표적인 것으로 강소영(2005), 노은희(2012)를 들 수 있는데, 그곳에서 내놓은 예문을 재인용하면 다음과 같다.

    (4) 가. 남성화자: 너 오빠는 나랑 같이 있다가,

                          노느라고 늦었나,

                          그렇게 알았나 보지.

        여성화자: 아니 내가 학원에 있다가 온 거 알았어.

        남성화자: 내가 전화했잖아.

여성화자: <u>그래 가지고,</u>

　　　　　뭐라 그랬더라,

　　　　　그래 갖고,

　　　　　어,

　　　　　내가 나한테 말시키지 말라고,

나. 미라모: 어머, 그래요? 어쩌나, 학교 재단 이사장 일 하
　　　　　려면 뭣보다 내조가 뒷받침이 돼야 할 텐데!
　　　　　<u>그건 그렇구,</u> 저, 근데 신사장님 뭐 필요한 거
　　　　　없으세요?

금실: (영문 모르는) 네?

미라모: 아니, 다른 게 아니구 실은 우리 미라가 좀 있
　　　　　으면 장사장님 생신인데, 뭘 자꾸 드리고 싶다
　　　　　구 그래서요

　　(4-가)는 '그러하다'와 부사형 어미 '-어' 그리고 용언 '가지다'의 활용형 '가지고'가 결합한 '그래 가지고'의 예이다. 이는 일탈된 화제에서 복귀하기 위해 사용된 담화표지로, '그러하다'나 '가지다'의 원래 의미에서는 추정불가능한 제3의 의미로 전환된 경우이다. 따라서 구 이상의 단위로 보이지만, 한 단어처럼 기능하고 있는 대표적인 예라 할 수 있다.

　　(4-나) '그건그렇구' 역시 '그것#은#그렇다#고'의 결합형으로, 이전 화제의 마무리를 강조하며 화제전환을 표시하는 담화표지이다. 화제전환의 의미기능을 가진 '그건그렇구'의 '그것'이 더 이상 지시어가 아님은 '그것'이 대체불가능하다는 것으로도 짐작할 수 있다. 즉 거리감각에 따라 '이,그,저'의 쓰임이 결정되는 지시어의 의미기능상 얼마

든지 가능할 것으로 보이는 '이건이렇구' '저건저렇구'와 의 대체로는 마무리, 화제전환의 의미기능을 갖지 못하기 때문에, 더 이상 '그건 그렇구'를 '그것#은#그렇다#고'로 분석하는 것이 어려운 것이다.

이처럼 선행 연구에서 지적된 사례를 보건대, 담화표지에는 연속체가 아니라 앞뒤의 구성요소들과 긴밀하게 결합되어 하나의 의미기능을 수행하고 있는 복합형 담화표지가 있을 것으로 짐작할 수 있다. 본고 역시 강소영(2014)을 따라 둘 이상의 단어가 결합된 경우를 복합형 담화표지라 하고 '아 글쎄' 역시 이에 해당하는지를 살펴보려 한다.

구어담화 전사 자료에서 담화표지만을 골라 분류하다 보면, 아래와 같이 담화표지가 연이어진 경우를 흔히 볼 수 있다.

> (5) 가.　어머니, <u>아니, 저, 그</u>, 무슨 일이세요?
>
> 　　나.　<u>저, 아니 그니까</u>, 내일을 두려워하지 말라는 말과도 같고

(5-가)는 주의집중 기능을 가진 '아니'와 단어모색의 '저'와 '그'를 연이어 사용하고 있고 (5-나)는 화제시작의 '저'와 앞선 화제와 동일 화제로의 진입을 알리는 '아니 그니까'를 연속 사용하고 있다. 말차례, 주제가 정해져 있지 않은 구어의 특성상 자신의 발언권을 확보하는 것이 어려우며, 발언권을 확보하였다고 하더라도 곧바로 화제로 진입하지 못하는 모습을 보인다. 따라서 담화표지를 연속적으로 사용하여 앞, 뒤 연결고리를 가져가는 모습을 흔하게 목격할 수 있다. 그러나 (5)는 담화표지의 연속체일 뿐, 앞서 보았던 (4-가)의 '그래 갖고'와 같이 한 단어로 굳어진 담화표지는 아니다.

본고는 '아 글쎄'를 담화표지의 연속체가 아니라 한 단어로 굳어진 담화표지로 다루려는 입장이므로, 우선 '아 글쎄'가 담화표지인지의 여부를 검증하고 그리고 한 단어로 굳어진 담화표지 즉 문법화된 담화표지인지의 여부를 또한 검증하려 한다. '아 글쎄'는 국립국어원 말뭉치 자료에서 담화표지의 연속체로 가장 많이 등장하였다. 물론 구어 전사 자료에서 '아니'와 '아'를 선행으로 한 복합형 담화표지가 많이 분포하였다는 앞 글의 연구결과를 참조한 것이기도 하다.

다음 절에서는 '아 글쎄'를 복합형 담화표지. 즉 연이어진 단어들이 긴밀하게 결합하여 하나의 담화표지를 형성, 새로운 의미기능을 가지고 있음을 보이려 한다. 따라서 담화표지로서의 특징만이 아니라 긴밀하게 결합하고 있음을 함께 증명할 것이다.

2) 복합형 담화표지의 판별 조건

담화표지는 Schiffrin(1987)에 의하면 담화의 의미적 결속을 위한 선택적 장치로, 'oh, well, and,but,or, so,because, y'know, I mean' 과 같이 전통적으로 다양한 범주에 분류되었던 것들이 한데 모아져 있다. 다양한 문법적 범주에 속하였던 것들을 포괄하고 있다는 말은 다시 말하면, 이들 속에는 보편적인 특징, 즉 담화표지에 해당되는지를 가늠할 수 있는 기준이 마련되어 있음을 말해준다.

임규홍(1996)에서 제시한 담화표지의 특징[6] 중에서 중복되는 것

---

6) Schiffrin(1987), Blackmore(1987) 등의 논의를 종합하여 정리한 Fraser(1990) 논의 역시 임규홍(1996)와 크게 다르지 않다. Fraser(1990)에서 제시한 담화표지의 특징을 정리하면 다음과 같다.

을 제외하고, 강소영 (2014:322)에서 압축, 제시한 담화표지의 특징을
들면 다음과 같다.

> 1. 실현양상(문어 vs 구어, 특수한 곳에 쓰임 vs 두루 쓰임)
> 2. 구성성분의 범주의 변화(←활용의 제약, 공고한 결합)
> 3. 독특한 담화적 기능(←선행 담화와 후행 담화의 결속, 생략 가능
>   성)

 담화표지란 담화 상에서 의미를 갖는 요소이므로 문어보다는 구어
에서 더 많이 쓰여야 하며, 따라서 '아 글쎄'의 사용현황을 짚어볼 필
요가 있다. 구어만이 아니라 문어자료까지 정리된 국립국어원 말뭉치
자료를 대상으로, 지문과 대화 중에 어느 쪽에 편중돼 있는지를 살펴
보려고 한다.
 다음으로 공고한 결합과 활용이나 조사의 결합, 대치 등이 불가능
한 제약현상을 지적하였는데, '아'와 '글쎄' 모두 감탄사이므로 활용의
제약을 근거로 들기는 어렵다. 따라서 구성성분의 공고한 결합으로
기존의 것과 달라진 형태가 되었다면, 구성성분의 범주의 변화를 보
이는 여러 통사, 의미적 특징이 적용될 가능성이 높으며, 이를 기준으
로 '아 글쎄'의 범주의 변화여부를 알아볼 것이다. 특히 한 단어로서
의 담화기능을 수행하고 있다면, 이는 문법화된 요소 즉 공시적인 문

---

1. 발화되는 위치에 따라 다양한 의미기능을 갖는다
2. 운율적인 억양(어조, 길이, 세기)에 의해 화자의 감정적 색채를 나타낸다
3. 문장과는 독립된 요소이며 문장의 개념적 의미에는 영향을 끼치지 않는다
4. 선행담화와 후행담화 사이의 잠재적인 담화관계를 변화시키지는 않는다
5. 원래 품사에서 지닌 의미를 반영하고 있다

법화 과정을 겪고 있는 것으로 볼 수 있으며, 따라서 강소영(2004)에서 지적한 문법화 판별조건을 함께 적용해 검토해 보려고 한다. 아래는 강소영(2004)에서 단어연속체가 아니라 한 단어로 굳어진 통합형의 판별 기준으로 제시한 것이다.

    (1) 구성요소들의 긴밀성
    (2) 구성요소들의 범주의 변화
    (3) 통합 환경의 변화
    (4) 의미의 변화

이 중에서 (4)는 담화표지의 독특한 담화적 기능과 관련되어 있으므로 따로 분류되지만, (1)(2)(3)은 한데 얽혀있는 조건들이다. 원래의 것과 다른 것으로 변화되었다면(구성요소들의 범주의 변화), 그리고 한 단어로 굳어진 것이라면(구성요소들의 긴밀성) 응당 앞 절에서 지적한 구(문장)의 맨 앞에서만 분포한다는 환경적 제약(통합 환경의 변화) 역시 설명이 가능할 것이기 때문이다. 따라서 '아 글쎄'가 사이에 다른 요소의 결합이 불가능한 공고한 결합체인지를 살피고, 또한 원래의 것과 구별되는 통사적 특징을 가지는지를 보려한다. 물론 이는 일부 제한된 환경에서의 쓰임과 맞물려 새로운 담화표지로의 탄생을 지지해 줄 것으로 기대한다.

마지막으로 독특한 담화적 기능을 수행하고 있음을 예증하기 위하여 이들의 의미기능을 알아보고, 다른 문장성분과 독립적인 담화표지의 기능상, 의미전달에 무리가 없으면 생략가능한지의 여부를 살필 것이다.

(1) 구어에서 두루 사용되는 사용 환경

감정 감탄사 '아'는 놀라움, 감동 등 자신의 감정을 표현할 때 사용하므로 이는 구어에서 빈번하게 사용되는 것이 자연스럽다. '글쎄' 역시 대화체(239회, 77%)에서 주로 나타나서 구어체에서 자주 사용되고 있음을 확인할 수 있다. 그러나 지문에서의 사용도 눈에 띌 만큼 나타나고 있어 '아 글쎄'의 사용과는 대비된다. 아래 글쎄1, 글쎄2로 나눈 것은 사전적 정의에 따라 불명확한 태도의 표현이 글쎄1이며 강조의 표현이 글쎄2로 표기되었음을 미리 밝힌다.

〈표1〉 국립국어원 말뭉치자료에서의 '글쎄'의 분포

	글쎄1		글쎄2		아 글쎄	
	지문	대화	지문	대화	지문	대화
분포현황	37(25.5%)	108(74%)	32(20%)	131(80%)	0	42(100%)
합계	145		163		42	

비록 '아'나 '글쎄'와 달리 빈도수는 낮으나, '아 글쎄'는 모두 구어체에서의 사용(42회)으로 확인되어 '글쎄'의 일부 문어체에서의 사용 현황과는 대조적이다. 따라서 '아 글쎄'는 구어체에서의 사용으로만 한정되고 있어, 담화표지의 첫 번째 조건, 즉 담화(입말)에서 사용되어야 한다는 조건을 만족시키고 있음을 알 수 있다. 물론 말뭉치자료는 연령별로 그리고 성별로 구애 없이 다양성을 확보한 자료이므로, '아 글쎄'의 사용이 보편적임을 알 수 있다.

(2) 특정한 환경에서 인접한 구성요소 간의 통합관계의 긴밀성

가. 구성요소들의 긴밀성

둘 이상의 단어가 결합되어 하나의 담화표지처럼 기능하고 있다는 것은 인접한 구성요소들이 긴밀하게 통합되어 있음을 뜻한다. 따라서 그들의 공고한 결합을 구성요소들 사이에 다른 형태소를 넣어 분리할 수 있는지의 여부로 판단할 수가 있다.

　　(6) 가.　　a. 아 글쎄, 나를 간첩이라는 거야

　　　　　　　-〉 ?아 그런데 글쎄, 나를 간첩이라는 거야

　　　　　　　-〉 ?아 글쎄 그런데, 나를 간첩이라는 거야

　　　나.　　a. 흑흑 할머니, 그런데 글쎄, 저 몹쓸 놈의 사슴 놈이

　　　　　　 b. 글쎄, 근데 집에서 놀기만 하는데도 밤낮 피곤하다나

(6-가)는 '아 글쎄'가 사용된 예문으로, '아'와 '글쎄'만의 긴밀한 결합인지를 보기 위해 그들의 사이에 그리고 뒤에 다른 어휘를 넣어서 수식, 보충하는 구로 재구성했다. 원래 (6-나)처럼 '글쎄'는 앞, 뒤에 다른 어휘가 와서 의미를 더할 수 있는 감탄사이다. 하지만 '아 글쎄'의 긴밀한 결합을 깨는 어휘의 사용은 말뭉치 자료에서 찾을 수 없었으며, 인위적으로 바꾸어 보아도 '아 글쎄'의 주의를 집중시키는 의미 기능은 나타나지 않았다.[7]

----

7) "아 그랬는데 글쎄, 그 여편네마는 결코 그러지 않으려니 했던 게, 웬걸 제 버릇 개 못준다고"와 같은 예문은 '아 글쎄' 사이에 다른 요소의 개입가능성을 보이는 것처럼 생각할 수 있다. 그러나 이는 '그랬다#는데#글쎄'의 예이다. 즉, 전제된 상황(그랬다)과 반전되는 상황이 벌어져 뒤 발화에 초점이 놓이는 '글쎄'의 의미가

문법화 과정을 밟아 하나의 형태소로 굳어진 것들은 구성요소들 사이에 다른 요소를 넣을 수 없는 특징을 보인다. 따라서 구성요소들의 분리불가능성을 내세워 문법화의 조건 즉, 긴밀하게 결합되었는지를 살펴보려 하였는데, '아 글쎄'는 이의 조건을 만족시키는 복합형 담화 표지임을 알 수 있었다.

나. 구성요소들의 범주의 변화

둘 이상의 단어가 결합되어 하나의 담화표지처럼 기능하고 있다면, 더 이상 원래의 감탄사 '아'와 '글쎄'의 특징을 가지지 않게 되었다는 것을 의미한다. 화자의 불명확한 태도 표명을 뜻하는 '글쎄'는 감탄사 이지만, 청자의 질문에 대한 대답으로 나타날 경우 활용이 가능하다.

(7) 가. 허허, 글쎄요. 제 마음대로 되는 게 아니죠.

　　나. 운수라면 글쎄올시다. 지금 조선 천지에 과연 참된 운수가
　　　　몇 명이나 될지

　　다. 외숙부는 글쎄다로 말을 끝냈다

(7)은 '글쎄'가 상대방과 나와의 상하관계를 반영하여 높임의 체계에 따라 활용하는 모습을 보인 예이다. 그러나 말뭉치 자료에서 '아 글쎄'의 활용은 찾아볼 수 없었다.

그대로 살아있는 예일 뿐, '아 글쎄'의 예는 아니다. 본문의 (가-b) 역시 '그런데' 등 접속부사 뒤에 자유로이 분포하는 글쎄2의 특징에 따른 것일 뿐, '아 글쎄'의 예는 아니다.

(8) 가. *아 글쎄요. 나를 간첩이라는 거예요.

　　나. *아 글쎄올시다, 밤에 잘 때도 꼭 껴안고 자더라니만

(3) 통합 환경의 변화

둘 이상의 단어가 결합하여 하나로 굳어진 경우, 이는 원래의 것과
는 전혀 다른, 새로운 의미기능에 맞춰 특정한 환경을 가지게 된다.
따라서 복합형 담화표지로 변화한 경우는 기존의 구성요소들이 나타
난 구문과는 변화된 환경에서 나타날 것으로 기대된다. 감탄사 '아'는
주로 문장의 맨 앞에 위치하지만, '글쎄'는 아래처럼 문장의 앞이나
뒤 자유롭게 분포하고 있어, '아 글쎄'의 통합 환경의 변화를 '글쎄'와
의 비교를 통해 검토하려 한다.

먼저 화자의 불명확한 태도를 표현하는 글쎄1과 자신의 태도를 강
조, 표현하는 글쎄2의 분포환경을 보이면 다음과 같다.

〈표2〉 감탄사 글쎄의 분포환경

글쎄1			글쎄2					
주어 뒤	후행 절 앞	문장 앞	주어 뒤	후행 절 앞	문장 앞	접속 사 뒤	끝	목적어 (부사어) 뒤
7	10	128	19	38	74	6	24	2

(9) 가.　　a. 호화판이라는 말은 글쎄 어폐가 있겠군요.

　　　　　b. 주머니를 죄다 뒤졌으나 글쎄 외출하고자 옷을 새로
　　　　　　갈아입을 때 그만 지갑을 빠뜨리고 나왔으므로

　　　　　c. 글쎄 어디로 갈까 하고 내가 말했다

나.   a. 스물아홉이나 먹은 기집애가 <u>글쎄</u> 예식장으로 떠나는
마지막 순간까지도

b. 하늘이 내려 볼까 무섭잖겠어요? 그런 걸 <u>글쎄</u>, 이 할
이나 하자시니!

c. 흑흑, 할머니, 그런데 <u>글쎄</u>, 저 몹쓸 사슴 놈이

d. 하일 씨를 몰래 따라가 보았더니만, <u>글쎄</u> 진짜 버스터
미널로 향하더군요

e. 형들 들어봐, <u>글쎄</u> 저기 있는 저 사람은 술을 못한대

f. 그렇다니까 <u>글쎄</u>.

(9-가)는 불확실한 화자의 태도를 표현하는 글쎄1의 예로 주어 뒤
(a), 후행절 맨 앞(b) 그리고 문장의 맨 앞(c)에 나타난다. (9-나)는
자신의 태도를 강조, 표현하는 글쎄2의 예로 주어(a), 목적어(b), 부
사어, 접속사(c) 등 다양한 문장성분의 뒤에 분포하며, 후행절 맨 앞
(d), 문장 맨 앞(e) 그리고 문장의 끝(f)처럼 어느 곳에서든 자유스럽
게 사용되고 있다.

그러나 복합형 담화표지 '아 글쎄'는 구(또는 문장)의 맨 앞자리에
분포하였다. 말뭉치 용례집에서 '아'와 '글쎄'의 앞, 뒤에 쉼표를 넣어
표기한 것과 아닌 것이 공존하므로 이를 모두 통계에 반영하여 정리
하면 다음과 같다.

〈표3〉 복합형 담화표지 '아 글쎄'의 분포

항목	아, 글쎄,	아, 글쎄		아 글쎄	
분포위치	문장 앞	후행절 앞	문장 앞	후행절 앞	문장 앞
통계	3	2	9	5	23

(10) 가. a. 아, 글쎄, 큰 사고가 났대요. 이 일을 어쩌우?

　　나. a. 참, 기가 막히는 일이지. 아, 글쎄 나를 간첩이라는 거야

　　　　b. 집사람이 나도 모르게 집을 뛰쳐나가 아, 글쎄 휴전선으
　　　　　로 갔지 뭡니까.

　　다. a. 지렁이 겨가넌 것 같은가 싶더니먼 아 글쎄 싹이 솟어났
　　　　구

　　　　b. 취직 자리 말이에요. 아 글쎄 찾아갔더니 벌써 어저께
　　　　　사람이 왔다지 뭐예요

　연속형으로 인식, 표기에 쉼표를 반영한 것('아, 글쎄,'나 '아, 글쎄')
이나 하나의 단어처럼 쉼표 없이 쓴 것('아 글쎄')이나 이들 모두는 구
(또는 문장)의 맨 앞에 분포하고 있어 '글쎄'가 자유롭게 위치하는 것
과는 대조적인 모습이다.

(4) 독특한 담화적 기능 수행

　다음으로 선, 후행발화의 결속을 담당하는 담화표지로의 변화가능
성을 검토하려 한다. 담화표지란 화자의 메시지를 전달하는 것이 아
니기에 문장의 명제내용에는 영향을 끼치지 않는다. 따라서 문장 내
성분들과의 결속관계가 없어, 의미 전달에 무리가 없으면 생략가능
다. 앞선 예문을 일부 재인용하여 '아 글쎄'를 생략한 경우와 비교를
해보았다.

　(11) a. 참, 기가 막히는 일이지. 아, 글쎄 나를 간첩이라는 거야
　　　-〉참 기가 막히는 일이지. {　φ　} 나를 간첩이라는 거야.

b. 지렝이 겨가넌 것 같은가 싶더니면 아 글쎄 싹이 솟어났구

-> 지렝이 겨가넌 것 같은가 싶더니면 {φ   } 싹이 솟어났구

(11)은 어이없음을 강조, 표현하려는 화자의 태도를 '아 글쎄'로 나타낸 문장으로, 각기 '아 글쎄'를 생략하여 문장을 재구성하였다. 선행 발화와 후행발화 사이에 들어간 '아 글쎄'는 담화 사이를 결속시키는 담화표지의 기능을 가진 것으로, 발화의 결속만 담당한다. 따라서 (11)처럼 전후 관계가 화·청자에게 인지될 수 있다면, 즉 맥락상 예측가능한 상황이면 굳이 '아 글쎄'가 필요하지 않게 되어 생략이 자유로운 것이다.

지금까지 '아 글쎄'가 외형상으로는 감탄사의 연속체로 보이지만, 실제 담화 속에서 한 단어처럼 결합되어 쓰이면서 선, 후행 발화의 결속을 담당하는 담화표지로서의 기능을 가지고 있음을 몇 가지 특징을 바탕으로 알아보았다. 다음 장에서는 '아 글쎄'의 구체적인 의미 기능에 대해 살펴보려고 한다.

3. 복합형 담화표지 '아 글쎄'의 의미기능

1) 주의환기와 초점화

문법화되어 한 단어로 굳어진 예들에서 의미지속성은 꾸준히 목격되는 바이다. 의미지속성이란 다른 단어들과 융합되어 한 단어로 굳어진 경우라도 원 형식과의 관계를 지속시키기 마련이라는 원리로,

따라서 '아 글쎄'의 의미는 '아'와 '글쎄'의 원래의 의미를 추적하는 데에서부터 시작해야 한다. 본고는 이러한 생각 아래 우선 '글쎄'의 의미를 분석하였는데, 사전적 정의를 보면 (1) 불명확한 태도를 표현하거나 (2) 자기의 말을 다시 강조하거나 고집할 때 하는 말로 쓰인다.

(13) 가.　a. 글쎄, 그 이유는 잘 모르겠구나.

　　나.　a. 글쎄, 내 말이 맞다니까 그러는구나.

　　　　b. 어제 시장에 갔더니 글쎄 과일값이 배로 뛰었더라.(다음사전)

(13-가)는 불명확한 화자의 태도를 표현하는 '글쎄1'의 예이며, (13-나)는 자기의 말을 강조하거나 고집하는 '글쎄2'의 예이다. 이중 후자 즉, 자기의 말을 다시 강조하거나 고집할 때 하는 말은 그 의미가 애매모호하여 좀 더 면밀한 분석이 요구된다.

한 단어의 의미는 그의 통합 환경과 연관이 되어 있으며, 따라서 우선은 글쎄가 쓰이는 예문에서 자주 보이는 어휘들을 살펴보았다. 화자의 불명확한 태도를 표현하는 글쎄1은 '모르다' '-ㄹ 테지' 혹은 'A인지 B인지' 등처럼 화자의 추측성 표현과 함께 나오는 데 비해, 자기의 말을 강조, 고집하는 글쎄2는, 주목을 요하는 '보다', 분열문, 상승 억양, 강조의 수사의문문 등이 쓰였다.

(14) 가.　a. 글쎄, 어디로 갈까?

　　　　b. 글쎄, 있을 테지

　　　　c. 글쎄, 그 홍류라는 풀인지 잡목인지 알쏭달쏭한 것들이

나. a. 글쎄, 그런 자리가 쉽겠느냐?

b. 글쎄, 근심 마라

c. 거 봐요. 글쎄 내가 금방 감탄할 거라고 말했잖아요.

d. 형님. 여기서 발견된 시체 말이에요. 글쎄 서울 대학생
　　이라지 뭡니까.

(14-가)는 불명확한 화자의 태도를 표현하는 '글쎄'의 예이다. 따라서 확인의문문이 사용(a)되며, 추측성 어미(b, c)를 동반한다. 그러나 (14-나)의 글쎄는 강한 긍정의 의미를 가진 수사의문문이 사용되며(a), 화자의 확신이 강하게 담긴 금지의 어미(b)가 사용된다. 또한 '보다' 동사나 분열문을 사용하여 주위의 시선을 집중시키고 있어, (14-가)와는 차이를 가진다. 본고는 이런 점에 따라 글쎄2의 의미를 단순히 '강조나 고집'으로 표현하는 것은 '글쎄'의 의미를 충분히 드러내지 못한 것으로 판단하였다.

우선 사전에 기재된 예문 (13)부터 자세히 보면, (나-a)는 자신이 의견(내 말이 맞다)을 다시 강조하는 예이며, (나-b)는 후행절(과일 값이 두 배로 뛰었다)을 강조하는 예이다. (나-a)의 자신이 이미 했던 말은 구정보에 해당하며, 따라서 청자에게 주목을 받기가 용이하지 않다. 화자 입장에서는 청자의 눈길을 끌어야 하고 이를 위해 사용된 담화표지라면, 맨 앞에 등장하는 '글쎄'는 [주의환기]의 기능을 가지게 된다. 이에 반해 자신의 하려는 말에 힘을 더하려는 경우는 정보의 성격상 신정보이기 때문에 중간에 나오는 '글쎄'는 후행발화의 [초점화] 기능을 가지게 된다. '내 말이 맞아, 글쎄 내 말이 맞다니까 그러는구나'처럼 원래의 상황을 재구해 보면 짐작가능하다.

'글쎄'의 의미 중에서 '아 글쎄'는 글쎄2의 의미 즉 주의환기와 후행
발화의 초점화 기능을 이어받았다.

(15) 가. a. 아 글쎄 우리 달 노래에다 하필이면 중국사람까지 ㄲ집
　　　　　　　어 올 건 없지 않느냐?
　　　　　b. 아 글쎄 장승같이 서 있지 말고 앉아라
　　　　　c. 내 말 좀 듣소. 아 글쎄 이눔이 지 막내둥이 등록금을 몰
　　　　　　　래 가지고 와서는 날 구워삶고
　　　　　d. 오늘 아줌마가 부탁한 취직 자리 말이에요. 아, 글쎄 찾
　　　　　　　아갔더니 벌써 어저께 사람이 왔다지 뭐예요.

앞선 글쎄2의 예와 동일하게 강한 긍정의 수사의문문(a)과 명령문
(b) 앞에 그리고 주목을 요하는 동사 '듣다'(c) 뒤에 혹은 분열문(d)
에 사용되어 자신의 말에 주의집중을 하게 만들거나 후행발화에 초점
을 부여하고 있다. 이는 '아 글쎄'는 화자의 명확하지 못함을 의미하
는 글쎄1의 의미는 전혀 갖지 않고 글쎄2의 의미만을 일정 부분 지속
하고 있음을 알 수 있다.

2) 맥락 끊기

자유로운 대화는 일정한 주제 없이 진행되기 때문에, 무작위로 끼
어드는 말로 중간에 말이 끊기는 경우가 잦고, 잠깐 동안의 일탈된 발
화들도 다수 존재한다. 주의 환기나 초점화와는 구별되는 '아 글쎄'의
의미기능이 이런 자유로운 대화진행방식에서 비롯되는데, 아래처럼

자신이 하고 싶은 대로 중간에 삽입구처럼 발화할 때 '아 글쎄'를 사용하는 모습이 보인다.

> (16) 가. "어찌하여 그러시나이까. 그대나 늘상 오종종해 있지 말구. 아 글쎄 임명희가 나같은 생과부가 됐다 봐라, 아마 발등에 눈구멍 패일 게야?" 명희는 눈을 흘긴다.
> 나. 아침을 먹고 또 잤지 뭐냐? 살이 찔려고 그러는지, 아무리 자도 잠이 모자란단 말이야. 아 글쎄 장승같이 서 있지 말고 앉아라

(16-가)는 종결어미가 아니라 연결어미 '-고'를 사용하여 끝낸 것에서 알 수 있듯이 뒷말을 미처 끝맺지 못한 구문이다. 그리고 앞에서 지속적으로 이야기한 주제(너(명희)는 결혼에 좀 더 적극적으로 나서라)를 얼버무리듯 끝내고, 또 다른 화제(노처녀인 자신)로 전환되고 있으므로 맥락 없이 말을 끊는 장면에서 '아 글쎄'를 사용한 경우라 하겠다. (16-나) 역시 글쎄2로의 대치가 불가능하며, '아 글쎄'의 전후 문장은 동일화제의 연결이 아니다. 자신을 방문한 사람에게 피곤하다는 자신의 현재를 보고하고 앞에 와 앉기를 명하였으므로, 둘 사이에 연관성도 없다. 따라서 '아 글쎄'는 또 다른 국면으로 넘어가기 위해 앞선 발화를 맥락 없이 끝맺는 담화표지로서의 기능을 가지고 있음을 알 수 있다.

이처럼 맥락을 끊고 뜬금없는 발화를 꺼내는 대목에서 쓰인 '아 글쎄'는 상대방에게 해야 할 말이 떠오를 때면 언제든지 말을 끊고 들어가는 아래와 같은 장면연출로 이어진다. 아래는 감정적 표출이 동반

된 상승억양의 운율이 얹힌 '아 글쎄'의 예로, 상대방의 말을 끊고 말을 끝내기를 요구하고 있다.

> (17) 가. A: 니가 먼저 가겠다고 해서 문제인 건가?
>   B: 아냐, 쟤가 못하겠다[고 해서--]
>   C:[아 글쎄], 그게 아니라니깐
>   나. A: 몰라요.
>   B: 오긴 와요?
>   A: 글쎄 몰라요
>   B: 어디 가면 구해요?
>   A: 아 글쎄 모른다는데 왜 이렇게 귀찮게 해요. 바빠 죽겠
>   는데

'아' '저' '저기' 등 대부분의 담화표지들은 자신의 발화에 나타난 오류를 최소화 하여 자신의 주장에 대한 힘을 싣기 위한 의도로서 사용되지만(신칠범 2011:95), '아 글쎄'는 타인의 발화에서 나타난 오류를 끊어내기 위해 사용되는 담화표지이다.

(17-나)에서 글쎄2를 사용했다가 다시 반복할 때 '아 글쎄'를 사용한 데서 알 수 있듯이, 상대방의 말을 막고 강력한 자신의 의사를 표현하는 데 '아 글쎄'의 사용이 효과적이다. 더구나 (17-가)의 활용어미'-다니깐'과의 통합 환경이 갖는 의미 역시 화자의 [맥락끊기]를 '아 글쎄'가 가지고 있음을 보여준다. 즉 '-다니깐'은 앞서 말한 것에 대해 청자가 반응하지 않거나 미심쩍어 할 때 화자가 이를 다시 확인시켜 주는 의미를 가지는 어미이다.

따라서 이와 호응하여 쓰이는 '아 글쎄'는 상대방의 말을 더 이상 듣지 않고 맥락전환의 의도만을 드러내는 담화기능을 가지고 있다고 할 수 있다. 특히 (17-가)처럼 상대방의 말을 다 듣지 않고 말차례를 잡아 화제전환을 시도할 때 사용되기도 하여, '아 글쎄'는 맥락 끊기의 의미기능을 가진 담화표지라 할 수 있을 것이다.

'아 글쎄'처럼 문장의 맨 앞에 위치하여 다른 이에게 따지듯이 대응하는 표현은 '아니 글쎄'의 경우에도 목격된다.

    (18) 가. a. 아니 글쎄 그걸 왜 물으세요?

            b. 아 글쎄 그걸 왜 물으세요?

       나. a. 아니 글쎄 저는 피할려고 했다니깐요.

            b. 아 글쎄 저는 피할려고 했다니깐요

(18-가)는 짜증 섞인 목소리로 던진 의문문으로 상대방의 질문이 불필요함을 강조, 그의 의견을 수정할 것을 요구하고 있다. (18-나) 역시 '-다니깐'의 사용에서 알 수 있듯이 상대방의 생각이 잘못되었음을 강하게 호소하여 타인의 의견개진을 막고 있다. 따라서 선행하는 '아 글쎄'와 '아니 글쎄'는 타인의 화제진전을 막고 여기에서 말을 끊어내려는 화자의 태도가 이어질 것임을 예고하고 있다.

그러나 아래와 같이 중립적인 장면에서 '아니 글쎄'는 사용되는 것이 특징적이다.

    (19) 가. a. 남들이 좋다고 하니까 내가 든 생각은 아니 글쎄 뭐가

          들었길래? 다들 좋다고 그러지? 였다

b. ?남들이 좋다고 하니까 내가 든 생각은 아 글쎄 뭐가 들
었길래? 다들 좋다고 그러지? 였다

다른 이들의 생각을 자문하는 의문문에 쓰인 '아니 글쎄'의 예로, 화자의 어이없고 황망해하는 의사표현이 개입되지 않는 경우는 '아 글쎄'의 사용이 어색함을 보여준다. 물론 맥락끊기의 예 역시 '아니 글쎄'를 넣어서 쓸 수 없기 때문에(*아침을 먹고 또 잤지 뭐냐? 살이 찔려고 그러는지, 아무리 자도 잠이 모자란단 말이야. 아니 글쎄 장승같이 서 있지 말고 앉아라) 둘 사이에 의미상의 차이가 있음은 분명해 보인다. 이러한 의미상의 차이는 '아 글쎄'가 글쎄2와도 다르며, '아니 글쎄'와도 다른 독자적인 영역을 구축해 나가고 있음을 보이는 것이라 할 수 있다.

4. 결론

지금까지 선행연구에서 둘 이상의 단어가 결합된 복합형 담화표지의 가능성을 읽어내고, 이에 따라 '아 글쎄'를 대상으로 복합형 담화표지를 성립 가능성을 알아보았다.

복합형 담화표지는 앞뒤의 구성성분이 긴밀히 결합하여 마치 한 단어처럼 기능하고 있는 예들 중에서 담화표지로서의 특징을 지닌 것을 말한다. 본 논문은 이를 '아 글쎄'가 지닌 긴밀한 결합성과 독특한 담화기능에서 찾아냈고, 따라서 이를 복합형 담화표지로 설정할 수 있음을 예증하였다. 이에는 선행연구에서 밝혀진 이론적 배경을 토대로

하였는데, 본고는 담화표지의 특징과 한 단어처럼 굳어진 예들이 갖는 형태, 통사적 특징 사이에 합치되는 지점을 발견하여, 이들을 섞어서 복합형 담화표지의 판별기준을 설정하였다.

그 결과 '아 글쎄'는 구어체에서 사용되며, 구성요소들의 범주의 변화가 목격되었으며, 통합 환경에도 변화가 있었음을 알 수 있었다. 그리고 글쎄2가 가졌던 의미 이외에 맥락을 끊고 발언권을 확보해 타인의 잘못된 인식을 수정, 지시하는 담화적 기능을 가지고 있음을 알 수 있었다. 이는 글쎄1이나 글쎄2의 의미와는 다른 것이어서 '아 글쎄'를 따로 분류해야 할 필요성이 있음을 말해 주었다.

'아 글쎄'는 담화표지 연속체가 긴밀하게 결합되어 하나의 담화기능을 가지는 경우 복합형 담화표지로 분류할 수 있음을 보여주는 일예일 뿐이다. 이와 같은 예는 '아'와 '아니'를 포함하는 것만 해도 6개가 있음을 염두에 둔다면, 향후 이들에 대한 구체적인 분석이 행해진 뒤에야 비로소 복합형 담화표지의 종류나 그들의 담화기능 등 좀 더 새로운 관점이 전개될 수 있을 것이라 생각한다.

Ⅳ. 문법화 과정 중인 복합형 담화표지

1. 서론

담화에서는 주제 전환의 순간이 자주 찾아온다. 따라서 주제전환을 표시하는 다양한 장치들이 사용되기 마련이다. 영어에서는 o, by the way, you know wha 등이 주제를 전환하는 신호로 사용된다. 한국어 역시 '맞아', '아니(근데)', '하여튼' '어쨌든' 등이 주제전환의 표지로 사용된다.(구현정 1987:87)

이성하(1998: 330)는 이들이 아직 계열적 유동성이 커서 문법화의 정도가 매우 낮은 것으로 설명하였다. 계열적 유동성이란 언어사용자가 한 언어 형태를 선택하는 데 있어서 가지는 자유의 폭을 말하는 것으로, Lehmann(1982)이 제시한 문법화의 원리 중 하나(이성하 1998:165)이다. 이에 따르면, 주제전환의 표지들은 상대적으로 자유롭게 선택되며 때로는 생략되어 나타나지 않기도 하기 때문에, 그런 이유로 이들은 문법화의 가능성이 매우 낮을 것으로 예측된다.

하지만 주제전환의 순간을 책이나 인위적으로 만들어낸 문장에서 찾지 않고, 우리가 실제로 사용하고 있는 구어 전사 자료에서 찾다보면, 다른 결과를 만나게 된다. 구어는 임시적이고 즉흥적으로 이루어지며, 따라서 화, 청자와 메시지를 둘러싼 다양한 여러 요인들이 담화 전개에 영향을 미치게 마련이다. 그 대표적인 것이 담화표지로, 담화표지는 화자가 메시지를 대하는 태도를 드러내기도 하고, 화, 청자 사이의 관계를 맺어주기도 하며, 담화를 자연스럽게 이끌어내어 담화구조를 완성시키기도 한다.

> (1) 가.　a. 그렇다면 할 수 없지 뭐
> 　　　　b. 뭐? 바쁜데 그럼 어떻게 해?
> 　　나.　a. 아니 근데 아까 말했던 그 문제 말야
> 　　　　b. 근데 그 사람이 왜 그런 것 같아?
> 　　　　c. 아니, 아닙니다. 전 괜찮습니다.

어떤 사실에 대해 단념하고 받아들이는 태도를 표현한 '뭐'(가-a)와 잠시 끊겼던 화제로의 복귀를 시도하는 '(아니) 그런데'(나-a)가 사용된 예이다. 이들은 모르는 대상이나 사실을 묻는 의문대명사 '뭐'로 쓰인 것(가-b)이 아니며, 문장과 문장을 접속시키는 '그런데'(나-b)나 부정응답의 '아니'(나-c)로 쓰인 것이 아니다. 이들은 단지 상대방과 나누는 화제를 성공적으로 완성하기 위해 윤활유 역할을 더하고만 있어서, 원래의 의문대명사, 접속사, 부정부사로서의 통사, 의미적 특성을 잃고 새로운 문법범주로 변화한 예라고 할 수 있다. 원 형태와의 관련성을 잃고 새로운 문법범주로 변화하였음은 이

들이 문법화의 과정을 거쳤음을 말하는 것으로, (나-b)의 '아니 근데'처럼 주제전환의 담화표지 중 일부는 예측과 다르게 문법화의 가능성을 높이는 예라 할 수 있다.

따라서 본고는 담화 표지들 중 일부는 공시적인 문법화 과정에 들어섰음에 주목하여 그들의 문법화 현상에 주목하고자 한다. 특히 화제전환의 표지 '아니 근데'(나-b)는 '아니'와 '근데' 사이에 다른 요소의 개입이 어려울 만큼 한 단어처럼 사용되고 있어서, '아니 근데'를 단순히 단어 연속체로 보지 않을 수도 있다고 생각된다.

(2) *아니 (뭐, 사실, 여기) 근데, 아까 말했던 그 문제 말야

'아니 근데'는 앞선 화제와는 상관이 없는 주제로의 전환을 노리는 화자의 책략이 반영된 담화표지이다. 중간에 다른 요소의 개입이 어렵다는 것은 이들이 한 단어로서의 쓰임을 가졌음을 보이는 것으로, '아니 근데'를 문법화의 과정에 들어선 것으로 처리하려는 본고의 목적에 따르면 복합형 담화표지의 예이다.

본고는 이처럼 담화 표지들이 문법화의 과정에 들어섰다는 전제 아래, (1) 실제 언어자료에서 담화 표지들의 사용양상을 살펴보고, 이들 중에서 (2) '아니 근데'와 같은 복합형 담화표지의 존재들을 연구대상으로 선정, (3) 문법화의 판별조건, 문법화의 원리를 적용, 복합형 담화표지의 문법화 과정을 논리적으로 기술해 보려고 한다.

2. 복합형 담화표지의 설정

1) 문법화와 담화표지에 관한 상론

구어담화에서 사용된 담화표지에 대한 연구는 담화표지의 통사, 형태적 특징(임규홍 1996, 전영옥 2002) 개별담화표지의 의미기능(김미숙 1997, 신칠범 2011, 노은희 2012 등), 그리고 부사, 감탄사, 접속부사 등에서 담화표지로의 변화 과정에 대한 연구(신현숙 1987, 전영옥, 남길일 2005, 안주호 2012 등) 등 다방면으로 이뤄져 왔다. 부사, 감탄사, 접속부사 등의 원래의 형태에서 기원한 담화표지들의 연구는 본고에서 다루려는 대상을 포함하고 있으며, 현대로 오면서 담화책략 즉, 정확한 의사소통보다는 효율적인 의사소통의 기능이 중시됨에 따라, 이들의 목록은 점점 더 늘어나고 있다.

그러나 선행연구의 대다수는 원래의 의미적 기능을 잃고 담화표지로 변화한 예들의 목록을 정교하게 다듬는 쪽으로 이뤄져 왔으며, 이들을 문법화의 이론으로 엮어 설명하는 것은 그다지 많지 않다. 안주호(1992), 구현정(1999), 신칠범(2011) 등의 연구가 존재하지만, 이들은 의미기능상의 변화를 전제로 문법화의 과정을 설명하였기 때문에, 주로 어떤 인지적 과정을 겪어 문법화되는지, 문법화의 기제와 원리를 설명하는 데 초점을 맞추고 있을 뿐이다. 담화표지의 형태, 통사적 특징과 문법화 원리를 함께 엮어서 설명하는 데에는 미흡한 면이 있다.

최근의 문법화론은 '공시적인 문법화'의 개념 아래. 의미파생의 과정에서부터 점진적인 형태, 통사적 변화 과정까지, 변화과정 모두를 의미화하고 있다. 따라서 의미기능상의 변화를 보이는 예들을 대상으로, 그들의 형태, 음운, 통사상의 특징이 공시적 문법화 과정에 들어선 예들이 보였던 특징으로 설명이 가능한지를 알아보려고 한다. 이는 '원 형식-〉담화표지'로의 변화과정에서 형태변화를 추적하지 않고 의미기능상의 변화만을 살펴본 결과, 문법화론의 설명보다는 단순 의미변화로 기술하고 말았다는 선행연구 결과를 받아들인 결과(신칠범, 2011:47)이기도 하다.

선행연구에서 밝힌 담화표지의 목록에는 구절 단위의 담화표지들이 다수 눈에 띤다. 구절 단위의 담화표지는 우언적 구문이라고도 불리우는데, [동일화제로의 복귀]를 의미하는 '그래 가지고'(강소영 2005) [화제의 전환]을 의미하는 '그건 그렇고'(이지영 2005) 등이 그 예이다. 우언적 구문을 대상으로 한 문법화 경향성은 Heine(1994)의 문법화 이론에서도 지적이 되었는바, 따라서 구의 형태에서 기원한 담화표지의 연구는 문법화론의 보편성을 입증해 보이는 길이기도 하다. 더구나 이는 Lehmann(1982)의 통합적 결속성 즉 한 언어 형태가 통합적인 관계를 맺고 있는 다른 언어 형태와 가지는 친화성(결합성 boundedness)이 증가하여 문법형태소로 굳어졌음(합류 coalescence)을 증명하였던 선행연구결과를 수용, 발전시키는 데 적절한 예시이기도 하다.

지금까지 구절 단위의 담화표지를 다룬 이들 중에서 그들의 형태, 통사적 특징을 살핀 것은 강소영(2005, 2014)이 대표적이다. 그러나 이는 구절 단위로 구성된 담화표지가 현재 담화표지의 형태, 통사, 화용적 특징을 만족시킨다는 것을 증명하는 것이 목적이었으므로, 그것이 문법화 과정을 겪는 어휘들의 특징들과 일치하는지의 여부를 살피

지는 않았다. 물론 구현정(1999), 신칠범(2011), 왕새(2016) 등에서
도 의미기능상의 변화에만 초점을 맞추어 공시적 문법화 과정을 수행
하는 어휘들이 가졌던 형태, 통사상의 특징들을 적용, 설명하는 데에
는 이르지 않았다.

따라서 본고는 구절 단위의 담화표지를 단어 형태의 담화표지와 구
별하여 복합형 담화표지라고 부르고, 이들 담화표지가 가진 특징이
공시적 문법화 과정에 들어선 어휘들의 특징과 맞아떨어지는 부분이
있음을 구명해 보려고 한다. 이는 향후 연이어진 단어연속체가 마치
한 단어처럼 기능하는 경우, 이들을 복합형 담화표지의 범주에 넣고
그 목록을 정리하는 과정에 좀 더 논리적이고 객관적인 기준이 되어
줄 것으로 기대한다.

2) 문법화 과정 중인 담화표지

공시적인 문법화 과정은 느리게 그리고 조금씩 이뤄지고 있기 때문
에 적절한 예시를 발견하기가 쉽지는 않다. 더구나 선행연구에서 구
절 단위의 담화표지로 거론된 것만 해도 그 수가 많고, 유형도 여러
가지여서 연구대상을 선정하기가 쉽지는 않다. 일례로 화제전환 담화
표지의 목록을 제시한 왕새(2016:26)를 보아도, '있잖아, 말이야, 아
니 근데, 그런데 말이야, 아니 그러니까, 그건 그렇고, 다른 게 아니라,
다름이 아니라, 저기 그래서 말인데, 아 맞다, 근데 있잖아' 등 10여 가
지 넘게 제시되어 있다. 화제전환을 포함한 화제진행의 담화표지 목
록을 선정한다면 그 수와 종류가 다수일 것으로 예측된다.

따라서 본고는 문법 형태소로 변화한 어휘 형태소의 예에서 보였던

경향성, 즉 Heine(1994)이 정리한 문법화의 경향성에 어원어의 고빈도가 있었음에 주목하였다. 이는 한 언어에서 문법화를 위해 선택하는 이른바 문법소는 그 어원어의 텍스트적 빈도가 매우 높다는 이론이다. 예를 들어 'go'는 이와 유사한 이동동사 'move'보다 훨씬 빈도가 높아, 자동적으로 음운적 축소나 융합의 과정을 겪기 쉽기 때문에, 문법화의 경향성이 더 높다고 한다. 따라서 한 계열에서 문법화 되는 단어를 찾기 위해서는 단어의 빈도수를 살피는 것이 한 가지 단서가 될 수 있음을 알 수 있다.

복합형 담화표지의 선정을 위해, 우선 한국어 담화표지의 사용실태를 제시한 선행연구들에서 빈도수 높은 이들을 순서대로 정리해 보면 다음과 같다.

(1) 한국어 담화표지의 사용실태

a. 이, 그, 저〉뭐〉네〉어 가지고〉아니〉막〉그래〉그냥〉무슨(세종구어말뭉치에서의 출현빈도)

b. 아니〉그래〉아〉뭐〉네〉응〉자〉아〉예〉글쎄〉참〉어디〉아야 (구어 말뭉치, 강범모, 김흥규 2009)

c. 어〉뭐〉아〉네〉저〉아니〉에〉자〉그렇지〉음〉글쎄 (TV 프로그램, 신칠범 2011)[8]

감탄사로 한정하여 연구를 했거나(b, c), 대상 자료의 성격이 서로

---

8) 신칠범(2011)은 담화유형에 따른 감탄사 빈도를 뽑았으며, 따라서 특정 어휘는 일부 대화자료에는 나타나지 않았다. 본고는 5편의 연구대상에 모두 분포한 것으로만 한정하여 순위를 재정리한 것이다.

달라(a와 b, c) 목록에 오른 담화표지에 차이가 있긴 하지만, 세 곳에서 고빈도 담화표지로 제시된 것은 '아니, 네, 뭐, 아, 자, 막, 그래, 글쎄'이다. 이들은 어원어의 고빈도에 비추어 볼 때, 선, 후행 어휘들과의 결합으로 통합적 결속성이 높은 복합형 담화표지로의 전환가능성도 높을 것으로 예상된다. 실제로 앞 장에서 다룬 TV오락프로그램을 대상으로 한 담화자료에서 선, 후행 어휘들과의 통합적 결속성이 높은 예는 '아니'와 '아' 계열로 나타났다.

> (2) a. 아 근데↘, 난 안 갔어요 그때
> b. 아 예↗, 그- 저도 인제- „그- 그게
> c. 아 글쎄↗, 나 몰래 간 거야 애가
> d. 자=, 그래서 이제=
> e. 저기= 뭐-, 말하기 어렵긴 한데
> f. 뭐↘ 좀=, 그런 일이 있었어요
> g. 아니 근데↗, 그럼 아무도 모른단 거예요↗
> h. 아니 그니까=, 너도 모른단 거잖아↗
> I. 또 저기= 그-, 아=, 말씀을 끊어 죄송한데요

이들 자료는 녹음된 구어담화자료를 억양단위를 기준으로 전사한 것으로, 휴지 없이 연이어져 나와 마치 한 단어처럼 기능하는 예는 '아 근데, 아 예, 아 글쎄, 아니 근데, 아니 그니까'였다. 나머지는 억양이나 강조, 말고름(=) 등으로 인해 후행 어휘와의 사이에 휴지가 존재하여 복합형 담화표지의 후보군에서 제외하였다.

'아니'와 '아' 계열이 선, 후행요소와 통합될 가능성이 높음은 문어

말뭉치 자료인 국립국어원말뭉치 자료에서도 비슷하게 나타났다.
'네'와 '그래', '뭐' '자'는 잠시 휴지를 두거나 문장을 종결 짓기 때문
에 연속체의 사용 예가 없었으며, '막'은 '이제'와 연이어 자주 나타나
기는(39회) 하였지만, 이 경우 '막'은 [이제 금방]의 의미를 가진 부사
여서 논외로 하였다. 따라서 후행 어휘와 연이어져 나타나는 것은 '아
니'와 '아' 계열이었으며, 이들 후보군에 속한 예들의 분포도를 보이
면 다음과 같다.

〈표1〉 국립국어원 말뭉치자료에서의 담화표지 연속체 사용 현황

'아' 연속체		'아니' 연속체	
아 글쎄	35회	아니 그런데(근데)	7회
아 그런데(근데)	15회	아니 그러니까	3회
아 그리고	6회	아니 그래서	2회
아 그럼	5회		

　　표에서 제시된 대로, '아, 아니'와 '글쎄', '그런데'의 연속체가 자주
사용되었으며, 이를 달리 말하면 이들이 융합하여 복합형 담화표지
로서 사용될 가능성이 높은 편이라고 하겠다. 따라서 본고는 구어 자
료에서 한 억양단위에 분포할 만큼 밀접한 결합성을 보이는 '아니'와
'아' 연속체들 중에서 문어 말뭉치 자료에서도 자주 나타나는 단어 연
속체 '아 근데' '아 글쎄' 그리고 '아니 근데'를 대상으로, 이들이 복합
형 담화표지로서의 형태, 통사상의 특징을 가지고 있는지를 살피려
한다.
　　지금까지 살핀 것처럼 본고는 고빈도의 담화표지 '아, 아니'와의 결
합형 중에서 마치 한 단어처럼 의미기능을 부여받은 구절 단위 담화

표지에는 어떤 것이 있는지를 살펴보고 (1) '아 근데' '아니 근데'와 '아 글쎄'가 한 억양단위에 분포할 만큼 긴밀한 결합구조를 지니고 있는 예일 것으로 가정하였다. 이를 실제화 하기 위해 본고는 (2)그들이 공시적 문법화 과정에 들어선 예들과 동일한 통사, 의미적 특징을 가지게 되었음을 보이려 한다. 이를 통해 그들을 문법화 과정 중에 있는 통합적 결합형 즉 복합형 담화표지로 분류해 보려 한다.

3) 문법화의 판별조건

앞서 기술한 대로 최근의 문법화의 개념은 문법 형태소로의 변화가 완결된 것만을 다루는 것이 아니라 변화하는 과정 전체를 포함한다. 그렇다면 공시적인 문법화 과정은 원형식이 지닌 통사적 구조와 기능과는 다른, 변화된 모습을 보이는 예들을 대상으로 연구되어야 하며, 언젠가는 그 변화가 완결되어 원형식과는 완전히 기능을 달리하는 별개의 것이 될 수 있다고 상정되는 쪽으로 향해야 할 것이다. 공시적인 문법화 과정이므로 논리적, 객관적 설명력이 떨어질 수 있으나, 역사적으로 '는#ᄃ + 이 〉는데'이나 '는 # 디 〉는디〉는지'처럼 몇 개의 연속된 단어 결합체가 한 단어로 굳어지는 과정에서, 원래의 것과는 관련성을 완전히 상실했음을 보이는 통사, 의미적 특징을 보였기 때문에 가능하기도 하다.

본고는 몇 개의 단어 연속체가 문법화 과정을 겪어 문법 형태소로 변화하는 과정에서 그들의 보인 특징을 정리하고 이를 앞서 제시한 복합형 담화표지에 적용, 이들의 문법화 가능성 여부를 살피려 한다. 문법화의 결과 문법 형태소로 변화한 것들이 보인 통사, 의미적 특징은 앞 글에서도 정리된 문법화 판별조건을 적용시키려 한다.

(1) 구성요소들의 긴밀성

(2) 구성요소들의 범주의 변화

(3) 통합 환경의 변화

(4) 의미의 변화

(1)은 Lehmann(1982)이 지적한 대로 인접 단어 간의 통합적인 결속성이 높아질수록 합류(coalescence)의 가능성이 높기 때문에, 문법화 과정 중인 단어 연속체는 반드시 충족되어야 할 조건이다. 앞뒤 구성요소들 간의 긴밀성은 그들의 공고한 결합을 보여줄 수 있도록 구성요소들 사이에 다른 형태소를 넣어 분리시킬 수 없음을 말한다. 따라서 구성요소들의 분리불가능성을 검토하는 일이 될 것이다. 물론 인접 단어들 간의 통합성이 높다면 하나의 구성요소가 다른 하나를 필수적으로 요구하기 때문에 발생하는 '제한적 공기관계' 역시 만족시킬 것이다.

(3) 가. 奇는 神奇홀씨오 特은 ᄂᆞ미ᄆᆞ리예 ᄠᅩ로 다ᄅᆞᆯ씨라(석상 6:7)

나. a. 衆生ᄃᆞᆯ히 種種 慾과 기픈 ᄆᆞᅀᆞ미 着혼 ᄃᆞᆯ 아라(월석 11:116)

b. 衆生ᄃᆞᆯ히 種種 慾에 기피 貪着혼 줄 아라(석보 13:55)

다. a. 자걋 모미 비록 지혜 ᄇᆞᆯᄀᆞ신ᄃᆞᆯ 세간애 므스기 유익ᄒᆞ랴(석보 39-40)

      b. *자걋 모미 비록 지혜 <u>볼 ㄱ신줄</u> 세간애 므스기 유익하
        랴

   의존명사 'ᄉ'가 선후행요소들과 통합하여 종결어미로 굳어진 경우 '-ㄹ씨오(ㄹ+ᄉ+이오)' '-ㄹ씨라(ㄹ+ᄉ+이라)'처럼 'ᄉ'와 선행하는 'ㄹ' 또는 후행하는 '이다' 사이에 다른 형태소의 개입을 불허(3-가)한다. 또한 의존명사 'ᄃ'(나-a)는 또 다른 의존명사 '줄'로의 교체가 자연스러웠지만(나-b) 통합형 어미 'ㄴ들'로 굳어진 이후에는 교체하는 것이 불가능하다(다-b). 따라서 인접요소들 간의 통합적 긴밀성은 사이에 다른 구성요소를 넣어 분리불가능한지 그리고 하나가 다른 하나를 필수적으로 요구하는 제한적 공기관계를 형성하는지를 살피는 것으로 입증될 것이다.

   문법화 과정을 겪어 새로운 복합형 담화표지로 굳어져 가고 있다는 것은 이들이 원형식이 가지고 있었던 특징을 더 이상 가지지 않게 되었다는 것을 의미한다. 따라서 원형식과의 관련성을 잃어가게 되었지만, 원래 나타난 구문과는 다른, 변화된 환경에서 분포하게 된다. 문법화된 이들의 공통된 특징으로, 복합형 담화표지 역시 그들의 통합 환경에서의 변화를 살필 것이다.

   (4) 가.   보살이 편안히 <u>줌 줌 ᄒ 야 잇거든</u>(석상 13:31)
       나.   삼선천에 므리 나아 아래 <u>가득하얫다가</u>(월석 1:49)
       다.   어미 주글 제 그닷게 부쵹ᄒ 야 겨지비며 ᄌ 식도 <u>업섯ᄂ</u>
          니(이륜행실도 14)

(4)는 '어 잇〉엣〉었'의 변화과정을 거쳐 문법화한 과거 시제 선어
말어미 '-었-'의 통합환경을 보인 예이다. (가, 나)에서 보듯 '-엣-'
과 '-어 잇-'은 형용사 '가득하다'나 '잠잠하다'와의 결합에 제약이 없
다. 그러나 '-엣-'을 거쳐 점차 단일 형태소로 문법화한 '-엇-'은 '-어
잇-'과는 결합관계를 이룰 수 없었던 '없다'와도 결합이 가능하여(4-
다), 분포환경에서의 변화가 목격된다. 따라서 '아 근데' '아니 근데'나
'아 글쎄'가 원래의 것과 다른 것으로 변하는 중이라면 이들 역시 '아,
아니' '그런데' '글쎄'의 통합환경과는 다른 변화가 목격될 것으로 보
인다.

마지막으로 이 모든 조건을 만족시켜 원형식과의 관련성이 멀어
져 '아, 아니'와 '글쎄' 그리고 '그런데'의 통합형이 새로운 담화표지로
굳어져 가고 있다면, 그들이 원형식과는 다른, 새로운 담화기능을 가
지고 있을 것이기 때문에, 담화기능 즉 의미의 변화를 살펴야 할 것이
다.

이 외에 기원이 되는 형태와 상관없이 독자적으로 음운변화를 입었
거나 현재 적용되고 있는 음운규칙이 적용되는 않는 현상, 기원이 되
는 형태로 다시 돌려놓았을 때 어색한 구문을 형성하는 복원 불가능
성 역시 문법화가 거의 완성된 형태가 가지는 특징이다. 그러나 이는
안주호(1997), 강소영(2004)에서의 지적에서와 같이 문법화의 가장
마지막 단계의 예에서 목격되는 것이므로, 본고는 이들은 수의적 규
칙으로 선정, 가능성 여부만을 검토해볼 것이다. 우선은 앞서 제시된
4가지 판별조건을 근거로 공시적인 문법화 과정을 보이는 예들을 대
상으로 복합형 담화표지의 설정가능성을 검증해 보려고 한다.

3. 복합형 담화표지의 문법화 과정

앞서 살폈던 문법화 가능성은 1)구성요소들의 긴밀성 2)구성요소들의 범주의 변화 3)통합 환경의 변화 4)의미의 변화이다. 우선 '아니 근데' '아 근데' '아 글쎄'가 기존의 원형식에서 벗어나고 있음을 가장 명시적으로 보이는 것으로 의미기능의 변화를 들 수 있으므로, 이를 살펴볼 것이다. 그리고 의미기능의 변화를 보이는 예들이 구성요소의 긴밀성, 통합환경의 변화를 겪어 기존의 범주에서 벗어나 새로운 범주로의 변화를 모색 중임을 차례대로 보일 것이다.

1) 추상화: 담화표지로서의 의미 획득

(1) 아니 근데

여러 단어가 모여 문법화를 겪은 경우, 각 구성요소들이 긴밀하게 통합되어 제3의 의미를 갖게 된다. 그러므로 각 구성요소들이 원래 가졌던 의미의 합으로 '아 근데' '아니 근데' '아 글쎄'의 의미를 산출할 수 없다. 먼저 '아니 근데'의 예부터 보이면 다음과 같다.

    (5) 가. 정: 어디든 가면,
                  그런 사람이 있기 마련이지,
            호: <u>아니 근데</u>,
                  그 사람,
                  진짜 얄밉네.

정: 누구↗

나. M: 이전에 뵀었죠↗

M 제가

B 폰팅하셨어요↗

모두 [@@@]

J 아니 뭐예요↗

잘 얘기하세요.

M <u>아니,</u>

그냥 방송에서 전화 연결하는=

있는데,

내가 팬이라고 여러 루트를 통해서=

잠시 엉뚱한 일을 행한 사람에 대한 이야기를 나누다가 갑자기 생각난 또 다른 사람으로 화제를 전환하는 데 사용된 '아니 근데'의 예이다. 이는 부정불가의 '아니'도, 수용불가의 태도표출 기능을 가진 '아니'(김미숙, 1997: 88)와도 다른 의미기능이다. (5-나)는 수용불가의 태도표출 기능을 가진 담화표지 '아니'의 예로, 믿기 어려운 사건을 접하였을 때 일어나는 감정을 자연스럽게 표출하고 있다.

또한 '아니 근데'는 화제의 진행과정 중에 화제의 전환을 지시하는 것만이 아니라, 아래에서처럼 모든 화제가 종결된 뒤 갑자기 앞선 화제로의 복귀를 지시하는 의미를 가지기도 한다.

(6) 가. 정: 둘이서 잘 놀았다↗

둘이 술도 먹고,

둘이 노래방도 많이 가고,

막 이랬어,

호: 언제↗

그 날↗

남: 야↗

그럼 그게 무슨 남사친[@@이야 @@]

호: ①   [@ 얘는 진짜-- @]

정: ②아니 근데,

내 친구는 맨날,

야,

니가 관심 없더라도 걔가,

걔는 썸타는 줄 아는 거 아니야↗

막 이리 막 이랬단 말야,

나. H: 방송 도중에,

일반인 출연자가 벗어놓은 옷을,

끝=까지 챙겨줬다,

K: 진짜,

오지랖 최고네요,

Y: 벗은 옷을 좋아하나,

내 남자로,

이런 사람 어때요↗

내 남자로↗

I: 글[쎄]

H: [아니] 근데,

남자 옷이었어요.

(6)은 화제가 일단락된 뒤 의문이 난 점이 있을 경우 다시 묻는 화자의 첫 마디에 '아니 근데'가 사용된 장면이다. (6-가)는 남자친구인지 애인인지를 정의내리는 데 골몰하던 친구들과의 대화에서 애인으로 결론난 뒤(①) 갑자기 맥락 없이 그 남자와 관련된 또 다른 일화를 제시하는 정(②)의 모습이 보인다. (6-나) 역시 한 출연자의 에피소드에 대해 이야기를 마치고 평가까지 끝낸 마당에 갑자기 일부분을 수정하겠노라고 화제를 복귀시킬 때 사용한 '아니 근데'의 예이다. 따라서 소(小)화제가 종결된 뒤 맥락 없이 그와 관련된 옛 화제로의 복귀를 지시할 때, 이를 자연스럽게 전환하기 위해 '아니 근데'를 사용한 것이라 할 수 있다.

물론 담화표지 '아니'는 화제의 일탈 지점에서 사용되고 있어 '아니 근데'의 앞선 '화제와 단절 → 이전 화제로의 복귀'를 지시하는 의미기능과 일치하는 면이 있다. 즉 '아니'를 써서 앞선 이들의 일탈된 주제(폰팅으로 만났다)에서 벗어나고 '그런데'를 써서 원래 화제로의 전환(방송프로그램에서 만났다)을 행하고 있어, '단절적 화제=이전 화제'로의 전환을 의미하는 의미기능은 '아니'와 '그런데'의 의미의 합이라고 볼 수 있다.

그러나 이는 문법화한 형태소들이 원형식과의 관련성을 일부 유지하면서 또 다른 의미기능을 획득하는 과정상, 자연스러운 일이다. 문법화가 완결된 것이 아니라 과정 중인 형태소들이 보이는 의미기능의 자연스러운 면일 뿐, 이런 의미기능이 문법화에 들어선 것임을 부정하는 행위로 해석될 수 없다는 말이다.

이를 입증하듯이 김미숙(1997:89)에서 화자의 놀라움의 감정을 표출하는 '아니'는 놀람의 감정표출 표지들인 '어, 어머, 어머나' 등에 의

해 대치될 수 있다는 특징이 있음을 지적하였는데, '아니 근데'의 예
는 이의 대치가 자연스럽지 않다.

> (7) 가.　(아니, 아, 어머, 어머나) 이게 누구니? 철수 아냐?
>
> 　　나.　Y:　벗은 옷을 좋아하나,
>
> 　　　　　　내 남자로,
>
> 　　　　　　이런 사람 어때요↗
>
> 　　　　　　내 남자로↗
>
> 　　　　I:　글[쎄]
>
> 　　　　H:　?([아니, 어, 어머, 어머나] 근데)
>
> 　　　　　　남자 옷이었어요

(7-가)는 수용불가의 태도표출의 의미기능을 가진 '아니'의 예로,
놀라움의 감정을 가진 '어, 어머, 어머나'로의 대체가 자연스럽다. 그
러나 (7-나)의 이전 화제로의 복귀를 의미하는 '아니 근데'는 전사자
료에서 그 쓰임이 전혀 목격되지 않을 만큼 '어, 어머, 어머나'로의 대
체가 자연스럽지 않다.

(2) 아 근데

선행발화가 종결된 뒤 맥락 없이 앞선 화제의 일부분에 반대의견을
제시해 화제를 복귀시키는 장면에 '아 근데' 역시 동일하게 나타난다.

> (8) (미국에서 L의 노래를 알아보는 사람이 있었다는 얘기를 하는 중)
>
> 　　K:　아 진짜↗

미국사람이↗

L: 아니,

한국분이,

저기- 사모님께서,

일동: ① [아=@@@]

J: 아 근데,

빠빠가 어떻게 되는가요↗

빠빠룰라가 되는 거,

모든 이들이 L의 노래가 미국에서 인기가 있다는 이야길 듣고 맞장
구를 쳐줬는데, 이것이 농담으로 드러나 모두 웃고 상황을 종결시킨
상태(①)이다. 그런데 J가 '아 근데'를 사용하여 미국에서 인기가 있다
는 노래가 **빠빠룰라**인지를 묻고 있다. 상황종결 후 의문을 가지는 대
목이 생기면 맥락을 끊고서라도 다시 그 지점으로 복귀하는 데에 '아
근데'가 담화표지로 사용된 예로, 앞서 보았던 '아니 근데'와 공유하
는 바이다.

물론 '아 근데'의 주제전환의 의미는 '아'와 '근데'의 의미에서 기인
한 것으로 보인다.

(9) 가.   J: JM씨 같은 스타일이,

의도하진 않았지만,

주변분들 굉장히 불편하게--

하는 스타일이에요.

HL: 편하진 않아요.

M: 또 있어요↗

J: <u>아,</u>

        <u>그런데,</u>

        자매분들이 이렇게 서로- 좀=

        싸운 적이 있다고--

HL: 얘는 아니구요,

나.   19살,

        갓 졸업했을 때 얼굴이에요.

        비슷하죠 지금이랑↗

        <u>아,</u>

        큰일 났다.

        쌩얼로 어떻게 자지↗

        비비 바르고 자야겠다.

　

(9)는 화제전환을 시도하는 '그런데'와 '아'의 예로, 상대방의 말을 끊고 들어가거나(가) 자신의 말을 중간에 끝내고 다른 화제로의 전환(나)을 시도한다. (9-가)는 JM에 관한 이야기가 아니라 HL에 관한 이야기로 화제를 넘기려 할 때 사용된 장면으로 [새로운 화제가 생각남]의 '아'와 [화제전환]의 '그런데'를 연이어 사용하였다. (9-나) 역시 자신의 말 중간에 다른 화제가 생각이 나서 '아'를 사용한 뒤 새로운 화제로 넘어갔기 때문에 '아'가 가진 [새로운 화제 제시]의 의미기능을 보인다.

(9-가, 나)의 예만 놓고 보면, '아'와 '그런데'는 새로운 화제의 전환을 시도하는 담화표지이므로, '아 근데'의 화제전환이 이에서 기인한 것처럼 생각될 수도 있다.

아래 예 역시 이러한 가정에 힘을 보내고 있는데, 이는 다른 이의

말을 이어받아서 JM에 관한 화제를 심화, 발전시키는 장면에 나오는
'아 근데'의 예이다.

    (10) HL: 아니 근데,

            JM씨 말이 은근히 얄밉네요,

            저를 딱 쳐다보더니,

            여자 분들한테는 인기 많았을 것 같아요=

            정말 그랬거든요.

      J : <u>아 근데</u>,

            저- JM씨 같은 스타일이,

            의도하진 않았지만,

            주변분들 굉장히 불편하게--

  JM에 대한 J의 새로운 의견 제시로 화제의 심화, 발전이 일어나는
대목으로, 이때의 '아 근데'는 앞서 새로운 화제로 전환하려는 대목에
서 사용된 '아'와 '그런데'의 의미기능과 비슷하다. '아 근데'가 원형식
과의 의미적 관련성을 가지고 있음을 보인 것이다.

  하지만 역으로 적용하여 '아니 근데'가 가진 의미기능 즉 (7)에서
보였던 [앞선 화제로의 복귀]를 지시하는 의미기능은 '아'와 '그런데'
의 결합으로는 나타나지 않는다.

    (7) (L의 노래 **빠빠룰라**가 미국에서 인기가 높았다는 얘기 중)

      L: **빠빠룰라**가 뭐에요,

          미국에서 리메이크까지 한다는 소리까지,

          나왔었어요.

> J: <u>아 근데,</u>
>
>   미국이란 말이 너무 광범위한데,
>
> L: 그래서 미국이라고 하는 거예요.
>
> 모두: [@@@]

화제가 일단락되었을 때 화제의 진전이라는 자연스러움을 깨고 이전 화제로의 복귀를 지시할 때는 '아'와 '근데'가 매우 다급하게 나오면서 한 단어처럼 이어진다. 따라서 앞서 보았던 (8-가)의 '아#그런데'처럼 두 단어가 단순히 이어진 경우와는 발음 자체가 다르다. 그래서 (7)과 같은 예에서는 '아#그런데'로 대체, 사용되지 않았으며, 따라서 [이전 화제로의 복귀]를 의미하는 '아 근데'는 두 단어의 연속형과는 다른, 새로운 담화기능을 가진 복합형 담화표지라고 할 수 있을 것이다.

지금까지 본 것처럼 '아니'와 '아' 그리고 '그런데'가 가진 기존의 의미기능을 일부 공유하면서 또 다른 의미기능을 획득해 가는 '아니 근데'와 '아 근데'를 확인할 수 있었다. 이들은 기존의 단어 연속체의 의미 합으로는 규정할 수 없는, 새로운 의미기능을 가진 담화표지로, 따라서 '아 근데' '아니 근데'를 새로운 담화표지, 복합형 담화표지로 설정하고 논의를 전개하려 하는 본고의 논지에 힘을 더해준다.

(3) 아 글쎄

'아 글쎄'의 경우는 '아(아니) 근데'의 경우보다 더한 단절감을 가지어, 이는 기존의 '아'와 '글쎄'의 의미로서는 새로운 의미기능을 연상

하기 힘들다. 우선 '아 글쎄'가 가진 맥락 끊기, 새로운 화제로의 전환
을 의미하는 예시부터 보이면 다음과 같다.

> (11) 가. 아침을 먹고 또 잤지 뭐냐? 살이 찔려고 그러는지, 아무리
> 자도 잠이 모자란단 말이야. 아 글쎄 장승같이 서 있지 말
> 고 앉아라
> 나. 글쎄, 내 말이 맞다니까 그러는구나

(11-가)는 자신의 신세한탄을 마무리를 짓고 상대방에게 자리를
권하는, 따라서 현행 주제를 마감 짓고 다른 주제로의 전환을 시도하
는 장면에 쓰인 '아 글쎄'의 예이다. (11-나)는 자기의 말을 다시 반
복하거나 강조할 때 쓰이는 감탄사 '글쎄'의 예이다. 갑자기 생각나
서 말을 꺼낼 때 쓰는 '아'와 함께 맞물려 생각하면, '아 글쎄'는 앞서
한 말이지만 갑자기 강조해야 할 말로 떠오를 때 이를 사용하는 것이
라 할 수 있다. 이는 앞서 한 말이 아닌 엉뚱한 곳으로 화제를 전환한
(11-가)와는 차이를 가진다.
 간혹 '아 글쎄'의 예와 대치가능한 '글쎄'의 예가 보이기도 한다.

> (12) 가. 글쎄 내 말이 맞다니까 그러는구나
> 나. 아 글쎄, 내가 한 말이 맞다니까 그러네

(12-가)는 앞선 자신의 말이 맞다는 것을 다시 강조하는 '글쎄'의
예이다. (12-나) 역시 자신의 말이 맞다는 것을 다시 강조하는 데 사
용되어 (12-가)의 의미와 겹치는 부분이 있음을 알 수 있다. 그러나

구어전사 자료에서는 '글쎄'와 쓰이는 상황도, 감정적 대응에서도 차이를 가지는 경우를 종종 볼 수 있다.

    (13) 호: 그래도,

           넌 알지 않니↗

        정: ①글쎄 나도 잘 모른다니까.

        호: 언제쯤 올까↗

        정: ②아 글쎄 모른다는데,

           왜 자꾸 물어 봐.

        호: ③내가 언제 너한테--

  (13)의 예는 '글쎄'와 '아 글쎄'의 예를 함께 제시한 경우로, 둘 모두 상대방에게 자신의 말을 강조하기 위해 사용하는 담화표지임을 보여 준다. 그러나 '글쎄'(①)에 비하여 '아 글쎄'(②)는 감정적 대응이 강한 어감을 풍겨, 듣는 이에게 불쾌한 감정(③)을 가지게 할 수 있다. 따라서 '글쎄'를 발화한 후에 '아 글쎄'를 발화한 경우 더 이상의 질문을 막는 효과를 가지게 되기 때문에, 이들은 일정 순서를 가지고 사용됨을 알 수 있다. ②와 ①의 순서로 발화하는 예가 보이지 않는 것도 둘의 의미기능에서 차이가 남을 보이는 것이라 하겠다.

  자신의 말을 강조하는 기능을 가진 '아 글쎄'조차도 '글쎄'와 구별되는 의미기능을 가지고 있음을 보았는데, 앞서 (11)에서 보인 화제를 단절하고 새로운 화제를 꺼내는 '아 글쎄'는 '글쎄'와도 '아'와도 관련성을 찾기가 어렵다.

(11) 아침을 먹고 또 잤지 뭐냐? 살이 찔려고 그러는지, 아무리 자도
　　잠이 모자란단 말이야. (아, ?글쎄,) 장승같이 서 있지 말고 앉
　　아라

　앞선 예문 (11)을 재인용한 것으로, 자기의 말을 '다시' 강조하는 '글쎄'의 사용이 어색하다. 이는 '아 글쎄'의 전후 문장이 동일화제가 아니기 때문이다. 자신을 방문한 사람에게 피곤하다는 자신의 현재를 보고하고 앞에 와 앉기를 명하였으므로, 둘 사이에 연관성이 없다. 물론 [갑자기 새로운 것을 인식함]의 의미를 가진 '아'의 사용은 가능해 보이지만, 이는 '아 글쎄'의 의미와는 차이를 가진다. '아'는 '넌 어디 갔다 왔니? 아, 여행 다녀왔댔지?'처럼 전후 문장이 동일 화제일 때도 가능하기 때문이다. 따라서 또 다른 국면으로 넘어가기 위해 앞선 발화를 맥락없이 끝내는 담화표지 '아 글쎄'는 '아'와도 '글쎄'와도 의미적 관련성을 찾기 힘든, 새로운 복합형 담화표지로 설정이 가능하다고 말할 수 있을 것이다.

　지금까지 앞서 보았던 '아니 근데''아 근데'와 동일하게 '아 글쎄' 역시 '아'와 '글쎄'가 가진 의미기능을 합하여서 도출될 수 없는 담화기능을 가지게 되었음을 보았다. 이는 문법화 과정중인 것들에게서 공히 나타났던 특징으로, '아 글쎄' 역시 원형식과의 관련성을 잃어가면서 새로운 의미기능으로의 편입을 시도하는 경우로 해석할 수 있을 것이다. 그리고 그 방향이 앞선 화제와의 단절을 시도하며 새로운 화제로의 전환을 의미하는 것으로 바뀌고 있는 것 역시 '아 근데''아니 근데'와의 공통점이었다. 이는 복합형 담화표지의 문법화 원리에 있어서 일정 부분 방향을 지시해 주는 상징적 기능을 함께 가지고 있어

서, 이후 여러 복합형 담화표지의 문법화를 살피면서 면밀히 관찰할 필요가 있을 것으로 보인다.

2) 탈범주화: 구성요소들의 긴밀성과 범주의 변화

두 단어 이상이 단순 연결된 상태가 아니라 긴밀하게 결합하여 한 단어로 굳어져 가고 있는 중이라면 이들의 통합적 결속성을 입증할 만한 특징을 지니고 있을 것이다. 따라서 구성요소들 사이에 다른 것의 개입이 불가능할 것이며 어느 하나를 대치하는 것 역시 어려울 것이다. '아 근데' '아니 근데' '아 글쎄'에 이를 적용시켜 보면 다음과 같다.

    (12) 가. 갑: 둘이 사귀는 거야,
                   사귀는 거,
              을: <u>아니 근데</u>,
                   그 남자가,
                   좀 있다 군대를 가,
         나. 갑: 미국에서 리메이크를 한다는 소리까지,
                   나왔었어요,
              을: <u>아 근데</u>,
                   미국이란 말이 너무 광범위한데,
              갑: 그래서 미국이라고 하는 거예요.

'아니(아) 근데'는 대화 가운에 끼어 들어서 단절적 화제전환을 시도하는 장면에 사용되었다. 이 경우 '아니(아) 근데'는 한 단어처럼 결합되어 사용될 뿐, 중간에 높임의 '요'를 넣는다거나 명사구를 넣을 경우 단절적 화제전환의 의미를 가지지 못한다.

(12) 가. 을: a. 아니 근데,
             b. 아니요 근데,
             c. 아니 그 사람이 근데,
             좀 있다가 군대를 가
   나. 을: a. 아 근데,
             b. 아 그게 근데
             c. *아요 근데
             미국이란 말이 너무 광범위한데,

(12-가)를 대치 적용시킨 예로, '아니요 근데'나 '아니 그 사람이 근데' 모두 자연스러운 사용 예로 보인다. 하지만 '아니 근데'가 가진 [이전 화제로의 복귀]라는 의미기능은 가지지 않는다. (가-b)는 부정 응답의 '아니'로, (가-c)는 앞선 화자의 말 즉 '둘이 사귄다'는 말에 대한 반응으로 우리 둘은 사귈 수 없다는 수용불가의 태도를 가진 '아니'의 의미로 해석이 된다. 둘이 사귀는 것으로 종결된 화제를 되돌려, 나와 그 사람과의 관계를 화제로 다시 올려놓기를 바라는 '아니 근데'의 의미기능은 보이지 않은 것이다.

(12-나)의 '아 근데' 역시 '아 그게 근데'처럼 중간에 다른 말을 삽입하면 단절적 화제전환의 의미기능을 잃게 된다. (나-b)는 앞선 화제를 지시하는 의미를 가지게 되어 단절적 화제전환의 '아 근데'의 의미와는 다른 의미기능을 가졌음을 보이는 예이다. 물론 (나-c)처럼

중간에 높임의 '요'를 넣는 것은 '아'의 의미기능상 불가능하여 비교 불가하다.

'아 글쎄' 역시 마찬가지로 다른 요소의 개입이 일어나지 않는다.

> (13) 가. 아 글쎄, 나를 간첩이라는 거야
>   → *아 (뭐,이제,그러나) 글쎄, 나를 간첩이라는 거야
> 나. 흑흑 할머니, 그런데 글쎄, 저 몹쓸 놈의 사슴 놈이
> 다. 글쎄 근데 집에서 놀기만 하는데도 밤낮 피곤하다나

(13-가)는 '아 글쎄'가 사용된 예문으로, '아'와 '글쎄'만의 긴밀한 결합인지를 보기 위해 그들의 사이에 다른 어휘를 넣어서 수식, 보충하는 구로 재구성했지만, 말뭉치 자료에서 찾을 수 없었다. 이는 자신의 말을 강조하는 '글쎄'의 경우, '그런데'를 앞에 넣거나(나) 뒤에 넣는 것(다)이 가능하여 대조적이다.

지금까지 본 것처럼 이들 복합형 담화표지들은 구성요소들 간의 비분리성을 특징으로 함에 더해, 아래와 같이 공통적으로 제한적 공기 관계를 보인다.

> (14) 가. 아니 근데, 그 남자가, 좀 있다 군대를 가
>   → *(아이, 그래, 뭐) 근데, 그 남자가, 좀 있다 근대를 가
> b. 아 근데, 미국이란 말이 너무 광범위한데
>   → *(어, 그래, 응, 아이)근데, 미국이란 말이 너무 광범위한데
> c. 아 글쎄, 나를 간첩이라는 거야
>   → *(어, 그래, 응, 아이) 글쎄, 나를 간첩이라는 거야

제한적 공기관계가 성립되는지 살피기 위해 감정감탄사 '아' '아니'와 동일한 계열에 속한 다른 감탄사들로 대체해 보았지만, 이는 가능하지 않았다. 가능하다고 보이는 것은 '아' '아니' '그런데' '글쎄'가 제각기 의미기능을 살려 말하고 있는 것일 뿐, 단절적 화제 전환의 의미기능을 발휘하지 못한다. 지금까지 본 것처럼, 비분리성, 제한적 공기관계를 토대로 살펴보면, 이들은 구성요소들의 긴밀한 결합으로 새로운 단위로 인식이 되어 복합형 담화표지로의 분류가 가능하다고 주장할 수 있을 것이다.

'아, 아니'와 '그런데' 글쎄'의 결합형이 문법화 과정을 겪어 새로운 담화표지로 바뀌어 간다는 것은 이들의 구성요소 즉 '아, 아니'와 '그런데' '글쎄'가 기존의 감탄사, 부사, 접속사로서의 특징을 잃어가고 있음을 말한다. TV오락프로그램을 대상으로 담화표지의 사용현황을 살펴본 1장에서 '아니'와 '아'는 일부 접속사와만 결합하여 후행 접속부사와의 결합에 제약성을 띠고 있다고 하였는데, 감탄사와 접속부사의 자유로운 연결이 가능한 일반적 특성과는 다른 점이다.

'아 글쎄' 역시 형태적으로 고정적인 것이 특징이다.

(15) 가. a. 허허, 글쎄요. 제 마음대로 되는 게 아니죠.
         b. 운수라면 글쎄올시다. 지금 조선 천지에 참된 운수가 몇
            명이나 될지
         c. 외숙부는 글쎄다로 말을 끝냈다
     나. a.*아 글쎄요. 나를 간첩이라는 거예요.
         b. *아 글쎄올시다, 밤에 잘 때도 꼭 껴안고 자더라니만

(15)은 '글쎄'가 상대방과 나와의 상하관계를 반영하여 높임의 체계에 따라 활용하는 모습을 보인 예이다. 그러나 말뭉치 자료에서 '아 글쎄'의 활용은 찾아볼 수 없었다. 이는 구성성분 중의 하나인 '글쎄'가 원래의 것과는 다른 형태로 변화하고 있음을 보이는 예로, '아 글쎄'의 문법화 가능성에 힘을 실어주는 근거이기도 하다. 결국 이러한 특징들이 합하여져서, '아 근데' '아니 근데' 그리고 '아 글쎄'는 현재 원래의 것과는 새로운 것, 문법화 과정 중인 복합형 담화표지로서의 분류가 가능해졌음을 주장할 수 있었다.

3) 탈범주화: 통합 환경의 변화

문법화를 겪은 문법형태소는 제3의 의미를 가지게 되며 새로운 의미에 맞춰 특정한 환경을 가지게 된다. 따라서 통합환경의 변화여부는 문법화가 진행되는지를 알아보는 기준이기도 하다. 복합형 담화표지 '아 근데' '아니 근데' '아 글쎄' 역시 새로운 의미에 맞춰 기존의 통합환경과는 다른 위치에 분포하고 있었다.

먼저 '아' '아니' '그런데' '글쎄'가 자유로운 위치에 분포하고 있음을 보이면 다음과 같다.

> (16) 가. a. <u>아니=</u>,
>   다른 애도 아니고,
>   네가,
>   이럴 수는 없지
>   b. 명절에 가족들이 모여서,

작은아버지가,

아=니,

화토를 좀 치신다고,

명절에,

나 a. 근데 눈물은 안--,

되게 슬펐는데

b. 나는 근데 S야,

그 장면이 그렇게,

눈물이 나지 않더라구,

다. a. 요즘도 그렇게 하나 근데↗

b. 아,

잠시 여기 좀 봐 봐

c. 내가 아,

잘못 하긴 했지만,

그렇다고 그렇게까지

라. a. 형들 들어봐,

글쎄 저기 있는 저 사람은 술을 못한대

b. 그런데 글쎄,

저 몹쓸 사슴 놈이

c. 그렇다니까 글쎄.

그러나 '아 근데' '아니 근데' '아 글쎄'는 발화의 제일 첫머리에 분포하는, 통합환경에서의 변화가 목격된다.

(17) 가. 아니 근데, 그 남자가, 좀 있다 군대를 가

　나.　<u>아 근데</u>, 미국이란 말이 너무 광범위한데
　다.　<u>아 글쎄</u>, 큰 사고가 났대요, 이 일을 어쩌우╱

앞 글에서 지적한 것처럼, TV오락프로그램 9편을 대상으로 화제의 첫머리에 사용되는 담화표지를 조사한 결과, '아니 근데', '아 근데'는 각기 14회, 12회 나타났으며, 이들은 화제의 전환이 일어나는 지점, 따라서 발화의 첫머리에 분포하는 것이 특징적이었다.[9] '아 글쎄' 역시 국립국어원 말뭉치를 대상으로 한 검토결과에서 '글쎄'와는 분포를 달리한다. '글쎄'는 [불명확한 태도 표명]의 감탄사인 경우, 주어 뒤(7), 절의 맨 앞(139)에 분포하였고 [자신의 말을 강조]하는 감탄사인 경우, 주어 뒤(19), 목적어 뒤(2), 절의 맨 앞(104) 그리고 접속사 뒤(6), 문장 끝(24) 등 다양하게 분포하였다. 그러나 '아 글쎄'는 모두 (17-c)와 같이 절의 맨 앞(42)에 제한적으로 분포하였다.

이외에도 강소영(2001)은 음운상의 변화와 복원 불가능성을 문법화의 판별기준으로 제시하였다. 예를 들어 명사구 보문 구성에서 기원한 '-ㄹ 터이'와 같은 경우, 통사적 구성에서는 볼 수 없는 음운상의 변화를 보인다.

　(18) 가.　a.　유심히 바라보고 있던 <u>터이니까</u> 조그마한 움직임도 금방 알아챘지만
　　　　b.　유심히 바라보고 있던 <u>터니까</u> 그렇게 금방 알았지만

---

9)　또한 '아니'는 부정 응답의 부사에서 기원한 담화표지로, 대부분 선행발화의 즉각적 부정으로 화제전환이 이뤄지고 있지만, '아니 근데'는 선행발화를 종결지은 후 맥락 없이 자신이 궁금해 하는 주제로 다시 시작한다는 데서 '아니'의 사용양상과는 차이를 보인다.

　　나.　a.　내 일은 내가 알아서 할 테니<u>까</u> 너나 잘해

　　　　　b.　*내 일은 내가 알아서 할 <u>터니까</u> 너나 잘해

　　지정사 '아-'는 앞이 자음인 경우 탈락되지 않지만 모음으로 끝난 경우는 '이-'가 탈락되거나 탈락되지 않는, 수의적인 규칙이 적용된다. 이는 (가-a, b)에서 동일한 모습으로 나타나지만, 문법화 과정 중인 '-ㄹ 터이'의 경우에는 수의적인 규칙이 적용되지 않는다(나-b). 더구나 선행요소 '터'와 통합된 '테'로만 실현되고 있어 통사적 구성과는 차이를 보인다. 이러한 음운상의 특징이 문법화 과정 중인 예로 '-ㄹ테'를 분류하는 데 근거가 돼 주었다.

　　동일하게 '아 근데' '아니 근데' 역시 '그런데'의 축약형인 '근데'로 분포하는 점이 눈에 띈다. 앞선 화제와의 단절을 고하고 이전 화제로의 복귀를 꾀하는 경우 이들은 '아 근데' '아니 근데'로 발화되는 것이다. 그런데 구어전사자료에서 '아니 근데'는 모두 '그런데'의 축약형인 '근데'로 발화하는 데 비해 '아 근데'는 간혹 '아 그런데'로 발화되기도 한다.

　　(19) 가.　　　<u>아니 근데</u>, 그 남자가, 좀 있다 군대를 가

　　　　나.　a.　<u>아 근데</u>, 미국이란 말이 너무 광범위한데

　　　　　　b.　<u>아 그런데</u>, 간혹 가다보면, 가끔씩, 정말 가끔식

　　따라서 이전 형태와의 연관성을 고려해 보건데, '아 근데'는 '아니 근데'보다는 원형식과의 관련성을 더 많이 가지고 있는 것이라 할 수 있을 것이다.

물론 음운상의 변화를 목격하기 어려운 '아 글쎄'와 같은 경우는, 용례 표기 시 '아 글쎄' 다음에 쉼표를 넣는, 언중들의 의식에 기대어 문법화를 판별할 수 있을 듯하다. 자신의 의견을 강조하는 경우가 아닌, 단절적 화제전환의 '아 글쎄'의 예만 놓고 보았을 때 이들의 표기 방식에 있어 '아'와 '글쎄' 사이에 쉼표를 넣지 않고 쓰는 경우가 훨씬 더 많았다. 즉 '아, 글쎄'('아#글쎄')로 표기하기(14회)보다는 '아 글쎄,'('아 글쎄')로 표기한 경우(28회)가 더 많아, 이들을 한 단어처럼 인식하고 있음을 보여준다.

지금까지 본 것처럼 '아 근데' '아니 근데' '아 글쎄' 이들 셋은 두 단어가 연속된 구이지만, 하나의 단어처럼 기능하여 현재 문법화 과정 중인 복합형 담화표지로 분류가능함을 알 수 있었다. 이에는 구성요소들의 긴밀성, 구성요소들의 범주의 변화, 통합 환경의 변화 그리고 의미의 변화가 결정적 요인이었으며, 이는 문법화 과정을 겪어 단일 형태소로 변화를 거듭한 예들에게서 공통적으로 목격된 바이기도 하다. 따라서 복합형 담화표지는 공시적인 문법화 과정 중인 예들로 분류할 수 있는 아주 적절한 예라고 할 수 있겠다.

4. 결론

우리말에는 통사적 구성인 단어 연속체에서 형태적 구성인 단일 형태소로 문법화 한 예들이 다수 있으며, 이들 중에는 오랜 시간에 걸쳐 천천히 변화가 나타난 경우가 대다수이다. 이러한 현상으로 우추해 보건데, 현대국어에도 아직 완전히 문법형태소로 굳어진 것은 아니지만 변화의 과정 중에 있는 것으로 유추할 수 있는 예들이 다수 있을 것으로 보인다.

복합형 담화표지는 두 단어가 연속된 통사적 구성체로 보이지만, 이미 인접 구성요소들끼리 긴밀하게 결합하여 새로운 통사, 의미적 특징을 지니게 된 것으로 생각된다. 물론 이들이 가진 통사, 의미적 특징은 문법화 과정을 겪은 예들 그리고 현재에도 겪고 있는 예들에게서 발견되는 특징과 일치하고 있어 지지를 얻는다. 하지만 아직까지는 완전히 문법화되어 한 단어로 굳어진 것이 아니기 때문에 이들은 통사적 구성이 하나의 단어로 변화한 것, 즉 문법화가 완결된 것이라고는 볼 수 없다.

결국 이들은 완전히 문법화하여 한 단어로 굳어진 예들로 볼 수 없고 그렇다고 두 단어 연속체로 볼 수는 없는, 그 중간 범주에 속한 것이라 할 수 있다. 예를 들면 '아니 근데'는 '아니'와 '근데' 사이에 띄어쓰기가 존재하여 단어 연속체 같아 보이지만, 이들 사이에는 다른 구성요소들이 끼어들 수 없는 비분리성, 의미가 비슷한 다른 요소로의 대체가 되지 않는 제한적 공기관계 등을 특징으로 지니고 있어 더 이상 두 단어 연속체로도 볼 수 없다. 이와 같이 중간 범주에 속하는 예들이 역사적으로 존재해 왔고 그들이 양면적인 속성을 가지고 있음을 근거로 본고는 이들을 문법화 과정 중인 예들, 즉 복합형 담화표지로 굳어져 가고 있는 예들이라 주장하였다.

향후 복합형 담화표지들의 또 다른 예들이 등장하여 이들의 통사, 의미적 특징이 규명되고 나면, 그들을 한 데 묶어 문법화 판별기준을 적용, 그들만의 분류도 가능해질 것으로 생각한다. 물론 여러 단어들이 그 범주에 들어갈 경우, 그들 간의 문법화 정도 그리고 문법화를 일으키는 촉매제인 단어, 또한 어떤 의미기능을 가진 복합형 담화표지로 변화해 가는지 등등을 규명할 수 있을 것이라 생각한다. 향후 논의를 더하기로 하고, 현재 논의는 여기에서 마무리 짓는다.

제2절

새로운 해석의 가능성

Ⅰ. 구어담화에서 추가어의 담화기능[1]

1. 추가어의 정의

한국어 일상대화에서 소위 어순도치구문으로 기술해 온 문법적 현상을 단어, 구, 절을 첨가함으로써 다양한 담화전략을 구사하고 있는 추가어로 해석, 이에 깃든 화자의 담화전략을 분석하고자 한다. 이러한 시각은 SOV의 자연스러운 순서를 따르지 않는 구문 즉, 비표준적인 현상, 비유창성의 상징으로 여겨지던 어순도치구문을 효율적 의사소통 과정을 위한 화자의 의도적인 사용으로 바라보는 적극적 해석에 따른 것이다.

그러나 서술어 뒤에 덧붙는 것을 모두 어순이 도치된 것으로 다루기에는 다음과 같은 예는 적절치 않다.

---

1) 이는 텍스트언어학 37(2014년)에 실린 논문을 수정, 보완한 것이다.

(1) 가. 어디 가셨어요↗, 시장에↗, 낮에↗
　　나. ①기다리라고 해 놓고 진짜, 진=짜 섭섭하더라고

　(가)는 '어디 갔느냐'의 배경정보인 장소와 시간의 부사어가 연이어 나온 문장이다. 부사어 둘 모두는 일정 어순이 정해져 있지 않기 때문에 무엇이 무엇보다 선행해야 한다는 규칙이 없다. (나) 강조의 부사어 '진짜'가 문장의 앞이나 뒤(①), 어느 쪽에 와도 무방한 것 역시 동일하다. 따라서 어순을 상정한 도치구문으로 설명하는 것보다는 자신의 말차례가 끝난 후에 생각나는 대로 부사어를 덧붙인 것으로 보는 것이 더 타당할 것이다. 그리고 그 '생각'을 지배하는 화자의 담화전략을 찾아 정리하는 것이 이러한 구문을 해석하는 데 더 적절할 것으로 보인다. 이러한 생각 아래, 본고에서는 이를 자신의 말차례를 완결지은 뒤 추가어를 덧댄 것으로 보려고 한다.

　문장이 완결된 지점에 일정 성분이 덧붙는 현상은 일반적인 한국어 어순에 어긋나기 때문에 비문법적인 문장으로 보는 경우가 다수이다. 그러나 SOV의 기본어순을 바꾼 데에는 화자의 의도가 있음을 고려하여 이를 어순도치구문의 담화전략적 사용으로 다룬 이도 있다. 대표적인 이는 정희자(1996)로, 그녀는 주제화, 좌향전위, 우향전위, 수동화 같은 수의적인 어순변화 유형을 정리하고, 말실수, 비유창성으로 비출 수 있는 어순도치구문을 담화전략적 측면에서 바라보아야 함을 지적하였다. 이후 강소영(2008), 김유진(2008) 등의 논의에서 화자의 담화전략적 차원에서 나타나는 도치구문을 예로 들어, 정보제공, 갈등완화 등의 담화기능이 정리되었다.

　그러나 SOV의 기본어순을 설정하는 어순도치의 개념은 주요 성분

들끼리 자유롭게 뒤바뀌는 자유어순을 특징으로 갖는 한국어에는 적절치 않아 보인다. 영어학 역시 기존의 개념으로는 화자와 청자의 상호작용과정에서 나타나는 추가어에 대해 충분한 설명을 할 수 없다는 점이 지적되었다(Ford 1993). 단순한 어순의 변이형으로, 화자의 잘못된 언어사용이라고 보기보다는 화, 청자 간의 상호작용적인 관점에서 이해해야 한다는 것이 최근의 상호작용언어학의 언어 연구 방법이라고 할 수 있다.

물론 김일웅(1985), 임규홍(1996)처럼 생략으로 다루는 것 역시 기존의 비정상적, 일탈적 행위로 처리했던 도치구문을 바라보는 시각에서 큰 진전을 보이고 있진 않다. 따라서 본고는 어순도치라는 용어 자체를 삭제하고 화, 청자의 상호작용적 기능을 함축한 '추가어'란 용어를 도입하려 한다.

추가어는 김해연(2004)에서 사용된 용어로 Shegloff(1996)가 정의한 add-on의 번역어이기도 하다. Shegloff(1996)에서는 술어 뒤에 붙는 구성성분을 increment라 부르기도 하고 add-on으로 부르기도 한다. 전자는 문장이 구조적, 의미적으로 완결된 상황에서 첨가되는 경우를 이르는 것이고, 후자는 앞 문장의 내용을 보완하는 역할을 하는 것을 말한다. 한국어에서는 앞 문장이 생략적(elliptical)이고 암시적(allusive)인 형태로 우선적으로 제시되고, 뒤에 붙는 구성성분은 앞에서 제시된 구성성분의 지시적 의미를 역향적으로 재구성하는 경우가 많아, 영어의 add-on의 개념에 가깝다고 할 수 있다.(김규현 2006:22) 따라서 기존의 increment를 첨가어로 명명한 것과 구별되어 add-on을 추가어로 명명하고, 자신의 말차례가 끝난 뒤에 다른 요소를 덧붙이는 현상을 지칭하는 용어로 사용한다.

비록 첨가구문이란 용어로 칭하긴 했지만, 이기갑(1996)에서도 추가어 구문을 통사적 관계로 설명하기보다는 담화의 선적인 연속선상에서 선행 발화에 다른 요소가 첨가된 것으로 바라봐야 한다고 주장하여, Shegloff(1996)의 연구방법론과 일치되는 점을 보인다. 특히 첨가요소들의 문법적 정보만이 아니라 강조, 배경정보의 분산, 의미보완 등의 발생 원인을 기술하여 추가어의 담화기능을 구체화시킨 점이 돋보인다. 물론 이 논의는 1인 인터뷰 형식의 구술담화를 자료로 선정하였기 때문에 맞장구치기나 말차례 교대, 체면보호전략 등 화, 청자의 역동적인 상호작용의 장면이 나타나지 않는 한계를 지닌다.

일상적인 대화를 자료로 하여 추가어의 담화전략적 사용을 본격적으로 다룬 이는 Shegloff(2000), FFT(2001)이다. 이들은 다음 화자의 즉각적인 반응의 결여(lack of recipient uptake)가 있을 경우, 현재 화자가 다음 화자에게 말을 이어받을 수 있는 기회를 제공하기 위한 과정에서 추가어가 발생한다고 설명하였다. 이러한 접근은 전이관련지점에서 현재 화자가 발언을 계속하기 위해 눈짓(gaze)과 통사단위 등 여러 가지 요소를 사용한다고 밝힌 Goodwin(1981)의 언급과도 일치한다.

영어학 쪽의 기존 견해들을 받아들여 한국어에 나타난 담화전략을 찾은 논문으로는 김규현(2006)이 있다. 그는 앞 말차례 구성단위에서 구성된 행위의 강도와 그와 연루되어 제시된 화자의 정의적 태도를 사후조율하는 장치로 추가어의 발생 원인을 짚었고, 구체적으로 감정노출, 새로운 화제의 공모적 도출, 반응도,인접성 증가, 평가맥락, 순차조율 등을 제시하였다. 그가 설명한 정의적 태도는 희노애락, 공모 등 화자의 감정적 태도 표출만이 아니라 말차례나 화제의 전환과 같은 담화의 구조가 얽혀있어, 메시지, 말차례, 화제의 흐름, 그리고 화자의 태도 등을 종합적으로 고려한 담화기능의 기술이 필요함을 알 수 있다.[2]

또한 기존의 연구가 문법적 정보만을 분류 기준으로 채택한 것도 재고해 봐야 할 문제이다. 이기갑(1996), 김해연(2004), 김유진(2008) 등 기존의 학자들은 문법적 정보에 따른 추가어의 분포를 살폈으나, 대부분의 추가어가 구정보 즉 배경정보로서 덧붙은 경우가 많기 때문에, 정보의 구별 없이 추가어의 담화기능을 다루다 보면 결국은 구정보 추가어가 수행하는 담화역할만이 드러날 뿐이다. 따라서 말차례가 완결된 다음 덧붙는 요소들의 문법적 정보만이 아니라 그들의 정보적 특성을 교차적으로 고려하여 담화기능을 분석한 뒤, 추가어의 담화 전략적 배치에 대한 논의를 완결 짓는 것이 필요하다고 판단된다. 이러한 전제 아래, 본고는 기존의 논의와 달리 정보적 특성을 고려한 추가어의 분류, 그리고 각기 구별되는 담화적 기능을 분석해 보려고 한다.

본 절에서 논의의 대상으로 삼은 것은 해피투게더, 라디오스타 각 1편, 무릎팍도사 2편, 백지연의 피플인사이드 2편으로 총 6편이다. 이들은 각 방송국의 인기프로그램으로, 집단사회자 vs 단독 진행자, 다수의 초청인사 VS 단독 초청인사, 집단 대화 vs 1:1대화 등 다양한 참여자의 양상을 보이고 있어서, 실제 대화와 비슷한 양상을 보일 것이

---

2) 김해연(2004)은 응대의 결여, 인접성 추구, 청자배려, 수정 네 가지 담화기능을 제시하였다. 청자배려와 수정은 정확한 메시지의 전달과 관련을 맺고 있고, 응대의 결여와 인접성 추구는 화, 청자 간의 상호작용적 기능과 관련을 맺고 있어, 결국 언어의 2가지 기능인 정확성과 효율성, 둘로 나누어 살펴본 것이라 할 수 있다.

라는 판단에 따른 것이다. 논의의 진행상 다음 절에서는 추가어의 문법적, 정보적 성격에 따른 이들의 분포현황을 제시하고, 다음 장에서는 정보의 유형에 따른 추가어의 담화기능을 살펴보려고 한다.

2. 추가어의 유형 분류

생각나는 대로, 무계획적으로 대화에 임하는 구어의 특성상 자신의 말차례가 끝난 지점에서 앞서 못다 한 말들을 추가어의 형식으로 덧붙이는 것은 비일비재하며, 형식도 다양할 것으로 예상된다. 그리고 이의 실현이 이뤄지는 기제 역시 다양할 것으로 예측된다. 본 절에서는 특별히 추가어의 정보적 성격에 따라 이를 덧붙이는 화자의 의도에 차이가 있을 것으로 가정하고, 정보의 성격에 주목하여 그들이 수행하는 담화기능을 분석하고자 한다.

1) 문법유형별 분류

일상대화에서 말차례는 단어, 구, 절 및 문장 형태의 말차례구성단위로 조직이 되고, 말차례의 가능한 완결지점(possible point of completion)은 문법,억양,화용적 측면에서 완결이 되는 지점으로 예측되고 구성되게 된다(Ford & Thompson 1996). 이러한 가능한 완결지점에서 화자는 자신의 말차례를 이어나갈 수도 있고 청자에게 말차례를 넘길 수도 있다. 그리고 화자가 자신의 말차례를 이어나갈 때는 새로운 말차례구성단위를 시작할 수도 있지만, 기존의 말차례 구성단위에 단어나 구 등 다양한 형태의 추가어를 덧붙일 수도 있다. 본고의 분석대상은 바로 이 후자의 경우로서, 아래와 같은 예가 이에 해당한다.

(2) 가.　H 하루 이틀 지나면,

　　　　 이 친구들도 물린 거예요,

　　　　 <u>건빵이,</u>

　　 나.　N 잘못을 하면 꼭,

　　　　 걸렸어요,

　　　　 <u>희한하게,</u>

　　 다.　J 그래서 자주 가봤군요↗

　　　　 <u>그녀가 살던 곳에,</u>

　　 라.　A 그래서 늘 덮어줬거든요,

　　　　 <u>이렇게 벗어서,</u>

　자신의 말차례가 끝나고 난 뒤, 추가어로 덧붙는 경우는 주어, 목적어, 부사어(구) 그리고 부사절까지 다양하다. 이들은 앞 말차례 구성 단위에서 나왔어야 할 정보가 누락되었다고 판단하여 추가한 것이다.

　그런데 자료의 일부분은 앞선 말차례 단위에서 이미 나왔는데도 다시 덧붙이는 경우가 있어 둘은 구별을 하였다.

(3) 가.　K 재미있는 얘기,

　　　　 하나 해주세요.

　　　 H 그래요,

　　　　 웃긴 얘기요,

　　　　 <u>웃긴 얘기.</u>

나.   H 동시에,

용서받지 못한자라는 영화가,

개봉을 했었어요,

독립영화가.

다.   H 한 3일 동안은,

옆으로 이게- ,

옆으로 흔들렸어요 배가.

라.   K 일주일이 지났는데 배추가 다,

물른 거에요 ,

오십 포기가,

전체가.

앞서 나왔던 동일 어휘를 반복하거나(가) 영화의 세부정보를 수정, 제시하거나(나) 아니면 '이것'(다) '다'(라)처럼 정확하지 못한 정보를 구체화하기 위해 정보를 덧붙이는 경우이다. 이미 나온 내용을 반복, 추가하는 경우이므로, 앞선 예와 달리 이들은 반복구문으로 묶는다. 위의 예시를 토대로 추가어의 문법유형별 분류를 통계화하면 다음과 같다.

〈표1〉 문법유형별 추가어의 분포 현황

누락	단어(구)	명사어구	주어	34(21.3%)	140(88%)
			목적어	10(6.2%)	
		부사어구	부사어	51(32.3%)	
	부사절	45(28.3%)			
반복	단어(구)			19(11.9%)	

앞 말차례단위에서 미처 말하지 못하여 덧댄 것으로는 주어나 목적어처럼 필수적인 정보도 포함되지만, 그보다는 시간이나 장소, 강조 등의 부사어가 차지하는 비율이 상대적으로 높다(32%). 또한 동일 정보를 다시 반복, 추가하는 경우(11.9%)보다는 앞 말차례단위에서 누락된 정보를 추가적으로 덧댄 경우(88%)가 많은 것이 오락프로그램에 나타난 추가어의 분포상 특징이었다.

2) 정보유형별 분류

반복 추가어는 반복의 잉여성으로 인해 앞 말차례단위에서 누락하여 추가어로 제시된 것과는 서로 다른 담화기능을 가질 것으로 보인다. 그러나 앞 쪽의 (2-가)에 추가된 주어 '건빵'은 (3-가)에 추가된 '웃긴 얘기'와 동일하게 초점을 받는 대상이 아니어서 생략해도 무방하다는 공통점을 가진다. 즉, 원주민을 만나서 그들에게 건빵을 제공했고 며칠이 지나자 그들이 건빵에 물린 상태가 되었다는 이야기에서 건빵(2-가)은 원주민에게 제공했을 때만 초점에 놓일 뿐, 다음 말차례단위부터는 배경정보일 뿐이다. 따라서 반복 구문의 예시(3-가)와 동일하게 생략 가능한 것이다.

그러나 주어로 덧붙였다는 점에서는 동일하지만, 아래처럼 초점이 부여되는 신정보 주어는 (2-가)의 '건빵'과 달리 생략이 어색하다.

    (4) 가.   H   그때 유행이,

                             좋아하는 사람,

                             머리카락 가지는 게,

유행이었어요,

머리,를

그=렇게 뜯어갔어요.

M   [₁ 세상에 ₁]

K   [₁ 머리 ₁]

B,P,G   [₁ @@@ ₁] [₂ @@@ ₂]

J   [₂ 그래서 ₂] 그랬구나,

      ①이형이.

나.   S   두 분도 한번 해보세요,

두 분 되게--

두 분 [오늘]--

J   [아],

요런거↗

요런거 요런거↗

일동   [@@@]

H   [아 k형]

연기 정말 잘하세요.

J   이 노래 용도에 대해서,

어떻게 생각하세요,

      ②본인들은↗

R   어,

좋죠,

화제의 대상은 학창시절에 머리카락을 많이 뜯길 만큼 인기가 많았던 H이다. 그런데 J는 이를 머리숱이 별로 없는 다른 사람(①)에게 적

용시켜 화제의 대상을 '이 형'으로 바꾸었고, 따라서 '이 형'은 신정보 명사구로, 생략 불가능한 추가어이다. (2-가) '건빵'과 동일 주어범주에 속하지만, 정보의 성격이 달라지면서 담화기능마저 다를 수 있음을 보이는 것이다.

따라서 추가어를 문법정보에 따라서 분류하는 것보다는 그들의 정보유형에 따라 분류하고, 각기 구분되는 담화기능을 살피는 것이 필요할 것으로 보인다. 대상 자료를 바탕으로 신정보, 구정보의 분포현황을 살펴보면 다음과 같다.

〈표2〉 정보유형별 추가어의 분포 현황

		구정보				신정보	
		선행 맥락 계승		예측 가능			
누락	주어	27	91 (57%)	2	34 (21.3%)	5	15 (9.4%)
	목적어	10					
	부사어	47		3		1	
	부사절	7		29		9	
반복		4(2.5%)		15(9.4%)			

Chafe(1970)에 따르면, 구정보란 화자가 발화할 때 청자의 의식 속에 들어있다고 가정하는 정보를 말한다. 따라서 앞선 말차례 단위가 끝난 후 추가된 요소가 선행맥락의 내용을 이어받는 것이거나 발화되는 당시의 장면으로 추측할 수 있는 내용이라면 구정보에 포함된다. 선행맥락의 내용을 이어받는 것은 앞서 나왔던 (2-가)의 '건빵'과 같은 경우이며, 발화 당시 예측가능한 정보는 아래와 같은 경우이다.

(5) 가.　B　　예쁘고 미웠다,

　　　　　　　무슨 뜻이에요↗

　　　H　　[1 여자가 말— 1],

　　　P　　[1 여자— 1],

　　　K　　[1 누나 전세금 1],

　　　B　　[2 전세금 얘기 2],

　　　일동　①[2 @@@ 2]

　　　J　　누나가 듣기에는 어때=요,

　　　　　　②이번 신곡↗

　　　M　　좋아요.

　　나.　R　　건널목 같은데,

　　　　　　이렇게 서 있고 그러면,

　　　　　　사람들이 어어 이러니까,

　　　　　　③손을 쏙= 놔요,(0.1)

　　　K　　아.

　　　R　　④[1 저는 약간 좀 1] 무서우니까,

　　　K　　⑤[1 조심스러우니까 1],

　(5-가)는 앞 문장에서 말하지 않고 넘어간 주어(②)를 덧댄 예이며, (5-나)는 이유의 선행절(④)을 자신의 말차례가 끝난 뒤 덧대어 표현한 예이다. 잠시의 농담으로 화제, 말차례 모두 정해지지 않은 상태(①)이지만, '어떻다'의 주어인 '이번 신곡'(②)은 공통의 화제이므로 구정보다. 즉, 이미 이야기를 나누던 내용이므로 청자의 어림짐작으로 알 수 있는 예측가능한 정보이며, 따라서 청자 M(누나)의 대답 역시 막힘없이 이어졌다. (5-나) 역시 연예인이 연인과 손을 잡고 다

니는 걸 피하는 이유는 청자인 'K'의 입에서도 동일한 내용(⑤)이 발화될 만큼 아예 새로운 것이 아니며, 따라서 ④는 예측가능한 정보이다.

추가어를 신정보, 구정보로 나누고, 구정보를 다시 선행맥락을 이어받는 것과 예측가능한 것으로 나누어, 연구결과를 통계처리한 결과, 추가어는 선행맥락을 이어받는 것이 가장 많았다(57%). 그리고 화자가 청자에게 처음으로 전하는 정보인 신정보 추가어가 가장 적게 분포하였다(9.4%). 초점을 받는 성분이 선행하고 배경정보, 알려진 정보가 후행하는 것은 자연스러운 일이므로, 이러한 결과는 당연한 것으로 보인다. 그러나 화자가 처음으로 꺼낸 대상은 예측 불가능한 것이며, 따라서 예외적인 신정보 추가어의 존재는 기존의 추가어 연구에서 밝힌 담화기능과는 다른 면모를 보일 것으로 예측된다. 다음 절에서는 정보유형을 기준으로 추가어의 담화기능에 대해 알아보려고 한다.

3. 추가어에 내재된 화자의 담화전략

1) 구정보 추가어

(1) 메시지의 명세화

이미 등장하여 배경정보로 제공된 내용이면 필수성분이라도 화용상 생략이 자연스러운 것이 한국어의 특징이다. 그러나 굳이 생략가능한 것을 되살리는 것은 아래와 같이 전달내용을 명료하게 하려 함이 우선이었다.

    (6) 가.　T　그리고 뚝 부러져요,

             <u>낚싯대가,</u>

             <u>그 큰 낚싯대가,</u>

             그 한자리에서,

             네 번을 그랬어요,

             <u>낚싯대가.</u>

      나.　H　평소에 되게 자상하시고,

             예,

             이렇게,

             위해 주시는 게 있어요 <u>여자를,</u>

             그래서,

             아,

             이게 농담이구나,

      다.　S　영화는 공개된 거잖아요,

         p　[네]

         S　[사람]들에게,

         P　네

    (6)은 추가어로 주어와 목적어가 나온 예문이다. 출연자에게 공유된 정보인 낚싯대나 여자 그리고 영화개봉의 대상이 추가어로 덧붙었으므로, 모두 구정보이다. 이미 나온 정보는 굳이 다시 쓸 필요가 없는데도 이를 추가, 발화한 것은 그 대상을 명시적으로 드러내려는 것

으로, 언어의 기본기능인 정확한 메시지의 전달에 충실하게 따르는
것이다.

추가어 구문에서 가장 빈도수가 높은 것은 시간, 공간, 양태 등 부
사어이며, 이들은 메시지의 결을 풍부하게 해주는 데 사용되고 있다.

> 78) 가.　저런 사진들이 나온 거예요↗
>
> 　　　처음에↗
>
> 　나.　장사했어요,
>
> 　　　시장에서
>
> 　다.　꼭 알아내셨어요,
>
> 　　　희한하게
>
> 　라.　그래,
>
> 　　　궁금하다 너무

비록 메시지의 핵심은 아니지만, 사건의 배경지식을 제공하거나
(가,나) 사건에 대한 화자의 감정 상태를 전달(다, 라)하여, 내용을 상
세하게 만들어준다.

이는 나열, 이유, 조건 등의 부사절에서도 동일하다.

> (8) 가　S　갑자기 나왔거든요↗
>
> 　　　　정말 갑자기↗
>
> 　　　　너무 당황스럽고,
>
> 　　　　쑥스럽고,
>
> 　　　　할 게 없는 거예요,
>
> 　　　　①준비도 안 하고 나와서.

　　나.　K　A씨가 나왔을 때 봤습니까↗

　　　　S　한- 몇장면 봤어요,

　　　　　　②제가 다 보지는 못했구,

　　다.　K　아내가 또,

　　　　　　그만 먹어라,

　　　　　　소 된다,

　　　　　　이[렇게],

　　　　S　　[그렇]게 많이 하세요↗

　　　　K-　그런 소리 많이 듣죠,

　　　　　　③많이 먹으면

　①과 ②는 앞서 제공된 '갑자기 나왔다', '몇 장면 봤다'에서 유추가
능한 정보이다. ③ 역시 '그만 먹어라 소 된다'고 말했던 아내의 말에
서 유추가능한 것으로 이들 모두는 구정보이다. 이미 알고 있는 데도
불구하고 다시 언급한 이유는 이유나 상황제시 등 구체적인 메시지의
전달이 살아나기 때문이다. 따라서 정보의 명세화를 위한 추가어 사
용은 정확한 메시지의 전달이라는 언어의 기본기능에 부합하는 길이
기도 하다.

　명료성을 위해 추가된 주어명사구는 참여자들 간에 의견이 엇갈리
는 경우, '다른 누구도 아닌 N만이'의 의미를 가져 갈등의 소지를 줄이
기도 한다.

　(9) 가.　S　아니,

　　　　　　스킨십 어때요↗

　　　　K　저는 엄청 좋아해요,

연애 때부터 뭐-- ,

살벌했어요 저는.

나. S 제가 또 지방출신이라,

서울이 낯설어요.(0.1)

K [그--]

S [저]한테는,

여러 명의 출연자들 중에서 다른 이들은 잘 모르겠고 나는 그렇다
(가)를 드러내거나, 상대방의 의아한 반응을 보고 나는 그렇다(나)는
점을 강조하기 위해 추가어를 덧붙인 예이다. 다른 이들까지 포함하
는 일반적인 경우가 아니라 자신에게 제한적임을 강조함으로써, 사소
한 의견충돌은 줄여나갈 수 있다.

(2) 적극적 공감의 표출

다른 이와의 의사소통 과정에서 공감은 메시지와 소통주체를 좀
더 명확하게 하여 진정한 소통의 장을 이룰 수 있는 촉진제로 작용한
다.(김규훈 2007:11). 따라서 독화가 아닌 대화에 참여한 구성원들은
상대방의 말에 반응도가 높은 발화를 사용하여 공감도를 높이기 마련
이며, 이러한 과정에서 추가어의 사용이 나타난다.

(10) 가. K   아니 근데,

그럼,

L씨는 그게 H씨보다 커요↗

L   64넘습니다 저,

          확실히요.

나. H   거기는 뭐,

          1800년대 후반 우리나라↗

          항구도 없어요.

   K   에↗

          <u>항구가 없다고요↗</u>

          <u>동티모르에↗</u>

다. S   ①애교가 많은 것 같은데.

   J   되게 분위기 있을 것 같은데,

          [그지]↗

   H   [아],

          ②애교 떨긴 떨죠,

          <u>주로 인제 잘못했을 때</u>

    (가)는 H의 키(164cm)보다 크냐고 물었기 때문에 넘는다는 대답이 먼저 나오고 주어는 나중에 추가된 예이다.(나)는 반문하여 물었기 때문에, 상대방의 말을 반복하는 것이 먼저이고 장소의 부사어는 추가어로 나왔다. (다) 역시 동일한 경우로, 상대방의 말(①)을 수용한(②) 뒤 상황의 부사구를 추가어로 제시하였다. 이들 모두는 상대방의 말과 맥락이 직접적이어서 자신의 공감적 듣기 능력을 돋보이게 하는 효과를 지닌다.

    상대방이 원하는 대답에 맞춰서 그의 말을 확인, 반복하는 것보다 좀더 적극적인 공감의 태도로 맞장구 치기를 들 수 있다. 아래는 상대방의 말에 맞장구를 치거나 적극적 지지의사를 표현함으로써 상대방의 말에 관심을 표하는 예이다.

(11) 가. J   T씨,

　　　　다음 생에 태어나면,

　　　　뭐가 되고 싶으세요↗

　　　 T   왕

　　　 J   저도 <u>그게</u> 제일 좋을 것 같아요,

　　　　<u>왕이</u>.

　　나. H   A씨가 이제--

　　　　만담을 하잖아요.

　　　 K   아 잘하시죠,

　　　　<u>A씨가 만담을.</u>

　상대방이 내세운 대상을 그대로 수용하거나(가) 긍정의 답변을 보내므로써(나), 상대방과의 일치감을 보이려는 화자의 의도가 엿보이는 예이다. 더구나 쉼이나 주저 없이 즉각적으로 이루어진 것이므로 정서적 일치를 분명하게 보일 수 있어, 공감적 반응을 표현하는 데 효과적이다. 물론 아래와 같이 말차례 교대가 순차적으로 이루어지지 않아 말차례가 겹치는 경우도 있다.

(12) J   우결상으로는 재혼이네요.

　　 R   [우리 재혼했어요].

　　 J   [시청자들이 다],

　　　모른 척 해줄 거에요,

　　　[그게 또 예의죠].

　　 R   [그렇죠 그렇죠],

　　　<u>모르는 척 해주는 거는,</u>

상대방의 말에 동의를 표하고(그렇다) 그 내용을 나중에 덧댄 '동의->추가어' 구문으로, 화자의 말에 적극적으로 동감을 표하는 자신의 의사를 전달하는 전략적 장치이다.

(3) 말차례의 조율

화, 청자의 대화는 소(小)화제 아래 인접쌍에 의해 말차례가 자연스럽게 교대되고 있지만, 다른 이의 개입으로 말차례가 바뀌거나 아니면 상대방이 말차례를 잇지 않는 순간에는 흐름이 깨지게 된다. 따라서 이런 순간에 나타나는 추가어는 말차례를 조정하려는 화자의 의도를 담기 마련이다. 아래는 화자의 말차례가 끝나고 다른 이에게로 말차례가 넘어갈 지점, 즉 전이관련지점에서 다음 화자가 말을 이어받지 않아 추가어를 덧붙인 경우이다.

    (13) H   보니까 또,
              좋더라고요.
         S   매력 있는 분이구나=
         K   보니까,
              또 좋다,
              [야=]
         S   [가자]마자,
              그 느낌 받은 거예요↗(0.1)
              그 첫날↗,
         H   네,
              뭐--

질문 뒤에 0.1초의 휴지가 있었던 데서 알 수 있듯이 답변이 곧장 이어지지 않았다. 따라서 잠시 간의 침묵으로 생긴 자연스럽지 못한 말차례전환을 효율적으로 넘기기 위해 추가어를 전략적으로 사용한 것이라 할 수 있다.

특히 이는 질문자의 말차례에서만 나타나, 답변자의 말차례를 기다리면서 어색함을 이기는 대화전략으로 사용되는 것으로 보인다.

(14) P   저게 언제 적 사진이에요↗

 H   열아홉살인가,

      스무살인가,

      그 때죠.

 P   저런 사진들이 나온 거에요↗.(0.1)

      <u>처음에</u>↗

      데뷔하기 전에↗

답변자의 대답이 나오지 않았기 때문에 대답할 시간을 벌기 위해 추가어 '처음에'를 넣은 것으로, 이 역시 자연스러운 말차례전환을 위해 추가어가 사용된 예문이다. 이들 추가어는 상대방의 말차례를 기다리면서 공백을 메꿔주기 위해 사용되어, 말차례의 자연스러운 교대를 위한 관계지향적 대화전략으로 자주 사용된다.

또한 다른 이의 말차례에 끼어들어 대화에 참여하는 과정에서 추가어가 발생하기도 한다. 말차례에 끼어드는 것은 다른 이들의 주의를 집중시킬 수 있는 화제성이 있어야 하며, 선행 말차례 구성단위와의 결속력이 높아야 한다. 따라서 요점을 말차례 첫 부분에서 제시하고 나머지는 추가어로 덧붙이는 방식을 택하고 있다.

> (15) J 노래하는 걸 좋아하세요,
>
> 　　　노래 잘하시고=
>
> 　　H 예예,
>
> 　　　춤추는 것도 잘하시고=
>
> 　　J 아우,
>
> 　　P <u>어떻게 알아요 J씨는</u>↗
>
> 　　J 이제- 저--
>
> 　　　회식하고 그러면은,
>
> 　　　누나가,

　　J와 H의 대화 중간에 P가 끼어드는 장면으로, 앞선 화제와의 관련성이 있으면서 동시에 P의 메시지의 핵심내용이 먼저 제시되었다. 따라서 앞의 주체인 주어는 추가어로 덧대어 나타났다. 이러한 예는 주어, 부사어, 부사절 등 다양한 형태로 등장하며, 이들 모두는 다른 이들의 주의를 집중시켜 자연스럽게 말차례를 잡기 위해, 요점을 먼저 말하고 세부적인 것은 추가어로 제시하는 형태를 전략적으로 구사하고 있는 경우이다.

　　지금까지 본 것처럼 구정보 추가어는 정보의 명세화, 적극적 공감 표출, 말차례 조율 등의 담화기능을 수행하고 있었다. 이들 6편의 오락프로그램에 등장한 예를 기능별로 숫자화하여 제시하면 다음과 같다.

〈표3〉 구정보 추가어의 담화기능별 분류

		명세화	공감표출	말차례조율
누락	주어	22	5	2
	목적어	10		
	부사어	39	6	5
	부사절	34	1	1
반복	동일	4	4	
	확대	8	2	
	수정		2	

2) 신정보 추가어

(1) 궁금증, 흥미 유발

신정보 추가어는 빈도수가 구정보 추가어에 비해 적은 데다 대부분이 주어, 부사절이기 때문에 한데 묶어 그들의 담화기능을 살펴볼 것이다. 정보의 명시적 전달은 대화참여자들의 기본적인 욕구이며, 따라서 구정보이든 신정보이든 반드시 필요하다고 판단하면, 화자의 의도에 따라 추가어로 덧붙여 나오는 것이 자연스럽다. 그러나 정보의 유형상 구정보, 누구나 알고 있는 정보의 추가어 사용은 자연스럽지만, 신정보 추가어의 사용은 일반적이지 않다.

따라서 의도적인 신정보 추가어의 사용에는 화자의 목적이 있을 것인데, 우선 정보의 양을 제한함으로써 궁금증을 유발시키거나, 그 정보를 말차례가 끝난 다음에 추가함으로써 극적 흥미를 유발시키는 것을 들 수 있다.

(16) G   어머니도 이제,

이쁘게 꾸며 주시죠,

다 하는데↗

이제,

구멍이 났어요,

P   ①네↗

G   ②<u>바지에</u>,

어머니가 이제 꼬매서,

P   [네]

G   [학교] 입고 가는데,

친구들이 그걸 보구 막= 놀리는데,

근데 그것도 오래 못 갔어요.

P   ③[왜요]↝

G   ④<u>[제가] 성격이 그렇게 웃으면</u>,

<u>같이 웃는 편이라서</u>,

    장소(②)의 부사어, 이유(④)의 부사절이 추가어로 사용된 예로, 앞선 맥락으로는 알 수 없는 신정보이다. 이들은 앞서 말하지 못하고 말차례를 끝냈기 때문에 청자에게 궁금증을 유발시키기도 하고(①, ③), 말차례가 끝난 뒤 문제의 장소를 제공하여 점층적으로 충격을 강화(②)하기도 한다. 필요한 만큼의 정보가 제공되지 않아 궁금증과 흥미를 유발시킴으로써, 결국은 자신의 발화에 주의를 집중시키는 부가적 효과까지 거두고 있는 것이다.

(2) 웃음 유발

신정보 추가어는 정보적 성격이 새로운 것이기 때문에 예기치 못한 것이 가지는 반전 매력을 안기기도 한다. 아래는 완전히 새로운 대상을 지시함으로써 반전 효과를 가지는 주어 명사구의 예시이다.

(17) H   좋아하는 사람,

머리카락을 가지는 게,

유행이었어요,

머리를 그렇=게 뜯어갔어요,

M   [₁ 세상에 ₁]

K   [₁ 머리 ₁]

B,P,G   [₁ @@@ ₁] [₂ @@@ ₂]

J   [₂ 그래서 ₂] 그랬구나,

이 형이.

현재 화제의 중심은 H(머리카락을 뜯긴 이)이다. 맞장구를 치는 '그래서 그랬다'의 주체 역시 H일 것으로 예측하였으나, 그 주체를 신정보(머리카락이 부족한 출연자 P)로 바꾸어 표현하여, 의외의 반전효과를 통한 웃음의 창출을 낳은 장면이다.

특히 추가어를 포함하는 말차례로 구성되는 농담맥락을 보면, 요점을 먼저 제시하고 그에 대한 터무니없는 근거를 추가어로 차후에 덧붙임으로써 농담의 효과를 높이는 방식으로 말차례를 조정하는 경우가 자주 목격된다. 그리고 이는 부사구, 부사절 등 다양한 형태로 나타난다.

(18) 가. J   아이고,

               G씨 이야기를 안했네요,

               ①G씨는 얼마나 인기 있었는지.

       K   아우 얘는,

               중고등학교 때 엄청= 인기 있었죠,

               ②저 때문에,

       M   [아우]

       B   [K씨--]

    나머지   [@@@]

   나. S   보트 타고 쭉 떠내려갔기 때문에,

               ③차기작으로,

               스키--

               점프 영화를 택했다는 소문도,

               ④점프하실려구.

    일동   [@@@]

(가)는 K의 동생 G에게 향한 질문(①)에 대한 답으로, K가 자신을 내세우며(②) 결국 잘난 체로 웃음을 유도하는 장면이다. 동생에 대한 칭찬이 나올 것으로 예상했던 청자에게 예측 못한 이유를 추가어로 제시하였기 때문에 농담의 효과가 더 큰 것으로, 신정보 추가어의 농담전략이 돋보이는 예이다.

(나) 역시 후기작으로 택한 스키점프 영화가 성공을 거뒀다는 이야기를 하면서, 전혀 관련이 없는 뜬금없는 이유(④)를 제시함으로써 농담의 효과를 발생시키고 있다. 말차례가 끝난 뒤에 추가어로 반전의 정보를 제공함으로써 예기치 못함이 두 배로 커지기 때문에, 농담

을 던지려는 화자의 입장에서는 신정보 부사절을 추가어로 배치시키는 전략을 자주 사용하는 것으로 보인다.

(3) 말차례 조율

마지막으로 화제일탈이나 화제의 종결지점에서 자연스럽게 화제의 전환을 시도할 때 내용을 먼저 제시하고 그 대상을 나중에 추가어로 덧붙인 경우가 있다.

> (19) 가. S   두 분도 한번 해보세요,
>
>   두 분 되게--
>
>   두 분 [오늘]--
>
>   J   [아],
>
>   요런거↗
>
>   요런거 요런거↗
>
>   일동   ① [@@@]
>
>   H   [아 k형]
>
>   연기 정말 잘하세요.
>
>   J   이 노래 용도에 대해서,
>
>   ②어떻게 생각하세요,
>
>   본인들은↑
>
>   R   어,
>
>   좋죠.

모두 웃은 데(①)에서 알 수 있듯이 농담으로 흐르던 분위기를 바로잡고 화제의 전환(② R의 노래)을 시도한 대목으로, 요점을 먼저 묻고 대답의 주체(신정보 명사구)는 추가어로 덧대어 표현하였다. 말차례를 잡으면서 화제까지 전환해야 하는 이중의 부담 속에서, 중요한 내용을 먼저 제공함으로써 이를 성공적으로 이끌려는 화자의 전략이 돋보이는 대목이다.

　다음의 예 역시 말차례를 잡기위해 지시어를 먼저 사용하고, 전달 메시지 중에서 중요하고 긴급한 내용부터 발화한 예이다.

　　　(20) J 　　①체력이 달리는 그런--

　　　　　　　 어떤,

　　　　　　　 느낌을 받는 것 같긴 [한데],

　　　　　 P 　　[그런--]

　　　　　　　 ②그- 힘들지 않으세요↗

　　　　　　　 내 활동과 우리 활동을 구분하는 것,

　　　　　　　 그건 어떻게 하세요↗

　J의 두 가지 활동으로 인한 체력저하(①)에서 두 활동 중에서 우선시하는 것(②)으로 화제가 전환되는 장면이다. 말차례를 잡기 위해 지시어 '그'를 사용하였으나 정확한 말이 떠오르지 않자, 우선적으로 긴급하고 중요한 내용(②)부터 제시하였다. 그리고 말차례를 완결지은 뒤 힘든 일의 구체적 내용을 신정보 추가어로 덧붙여 놓았다. 이는 다른 이의 말차례에 끼어들어 대화를 주도해 나가기 위한 전략적인 장치로 사용된 경우라 하겠다.

　지금까지 본 것처럼 신정보 추가어는 궁금증,흥미유발, 웃음 유발,

그리고 말차례 조율의 담화기능을 수행하고 있음을 볼 수 있었다. 현
재 연구대상인 6편의 오락프로그램을 대상으로 이를 통계화하여 제
시하면 다음과 같다.

〈표4〉 신정보 추가어의 담화기능별 분류

		궁금증, 흥미유발	웃음유발	말차례 조율
누락	주어		1	4
	부사어	1		
	부사절	1	7	

말차례를 조율하는 과정에서 명사구가 추가어로 나타나는 것은 구
정보와 신정보 모두 동일하다. 기존의 말차례에 끼어들어 판을 재구
성하기 위해서는 말의 요점이 먼저 나와야 하며, 구정보이든 신정보
이든 일부 구성요소가 추가어로 덧붙는 것은 동일하기 때문이다. 그
러나 구정보 추가어는 정보의 명세화에, 신정보 추가어는 웃음유발에
큰 의미를 두고 사용되고 있어서, 정보내용에 따른 추가어의 담화기
능은 차이를 가지고 있음을 알 수 있었다.

4. 결론

예능오락프로그램은 다양한 화제 아래 다수의 출연자들이 자유롭
게 대화를 나누고 있기 때문에, 참여자들 간의 상호작용적 의사소통
을 위한 다양한 장치를 다수 가지고 있을 것이란 추측이 가능하다. 따
라서 본고는 상호작용적 의사소통의 한 가지 표지인 추가어의 사용

에 초점을 맞추어 오락프로그램에서의 추가어 사용현황을 구체적으로 살피었다. 특히 그동안의 연구가 문법적인 분류를 위주로 진행되었기 때문에, 본고는 방향을 달리하여 정보 유형별 분류기준을 적용하여 연구를 시작하였다. 지상파 대표 오락프로그램 6편을 택하여 추가어의 현황을 조사하고 이를 신정보, 구정보에 따라 나누어 본 결과, 구정보 추가어의 압도적 사용을 확인할 수 있었다. 또한 정보유형별 추가어의 담화기능을 살펴본 결과, 구정보는 정보내용의 명세화를 위해, 신정보는 웃음을 유발하기 위해 가장 많이 사용되었음을 확인할 수 있었다. 이로써 기존의 연구에서 추가어의 담화기능으로 가장 우선적으로 제시하였던 '정보내용의 명세화'는 구정보 추가어에 한하는 것으로 기술되어야 함을 알 수 있었다. 그리고 구정보는 적극적 공감 표출의 기능이, 신정보는 궁금증, 흥미유발의 기능을 차별적으로 가지고 있음도 알 수 있었다. 물론 말차례 조율과 같이 긴급성, 중요성이 부여되는 순간에는 정보유형에 상관없이 동일하게 추가어를 덧붙이는 방식을 취하고 있어서, 정보유형별 공통점, 차이점을 여실히 확인할 수 있었다.

본 절에서는 기존연구와 같이 정보유형별 차이를 고려하지 않고 둘을 한데 묶어 추가어의 담화기능을 살피다보면 구정보 추가어 위주의 담화기능만으로 정리될 수 있다는 판단 하에, 이와 차별적으로 접근을 시도하였다. 그리고 정보유형에 따라 추가어의 담화기능에 차이가 있음을 밝힐 수 있었다. 하지만 현재 연구대상인 오락프로그램의 특성이 추가어의 분포현황에도 영향을 미칠 수 있기 때문에, 향후 좀 더 다양한 성격의 자료들을 토대로 정보유형별로 추가어의 담화기능을 정리할 필요가 있다고 생각한다.

II. 추가어의 성별 담화전략³⁾

1. 서론

본 절은 한국어 일상대화에서 소위 어순도치구문으로 기술해 온 문법적 현상을 대상으로, 화자의 다양한 담화전략을 살펴보려고 한다. 지금까지 일부 학자들은 주어, 목적어, 서술어의 자연스러운 순서를 따르지 않는 구문을 도치구문이라 부르고, 이를 비표준적인 현상, 비유창성의 상징으로 다루어 왔다. 그러나 필수구성성분의 생략이 자연스러운 한국어의 화용적 특징을 고려하면, 종결어미 뒤에 덧붙는 일정 성분은 화자의 의도에 따라 굳이 덧대어 표현된 것으로 판단될 수 있어, 본고는 어순도치현상을 추가어라 명명하고, 이를 효율적 의사소통 과정을 위한 화자의 의도적인 사용으로 바라보는 대화분석의 시각을 수용, 분석하려 한다.

---

3) 이는 여성학논집 32-1(2015년)에 실린 논문을 수정, 재수록한 것이다.

이러한 시각과 일치하여, 강소영(2006)에서도 화, 청자의 상호작용적 대화행위를 위해 주어나 목적어가 문장 맨 뒤에 오는 경우가 있음을 지적한 바 있다. 아래는 앞선 화자의 말을 이어받아 서술어 '맞다'를 발화한 뒤, 무엇이 맞는 것인지 그 내용을 우측어순도치구문으로 표현한 예이다.

    (1) N   잠깐만,
              수업이 맞긴 [맞는데],
      K   [맞는데] 수업이,

상대방의 대화에서 메시지가 예측 가능한 경우, 말을 이어받아 맞장구를 쳐주는 경우를 자주 볼 수 있다. (1) 역시 동일한 경우로, 메시지의 정확한 전달보다는 화, 청자의 상호작용적 행위에 초점을 맞추고 있어, 효율적인 의사소통이 부각되는 경우이다.

강소영(2006)에서 앞 화자의 말을 이어받아 공동으로 문장을 완성해 나가는 (1)과 같은 예를 협력구문이라 불렀는데, 이는 그동안 여성어의 특징으로 지적된 협동적 대화를 떠올리게 한다. 협동적 대화는 여성 발화어의 화용적 특징을 정리한 민현식(1995)에 따르면, 여성은 맞장구치기로서의 반응, 상대방 대화에의 지원 반응을 보여주며 경험 공유적, 상호치료적인 협동적 대화를 추구한다는 것이다. (1)의 협력구문은 상대방 대화에의 지원 반응을 보여주는 행위여서, 어순도치구문 속에 내재한 화자의 담화전략이 여성어의 특징과 맞물려 기술될 가능성을 보여준다. 물론 남성은 여성과 대조적으로 가로채기, 화제의 주도, 침묵 따위로 대화를 지배하면서 경쟁적 대화를 추구하는

것이 특징이므로, 추가어 현상을 둘러싸고 여성과 남성의 대별되는
특징이 발견될 수 있을 것이라는 예측이 가능해진다.

따라서 본 절에서는 여성이 청자의 대화를 지원하는 협동적 대화를
선호한다면, 추가어 구문을 이용한 상호협력적 대화진행방식 역시 자
주 볼 것으로 예측하는바, 준(準)공적 담화자료인 TV오락프로그램을
대상으로 실제 여성들의 대화운용방식을 살펴보려고 한다. 담화전략
적 사용에서 성차가 변인이 되는지를 분석할 것이므로, 참여자의 분
포가 남녀 고루 반영될 수 있도록 프로그램을 선정, 추가어의 사용현
황을 살필 것이다.

2. 추가어와 여성어의 상관관계

지금까지 화, 청자의 상호작용적 기능에 주목하여 추가어 사용
에 내재한 화자의 담화전략을 연구한 이는 이기갑(1996), 김규현
(2006), 김해연(2006)이 대표적이다. 이기갑(1996)은 이를 도치구
문이라 부르고, 이중주어구문이나 존재사 구문 등 도치가 나타날 수
밖에 없는 구조적 환경을 지적하였다. 이에 더해 강조, 배경정보의 분
산, 의미보완 등 도치구문이 갖는 담화기능을 지적하였다. 아래는 이
기갑(1996:19-25)의 예를 재인용한 것이다.

> (2) 가. 고읍구역이나 다른 구역이나 재춘이 즈그 까금으서 마이
>   (=많이) 살았네, 한 삼년 간
>   나. 바구리로(=바구니를) 갖고 마이(=많이) 씨그덩(=쓰거든),

대로 맹글아서(=만들어서)

　(2-가)는 선행 발화에 나오는 정보의 양을 줄이기 위해 배경정보 즉 시, 공간의 부사어를 뒤로 분산시켜 표현한 것으로, 이기갑(1996)은 이를 배경정보의 분산이라 칭하였다. 그러나 시.공간의 부사어는 굳이 넣지 않아도 되는 구정보이며, 따라서 이를 넣는 행위에는 메시지의 정확한 전달이 깔려 있음을 알 수 있다. 의미의 첨가 및 보완 역시 (2-나)처럼 선행발화에서 언급한 행위의 구체적 방법을 첨가하는 것이므로 이 역시 본인의 의사를 정확하게 전달하려 하는 것이다. 결국 배경정보의 분산이나 의미의 첨가, 보완 등 도치구문의 담화기능으로 지적된 것들을 종합해 보면, 메시지의 정확한 전달이 1차 기능임을 알 수 있다.

　이기갑(1996)이 언어의 1차적 기능인 메시지의 정확한 전달에 초점을 둔 데 비해, 김규현(2006)과 김해연(2006)은 언어의 2차적 기능, 즉 화, 청자 간의 상호작용적 기능에 초점을 맞추어 이를 분석하였다. 김규현(2006)은 주장의 강도를 완화시키거나 상대방의 체면에 위협을 가할 수 있는 반론을 제기할 때, 종결어미 뒤에 일정 명사구가 덧붙어 남을 지적하였다.

　(3) 가.　(TV 다큐멘터리 자료)
　　　　　그건 과학이 아니에요.
　　　　　(1.0) 제가 보기에는.
　　　나.　하:　저기 어- 저희 반은요 점점 줄어요 학생 수가요.
　　　　　재영: 아이 좋겠다= hh

준호: 몇 명이에요?

하: 아이 십사 한- 한 반에 십사 명 (김규현 2006:25-
       31 재인용)

발화 대상이 객관성이 보장된 진정한 과학이 아니라는 논점을 제시
한 뒤, 그것이 자신의 개인의견임을 첨가하여 표현(가)하거나, 자신
이 맡고 있는 반의 학생수가 점점 줄고 있다고 명시하여 자신의 처지
에 대한 자기비하(self commiseration)의 태도를 표현(나)하였다. 이
처럼 굳이 덧붙이지 않아도 되는 예들을 첨가함으로써 화, 청자 사이
에 오고가는 교감적 의사소통행위가 강조될 수 있어, 상대방과의 유
대, 감정적 소통에 치중하는 여성어의 특징과 연관시켜 볼 수 있을 것
으로 생각한다.

김해연(2006) 역시 응대의 결여, 인접성 추구, 청자 배려 등 화, 청
자 간의 상호작용적 기능을 가진 구문을 예로 들어 설명함으로써, 김
규현(2006)과 함께 추가어 구문은 화자가 말에 유창하지 못해서도
아니며, SOV의 문법적 구조를 이해하지 못하여서 나타나는 것이 아
님을 명확히 했다. 지금까지의 연구결과를 종합해 보면, 문장 맨 끝
에 추가어를 덧붙이는 현상은 표준적인 어순구문이 지닌 메시지의 정
확성, 즉 지시적 의미(referential meaning)와 구별되어 화자의 정의
적 태도가 드러날 것으로 예측되는바, 본고는 추가어 구문이 지닌 담
화전략을 정리하고, 그것이 성별로 어떤 차이가 있는지를 살펴보려고
한다.

그리고 추가어의 사용이 말차례잡기와 관련돼 있다는 앞 글의 연
구결과를 수용해, 말차례잡기와 관련된 성별 사용양상 역시 알아보려

한다. 상대방에게 맞장구를 치며 응대하는 과정에서 추가어를 덧붙였음은 협력구문(강소영, 2008), 말차례조율(강소영, 2014) 등 용어를 달리하여 설정한 추가어의 담화기능과 맞물리기 때문에, 성별로 이들의 분포에 차이가 있는지를 알아보고 여성의 협동적 대화방식을 확인해 보려 하는 것이다.

김순자(2000)는 구어자료에 나타난 말차례 잡기의 양상을 살핀 후, 여성은 선행 화자의 말에 동의를 하는 과정에서 말차례 뺏기가 우발적으로 일어나는 데 비해, 남성은 비난이나 반박을 하기 위하여 말차례 뺏기를 시도하기 때문에 의도가 개입되어 있음이 특징이라 정리하였다.

(4) 가. 은영:　어, 너무 [일찍 가. 걔는]

　　　　영이:　　　　　[우리가 마실 틈]을 안 줘. 걔는

　　나. 병수:　너도 모르[고 모르잖아]

　　　　범수:　　　　　[모르는 게] 아니라--

　　　　　　　아니 어휘 말이 나온 게

　　　　병수:　천구백칠십년도네 그러면

　　　　범수:　웃기지마 내가 진짜-[진짜야]

　　　　병수:　　　　　　　　[천구백칠십년]도=면--

(4-가)는 상대방의 말에 동의를 하기 위해 자신의 말차례가 아닌데도 끼어든 경우로, 은영의 말에 맞장구를 치면서 주어가 문장이 완결된 뒤 덧붙어 나왔다. (4-나)는 남성들 간의 대화를 보인 예로, 남성은 상대의 말에 반박을 하기 위해 말차례를 빼앗기 때문에 말겹침

이 자주 일어난다고 지적하였다. 김순자(2000)는 도치구문의 대상이
아니라 말차례를 잡기 위해 서로 말을 다투는 장면이 대상이었으므
로 추가어 구문을 대상으로 한 연구는 아니다. 그러나 남성들 간의 대
화에서는 문장의 종결 뒤 일부 성분이 도치되어 나온 구문의 예가 없
는 데 반해 여성들 간의 대화에서는 나타나고 있어, 추가어의 사용을
대상으로 남성과 여성의 사용상 차이를 설명하는 것이 가능할 것으로
보인다.

　　본 절에서 추가어로 선정한 것은 한국어의 통사적 구조를 깨뜨린
것이다. 통사적 구조상 그리고 정보유형에 따른 배치상, 한국어는 주
어가 문장의 처음에 오고 목적어가 그 다음에, 그리고 서술어가 문미
에 오는 구조가 자연스럽다. 그러나 실제 대화에서는 문장의 뒤나 앞
으로 위치를 옮겨간 것들이 비일비재하다.

(5) 가.　　글쎄,
　　　　　아무 의미없다,
　　　　　그거 진짜,
　　나.　　난 지금 담에--
　　　　　놀러갈 때,
　　　　　참조하려고 물어보는 거야 열심히
　　다.　　너도 놀러 오라고,
　　　　　다들 오니까=
　　라.　　그래↗
　　　　　나도 그러긴 했어,
　　　　　멘트 치는 게 조금 나도 힘들긴 하더라

(5)는 주어와 부사어(가), 부사어(나), 부사절(다)이 우측으로 덧붙은 것이며, (5-라)는 이중주어문의 주어가 좌측으로 도치된 구문이다. 본 논문은 문장 종결어미 다음에 덧붙는 성분들에 주목하기 때문에 (5-가,나,다)와 같은 예들이 논의대상이다.

그러나 구어담화는 말의 끊어짐이 문장 단위로 이루어지지 않기 때문에 외형상으로만 추가어 구문처럼 보이는 예는 주의해야 한다. 예를 들면, 상대방과 말이 겹쳐 끊긴 경우, 선행 발화의 구성 요소인지 후행발화의 구성요소인지 판단하기 애매한 경우가 있어 이는 제외하였다.

(6) 가.　　K　아무것도 몰라요=
　　　　　　　하고 있으면 돌겠어,
　　　　　　W　기분 더럽죠,
　　　　　　　①[그거 정말--]
　　　　　　K　②[기분 너무 나쁘고]
　　　　　　W　네,
　　　　나.　I:　아무것도 모르고,
　　　　　　　점점=,
　　　　　　　그런 생각 안 하고 있어요,
　　　　　　　톤에 대해서는 솔직히,
　　　　　　　①[저는--]
　　　　　　J:　②[자] 어린 시절 얘기로,
　　　　　　　자연스럽게 넘어가볼까요,
　　　　다.　K　①무슨 상상합니까↗
　　　　　　　그런 역할하면서 그냥,

H: [어..](0.2)

K: ②[내가] 진짜 살인마가 되는 겁니까↗

　(가)과 (나)는 상대방과의 말겹침(①과 ②)으로 발화가 중단된 예
이다. 더러움의 대상(가)이나 생각의 주체(나)로 해석할 수 있으나,
중단된 후행문장의 주어로도 판단할 수 있어 이는 예에서 제외하였
다. (5-다)는 생각이 연쇄적으로 일어날 때 선행발화의 일부 구성요
소가 후행발화의 구성요소로서 기능할 수 있기 때문에 이 역시 추가
어의 예에서 제외하였다. 즉 '그런 역할하면서 그냥 무슨 상상합니까
↗'에서 '그런 역할하면서'가 종결어미 뒤로 옮긴 것으로 보이지만,
생각이 꼬리를 물고 일어나 '그런 역할하면서'가 후행발화 ②의 선행
절로도 해석되기 때문에, 이런 경우 역시 추가어의 예에서 제외하였
다.

　물론 문장을 마무리 짓지 않아도 화자가 말을 끝낸 경우는, 종결된
발화 내에서만 판단을 하기 때문에 아래와 같은 예는 목적어의 이동
으로 인정하였다.

(7) M:　　우리 큰언니도 시험관 뭐.(0.1)

　　　　　수정관 다해도 안 되다가,

　　　　　<u>7년[을].(0.1)</u>

　S, P:　[한숨되는 소리]

　P:　　그래요,

　　　　그런 사람들도 있어요,

　　　　다른 분들도,

'큰언니가 시험관, 수정관을 7년을 해도 안됐다'는 문장에서 목적어 '7년을' 문말(접속)어미 '-다가' 뒤로 보낸 예로, 이는 스스로 말을 끝 냈기 때문에 이 발화 내에서 목적어를 추가로 덧붙인 예로 처리한 것 이다.

향후 기술은 다음과 같이 구성되었다. (1)연구대상 자료들을 분석, 통계처리하여 추가어 구문의 문법적, 정보적 분포를 정리하고, (2) 그 안에서 성별로 두드러지게 유의미한 분포를 나타내는 경우를 찾아 이 를 사용한 화자의 담화전략을 살필 것이며, (3) 이를 종합하여 추가어 의 사용을 둘러싸고 여성어의 특징으로 정리할 만한 것이 있는지를 살펴보려고 한다. 여성어의 특징적인 양식이 있다면, 이는 우리 사회 가 여성에게 부여한 지위를 반영한 것이기에, 21세기 여성상위시대 로 나아가는 즈음에 한국 여성의 현 위치를 드러내는 데 일정부분 기 여하는 바가 있을 것이다.

2. 추가어의 정의와 분류

(1) 추가어의 정의

최근 통사론 분야에서 비정상적인 구문으로 다루었던 어순도치구 문을 화용론에서 새롭게 조명하여, 화, 청자의 적극적인 상호작용의 결과로서 바라보아야 한다는 의견이 폭넓게 받아들여지고 있다.(이 기갑 1998, 김규현 2006, 김해연 2006 등) 물론 이들은 어순도치구문 이란 용어 대신 추가어(이기갑 1998, 김규현 2006, 강소영 2014), 덧댄말(김해연 2006) 등 다양한 이름으로 정의한 후, 그들의 담화기능을 분석하고 있다. 이러한 견해는 Shegloff(200), FFT(2001)에서 시작되었는데, 이들은 음운, 통사, 화용적으로 문장이 완결된 다음 덧붙어 나는 것을 어순이 도치된 것이 아니라 문장을 끝낸 다음에 미처 말하지 못한 것을 덧대어 표현한 것이라 생각하여, 이를 추가어(add-on)라 불렀다. 그리고 다음 화자의 즉각적인 반응의 결여(lack of recipient uptake)가 있을 경우 현재 화자가 다음 화자에게 말을 이어받을 수 있는 기회를 제공하는 장치로 추가어의 기능을 설명하여, 추가어의 사용을 화, 청자 간의 역동적 의사소통과정을 보여주는 지표로 삼았다.

어순도치구문을 추가어로 개념 정의하면서 이를 화자의 실수가 아니라 의도적인 사용으로 해석한 이들의 의견은 탁월한 분석으로 인정받았고, 본고 역시 동일 입장에서 이들의 의견을 적극 수용하려 한다.

물론 선행 발화에서 지시대명사를 사용했다가 문장이 종결된 뒤 이를 구체화하는 후행요소를 덧붙인 경우는 추가어의 예로 처리하였다.

    (8) 가. 아니 나 먼저 그거 다 했거든, 숙제
        나. 나는 걔 예쁘더라, 나인뮤지스

위 예문은 숙제, 나인뮤지스를 지시대명사 '그것'으로 발화한 뒤, 이를 구체화시켜 덧붙인 것이다. 대명사로 표현한 뒤 그 지시체를 확인시키기 위하여 문미에 대상을 다시 밝히는 (8)의 예는 전형적인 우측어순도치구문의 예에 해당하며, 영어에서 우측어순도치구문의 대표적 예로 제시되었다.

(9) 가. They look cute, your younger sister.

　　나. He is always late, John

　　다. He was elected as chairman, the most smart boy in our
　　　　class

　(9)는 정희자(2006:37)에서 우측도치구문의 예로 제시한 것으로, 대명사로 표현한 뒤, 'they,he'의 지시체를 확인시키기 위하여 문미에 'your younger sister,john'을 사용한 예문이다. 앞서 보았던 한국어 예문 (8) 역시 대명사로 표현하고 이의 구체적 내용을 문장이 완결된 뒤 덧붙이는 경우이므로, 추가어의 예에 해당한다.

(2) 추가어의 분류

　문장의 종결 뒤 우측에 덧붙은 문장성분은 관형어를 제외한 대다수의 예가 분포한다. 김해연(2006:92)에 제시된 예를 재인용하면 다음과 같다.

(10) 가. J　　비슷하지 않아↗

　　　　　　두 개가↗

　　나. p　　그게,

　　　　　　어디 있는 겁니까 정확하게↗

　　다. J　　아,

　　　　　　맞아,

　　　　　　혀 짧으면 혀 짧은 소리 나죠,

　　　　　　영어할 때,

영어 예시와 동일하게 한국어 대화상에서 동사가 문미에 위치해야 한다는 제약조건을 어기고 여러 다양한 형태의 요소가 동사 뒤에 위치함을 보이는 예시이다. 문법단위로는 명사구(가), 부사구(나), 부사절(다) 등이 오며, 문법적 기능으로 보면 주어(가), 수식어(나), 수식절(다) 등의 기능을 수행한다는 것을 알 수 있다. 따라서 덧붙은 요소가 문법적으로 수행하는 기능에 따라 분류가 가능하며, 현재 연구대상 역시 이에 따른 분류를 우선 시행해야 함을 알 수 있다.

또한 동일한 명사구가 덧붙었지만 (12-가)와 정보적 성격에서 차이를 보이는 것이 있어 둘의 구별 또한 필요하다.

(11) 가.　H　　예전에 인터뷰를 했었는데 S[씨를--]

　　　　S　　①　　　　　　　　　　　　　　　[아니 근데],
　　　　　　　②정말 좋아해요.(0.1)
　　　　　　　어떤 남자를.
　　　　일동　[@@@]

(11)은 S의 연애사에 대해 이야기를 나누는 대목으로 S가 말을 끊고 말차례를 잡은 뒤(①), 극적인 효과를 노리기 위해 익명의 남자(현 남편)를 덧붙여 발화(②)한 예이다. 좋아하는 주체와 대상이 모두 나오지 않았기 때문에 이에 대한 궁금증이 증폭되는 상황에서, 앞서 남편을 칭할 때 사용한 '남자'를 덧붙여 표현함으로써 예기치 못한 웃음이 터져 나온 경우이다.

앞선 예와 동일하게 주어명사구를 옮긴 것이지만, 다른 이들이 예상하지 못한 내용을 제시하여 웃음을 유발하는 담화기능을 가지고 있다. 이는 강소영(2014)에 따르면 신정보만의 고유기능이며, 따라서 발화상황에서 예측 불가능한 정보, 상대방에게 새로운 정보를 제시하는 경우는 이미 알고 있는 정보를 발화하였을 때와는 또 다른 담화기능을 가질 수 있기 때문에, 추가어 구문의 정보유형별 분류 역시 고려해 봐야 할 것으로 보인다.

　정보유형별 분류는 화, 청자 모두 알고 있는 구정보와 새로 만난 신정보로 나누어 살피는 것으로, 구정보, 신정보의 현저성(saliency)에 기준한 어순제약은 이전에도 지속적으로 지적되었다. 대표적으로 Chafe(1976)의 예를 들면, 그는 화자의 의식 속에 현저히 존재하는 구정보는 어순상 앞(문법적으로 주어)에 오게 되며, 청자의 의식 속에 처음 도입되는 신정보는 문장의 뒤(주로 목적어)에 온다고 말하여 정보유형별 어순에 제약이 있음을 밝히었다. 그러나 원래 어순 상 앞에 와야 하는 구정보를 화자의 의도상 후치하기도 한다.

(12)　가. 언니는 철수가 좋아?
　　　나. 어, 나는 철수가 좋더라
　　　다. 어, 나는 좋더라 철수가
　　　라. 어, 철수가 좋더라 나는

이 문장에서 우측에 덧붙은 목적어 '철수'나 주어 '나'는 모두 이미 알려진 정보, 즉 구정보이다. 따라서 우측에 덧붙은 문장성분이 주어인지 목적어인지에 따라 구정보, 신정보를 나누는 것은 큰 의미가 없다. 오히려 구정보, 신정보를 친숙성의 논의로 나눈 Prince(1981)의 논의가 더 지지를 받는다. 그녀는 화, 청자 모두에게 친숙한 정보는

구정보, 아닌 것은 신정보로 분류하면서, 친숙함의 대상인 구정보는
이미 알고 있는 것과 맥락상 추론가능한 요소로 다시 나누었다.

  (13) 가. Would you lile to help me(상황적으로 환기)
     나. What dis John do?-He complained about high prices(문
        맥적으로 환기)
     다. I got on a taxt last night and the driver was drunk(추론가
        능한 요소)
     라. One of my friends wants to see you(추론가능한 요소 안
        에 추론가능성을 포함)
     마. A rich guy I know came to see you.(신정보)

  (가, 나)는 청자가 이미 알고 있는 요소이며, (다,라)는 택시 운전사
와 내 친구 중 누구 하나를 떠올릴 수 있어서 추론가능한 정보로 분류
된 예이다. 이들은 모두 담화구조상 화, 청자가 공유한 정보이기 때문
에 참여자들에게 새로울 것이 없는 구정보이다. 하지만 (마)는 발화
에서 처음 등장하는 인물이며, 화, 청자의 공유된 지식 내에서도 추론
이 불가능한 인물이다.

  Prince(1981)의 논의는 친숙성의 개념 아래 구정보를 좀 더 자세하
게 구별 지어 설명함으로써, 기존에 발화상황에서 처음 나오기만 하
면 모두 신정보로 분류했던 미숙함을 극복해 낸 의의가 있다. 따라서
본고 역시 말해진 적은 없지만 상식적으로 알고 있는 정보에 대해서,
친숙성은 덜하지만 그래도 완전히 새것은 아니기 때문에 구정보로 분
류하였다.

(14) 가. J   요. 숟가락 이렇게 놓고,

      K   요게 [이제 좀],

      J: [숟가락] 좀 닦아야겠다,

            <u>잘나오게.</u>

   나.   제가 그,

          쑥갓장사를

          초등학교 4학년때부터 했거든요.

          혼자 대야하나 끼고,

          그- 잘팔았어요,

          <u>안양 중앙시장에,</u>

위 예문은 시청자로서는 알 수 없는 정보여서 모두 신정보로 분류 가능한 예이지만, 출연자들에게는 구정보이다. (가)는 숟가락에 비친 연예인 남녀 커플의 모습이 SNS 상을 떠돌던 사건을 배경으로 하고 있으며, 따라서 시청자들 가운데는 [+new]로 판단하는 이도 있을 수 있으나, 출연자들에게는 구정보이다. 이를 기준으로 보면, '숟가락을 닦아놓으려는 이유'는 짐작가능한 것으로, 구정보로 분류할 수 있다. (나) 또한 출연자의 성장배경을 알고 있는 참여자들에게 그녀의 고향에 대한 정보가 완전히 새것이 아니다. 이들은 앞선 대화에서는 말해진 적이 없지만, 참여자들에게는 맥락상 무엇을 말하는지 알 수가 있어서 새로운 것이 없는 구정보이다. 본고는 이처럼 참여자들에게 공통된 정보, 그들끼리 공유한 지식은 친숙한 정보로 판단하고 이들을 구정보로 분류하였다.

(3) 추가어의 현황

   지금까지 본 것처럼 구어담화는 말겹침과 말뺏기, 분절 등 문어체와 달리 자주 말차례 교대가 일어나며, 따라서 화자 개인적인 특성, 고유한 말버릇에 화행요소들이 좌우될 수 있을 것이란 가정이 가능하다. 본고는 구어담화의 특성으로 인해 연구결과에 부정적 결과가 따르지 않도록 자료의 성격에도 다양성을 기하였다. 물론 프로그램의 취지를 전제로 하여 출연자들에게 요구되는 자질을 분석할 수 있기 때문에 프로그램의 성격은 하나로 통일하였다.

   본고에서 택한 자료는 오락프로그램 12편이며, 종편(피플인사이드, 브런치)과 지상파(나머지 모두), 남녀혼성(해피투게더01, 02, 라디오스타01), 남자,여자들만의 대화(라디오스타02, 브런치01, 02), 그리고 동일 프로그램에서 남녀의 비율이 달리 설정된 형식(무릎팍도사, 피플인사이드) 등 다양한 모습의 TV프로그램을 대상으로 선정하였다.

   본고는 성별을 기준으로 분석을 시도하기 때문에 남녀가 다양하게 섞였느냐도 중시하였지만, 동일 포맷을 취한 프로그램을 사회자 성별을 달리하여 선택하고, 동일 사회자 아래 인터뷰어의 성별을 각기 달리하여 선택하는 등 참여자군의 다양성에 유의하여 대상을 선정하였다.

   먼저 오락프로그램의 현황에 대해서 정리하면 다음과 같다.

〈표1〉 연구대상 전사한 준공적 담화 자료 현황

			시간	참여자		억양 단위
				남자	여자	총계
혼성대화	집단담화	라디오 스타	1시간9분 18초	사회4,초대2, 2574회	초대2, 1340회	3914
		해피 투게더	1시간2분 37초	사회2,초대2, 1427회	사회2,초대, 578회	3005
		매직아이	15분 30초	초대2, 260회	사회3,초대 1,702회	962
		맘마미아	21분 48초	초대5, 94회	사회3,초대 3,509회	603
		마녀사냥	20분	사회4 ,385회	초대2, 478회	863
	인터뷰	무릎팍 도사	36분 08초	사회3 ,1167회	초대1, 856회	2023
			57분 54초	사회3,초대1, 2662		2662
		피플 인사이드	47분 15초	초대1 , 745회	사회1, 498회	1243
			35분 54초		사회1,초대 1,2167회	2167
비혼성대화	집단담화	브런치	31분 13초		사회3,초대 1,1084회	1084
			37분 12초		사회3,초대 2,1442회	1442
		라디오 스타	1시간2분 15초	사회3,초대 6,3234회		3234
총계	9종		12편	38명(12,548)	38명(10,654)	23,202

비록 각 프로그램의 출연진은 남녀의 비율이 제각기이지만, 최종적
으로 참여자의 수를 보면 남녀 모두 38명으로 동일하게 분포하고 있

어 남녀의 성별 특징을 살피기에는 적절한 자료라고 할 수 있다. 전사의 기준인 억양단위를 기준으로 보면, 전체 23,202회 중에서 남성이 12,548(54%)회를 기록, 여성(10,654, 45%)보다 더 많은 발화횟수를 기록하였다. 말겹침, 말뺏기, 말의 중단 등 다양한 이유로 억양단위의 분절이 예상되기에 억양단위의 횟수가 더 많았음은 남성이 여성보다 좀 더 말차례교대가 많았음을 의미하는 것으로 해석할 수도 있지만, 현재 대상자료에서 남녀가 차지하는 시간상의 비율이 고려되지 않아 이는 단정적으로 말할 수는 없다.

단지 요즘 오락프로그램의 포맷에 가장 큰 영향을 끼쳤으며, 전사 시간이 길어 억양단위 역시 가장 많았던 두 작품(라디오스타, 해피투게더)을 대상으로, 한 번 말차례를 잡으면 몇 줄의 억양단위로 말을 형성하는지를 분석하여 본 결과, 남성의 말차례잡기가 더 활발하였음을 짐작할 따름이다. 즉, 라디오스타는 남자가 한 번 잡을 때 2.2줄, 여자는 3.04줄의 억양단위를 기록하였고, 해피투게더 역시 남자는 1.9줄인데 여자는 2줄을 기록, 두 작품 모두 여자가 한 번 말을 잡으면 좀 더 많은 말을 이어나갔음을 알 수 있다. 이는 남성은 말차례 교대가 많아서 말차례전환을 위한 다양한 장치를 적극 모색할 것임을 예측하게 한다.

성별 사용양상을 본격적으로 살피기 앞서, 추가어를 대상으로 기존의 문법적 성격에 정보유형별 분류를 더해 살펴본 결과를 보이면 다음과 같다.

〈표2〉 우측에 추가된 구성요소의 현황

정보의 성격 / 문법정보		구정보			신정보			
		남	여	합계	남	여	합계	
부속 성분	시간부사어	12	16	114 (41%)			0	
	장소부사어	8	12					
	추측부사어	0	2					
	강조부사어	17	14					
	양태부사어	15	8					
	관형어	1						
	담화표지	6	3					
필수성분	주어	33	39	98 (34.6%)	6	0	7 (18%)	
	주어+는	4	6					
	목적어	9	7		0	1		
부사절	이유	18	10	62 (22%)	3	2	34 (79.4%)	
	상황	5	9		18	5		
	나열	4	1		3			
	조건	4	2		0			
	회의	2	1		0			
	역접	2	1		0			
	계기	1	1		0			
	인용절	0	1		2			
대명사의 구체화			7	7(2.4%)	1		1	
합계		141	140	281	33 (80%)	8 (20%)	41	

분석결과, 종결어미로 문장을 완결지은 다음 일부 어절을 덧붙이는 것으로는 구정보의 경우 부사어가 차지하는 비중이 가장 높았다.(41%) 남녀의 사용비율을 따져도 남자(69회,41%)와 여자(55회,

55%)가 성별 차이 없이 가장 많이 사용하고 있었다. 물론 그 종류에 있어서도 남녀 모두 시간과 장소의 부사어를 많이 사용하고 있고, 강조의 부사어 역시 남녀 비슷한 분포를 보이고 있다. '진짜, 정말, 너무' 등 [강조]의 부사의 경우 여성어의 특징으로 알려져 왔으나(민현식 1995:43), 오락프로그램에서 추가어로 강조, 제시한 경우는 남녀 비슷한 분포를 보였다. 물론 주어나 목적어처럼 필수적인 정보가 덧붙는 경우 역시 남자(46회)와 여자(52회) 큰 차이 없이 분포하였다.

성별로 차이가 난 것도 있었는데, 우선 구정보 예들 중에는 대명사로 표현한 뒤 나중에 이를 구체화시키는 예문이 여성만의 사용으로 나타난 것이 특징적이다. 그리고 신정보 예들에서는 전체 횟수에서부터 남성의 독점적 사용이 특징적이었다. 이러한 차이가 그들이 담당하는 담화기능과 관련하여 어떠한 성별차를 부각시키는지 다음 절에서 구체적으로 살펴보겠다.

4. 성별 우측어순도치구문의 전략적 쓰임

본고에서는 앞서 지적한 대로 문법유형별로는 큰 차이를 보이지 않았기 때문에, 추가어 구문을 정보유형별로 나누고 남녀의 사용 양상에서의 차이를 보려 한다. 따라서 추가어 구문을 이용한 화자의 의도를 연구한 선행연구결과를 전제로 하여, 본고 역시 정보유형별로 그에 내재한 담화기능상의 차이를 살펴보았다. 앞서 제시한 추가어 구문을 정보별로, 담화기능별로 통계처리한 결과는 다음과 같다.

〈표3〉 정보유형별, 담화기능별 분포현황

정보	담화기능		문법	성별			
				남		여	
구정보	명세화		부사어	52	104 (74%)	52	120 (86%)
			주어	21		40	
			목적어	9		9	
			부사절	22		19	
	감정적 조율	체면유지	주어+는	4	19 (13.4%)	6	15 (10.7%)
		따짐, 타박	부사절	14		8	
		침묵메우기	부사어	1		1	
	말차례 조율	맞장구치기	부사절	7	18 (12.7%)	1	5 (3.5%)
		말잡기	부사절	2		2	
			부사어	5		1	
			주어	6		1	
합계				141		140	
신정보	호응유도		목적어	0	3(9%)	1	6(75%)
			부사절	3		5	
	웃음유발		주어	6	26 (84.3%)	0	0
			부사절	19			
			대명사의 구체화	1			
	말차례 조율	말잡기	부사절	2	2(6%)	2	2(25%)
합계				31		8	

우선 기존의 연구에서 밝혔던 대로 추가어 구문은 메시지의 정확한 전달을 위해 사용되었다. 특히 이는 구정보 예들에서 두드러지는데,

주어, 목적어, 부사어 그리고 대명사로 표현한 뒤 이를 구체화시킨 경우까지, 대부분의 예가 메시지의 정확한 전달을 위해 존재하였다.

(15) 가. a. 나도 좀 도와줘 <u>10일에</u>

        b. 미쳤다고 욕 할거다 <u>아마</u>

        c. 너무 아끼네 <u>진짜</u>

        d. 잘못을 하면 꼭= 걸렸어요 <u>희한하게</u>

    나. a. 그럼 뭘 좋아하세요 <u>언니는</u>↗

        b. 여대는 전=혀 안가요 <u>엠티를</u>↗

    다. a. 몰라 <u>안경 쓰는지</u>

        b. 막 펑펑 울었어요 <u>대사하면서</u>

  (가)는 시간(a), 추측이나 강조(b, c) 그리고 어떤 일의 형상을 표현하는 양태부사(d)가 사용된 예이다. 선행 발화가 일어난 시공간을 보충하거나, 사태에 대한 화자의 감정이나 태도가 정확하게 표현되기 때문에, 이들 성분은 메시지를 정확하게 전달하려는 기능을 반영하였음을 알 수 있다. (나) 역시 행위의 주체(a)나 대상(b)을 정확히 밝히고자 하는 목적에서 이뤄졌고, (다)는 무엇을 모르는지, 울면서 같이 한 행위는 무엇인지를 구체화시켜 표현하고 있기에, (15)은 모두 메시지의 명세화라는 공통된 담화기능을 가지고 있다.

(16) 가. P 그때두 그 캐릭터가 있었구나,

        <u>나쁜 여자 캐릭터,</u>

    나. P 반드시 ID,

        그니깐 <u>그</u>- 봐야 돼요.

      M [민증]

      P   [주민]등록증 같은 거를,

  다. K 아니 사람이,

        개랑 다른 이유가 뭔데,

        인격이 있다는 거잖아,

  (가,나)는 지시대명사 '이,그,저'로 말한 뒤에 그 구체적 내용을 문장의 종결 뒤에 발화하는 구문의 예로, 여성의 사용만이 나타난다. 이때 덧붙는 것은 화, 청자 모두 알고 있는 구정보이며, 따라서 (다)처럼 평소에는 덧붙이지 않고 넘어가기도 한다. 그러나 굳이 이를 덧붙여 표현한 것은 명확한 의미전달에 좀 더 여성이 민감하다는 것을 알려주는 바이기도 하다. 물론 우측어순도치 구문을 이용하여 메시지를 정확하게 전달하고자 하는 화자의 담화전략은 남녀 공히 가장 높은 순위를 보이고 있는 항목이기는 하다. 하지만 감정적 상태를 조율(10%)하거나 말차례를 조율(3%)하는 데에 비해 메시지의 명세화(86%)에 여성의 사용비율이 좀 더 높게 나타난 것은 이와 관련을 맺고 있는 결과로 보인다.

  여성이 다소 낮은 사용양상을 보인 감정적 조율에는 (1) 자신의 체면을 보호하거나 (2) 상대방의 기분 나쁨을 최소화하거나 또는 (3) 상대가 말할 차례를 기다리면서 공백을 메꾸는 경우로 나누어볼 수 있다. 먼저 자신의 체면을 보호하는 데 사용된 '주어+는'의 구절부터 보이면 다음과 같다.

    (17) 가.   교수가 다 따라갈 순 없을 거예요,

일단 <u>우리나라는</u>,

(17-가)는 '대조, 배타'의 의미를 가진 조사 '-는'의 사용으로 [(다른 누구도 아닌)X만]의 의미를 가져, 화자가 자신의 체면을 보호하는 전략적 쓰임을 보인다. 특히 앞선 주어가 본인을 지칭할 때는 자신의 체면보호전략이 두드러진다.

(18) 가. 다른 사람은 몰라도,

　　　H가 해준 것은 잊을 수 없어요 <u>저는</u>

　　나. 그렇게도 한단다↗

　　　라고 얘기를 들었어요 <u>전</u>

(가)는 다른 사람은 모르고 나의 경우로 한정지어서 이야기할 때 '-는'을 붙인 경우이며, (나)는 누군가의 말을 들은 사람이 누군지를 명확하게 밝히고 오직 한 사람(자기 자신)으로 한정짓기 위해 '-는'을 붙였다. 따라서 다른 나라(사람)은 잘 모르고 내가 아는 범위는 그렇다는 것으로 한정지어 이야기함으로써 책임을 덜 질 수 있으며, 이는 다른 이에게 받을 비판의 수위를 낮춰 결국 화자의 체면을 보호할 수 있는 장치가 된다. '주어+는'을 종결어미 뒤에 덧붙여 자신의 체면을 보호하는 전략적 장치로 사용하는 비율은 남녀 공히 비슷하게 나타났다.

다른 이에게 비난받을 책임을 면하려는 화자의 전략은 무의지적 서법을 나타내는 '-더'의 사용과도 연계돼 있다. '-더-'는 '그녀석이 했어'와 같이 직접적으로 말하지 않고 '그녀석이 하더라'처럼 당시 상황을 객관적으로 보고하듯이 전달하여, 자신은 책임을 덜 지기 위해 여성이 전략적으로 사용하는 선어말어미로 알려져 있다(민현식 1995:49). 그런데 강소영(2013)에서 무책임성, 무의지적 서법인 '-더-'의 사용이 남녀에게 별 차이 없이 고루 나타나고 있는 것처럼[4] 본인의 책임을 면할 수 있는 '대조. 배타'의 조사 '-는'의 사용 역시 남녀에게 공히 나타나고 있다. 이러한 결과는, 여성만이 아니라 남성 역시 추가어 구문을 자신의 체면을 보호하는 전략적 장치로 사용하고 있음을 말해준다.

상대방으로부터 받을 비난을 최소화하는 전략은 [따짐][타박]의

---

4) 현재 연구대상의 일부분(피플인사이드, 무릎팍도사, 해피투게더, 라디오스타, 안녕하세요)을 가지고 무의지적 서법, 즉 발화상황에 책임을 지지 않는 대화전략적 의미를 가진'-더-'의 사용양상에 대해 통계처리해 본 결과, 남녀의 차이가 그리 크지 않았다.(박스 안에 색칠이 된 부분이 남성이 더 높게 사용한 경우이다.) 현저하게 차이가 벌어진 것은 합쇼체의 사용으로, 남자가 64회인데 비해 여자는 14회만 사용되어 격식체를 많이 사용하지 않은 여성의 특징을 엿볼 수 있었다. 이 외 해요체의 사용이나 '-구나' '것 같다' '-잖아' 강조의 부사 등 전통적으로 여성어의 특징으로 지적되었던 것도 남성이 사용비율이 더 높은 경우도 있어, 기존에 정의된 여성어의 특징이 점점 사라지고 있음을 알 수 있다.(아래 ,을 기준으로 왼쪽은 여성, 오른쪽은 남성의 사용횟수이다.

	피플 인사이드	무릎팍 도사	해피 투게더3	라디오 스타	안녕 하세요	전체
어절수	320 , 238	185 , 273	400 , 336	295 , 250	177 , 148	1377,1245
합쇼체	4 , 7	2 , 13	4 , 21	2 , 15	2 , 8	14 , 64
해요체	263 , 217	111 ,, 176	225 , 171	250 , 189	127 , 81	976: 834
-더-	2 , 6	5 , 7	14 , 10	10 , 2	5 , 3	36 : 28
-같다	27 , 23	11 , 22	9 , 6	20 , 13	7 , 7	74 : 71
-구나	0	3 , 7	2 , 1	0	2 , 7	7 , 15
-잖아요	5 , 4	13 , 9	6 ,4	10 , 14	4 , 5	38:36
강조 (부사)	45 , 35	6 , 12	69 , 32	39 , 44	13 ,10	172:133

구문에서도 드러난다. [따짐][타박]의 구문에서는 선행절을 도치시켜 덧붙임으로써 그 강도를 약화시키려는 화자의 의도를 보인다. 따지거나 타박을 주는 이유를 후치시켜 그 정도를 약화시킨 예부터 제시하면 다음과 같다.

(19) 가. 김 더 이상은 말 못하지,
　　　　백 뭐예요,
　　　　　　우리 궁금하게 해놓고,
　　　나. M 이불 위에서 먹지 마,
　　　　　　왜 여기서 먹어,
　　　　　　더럽게,

(가)는 남에게 타박을 놓는 대목으로, 따져 묻는 자신의 어조를 누그러뜨리기 위해 이유를 후치시켰다. (나) 역시 '이불 위에서 먹지 말아야 하는 이유'를 후치시켜 상대방에게 내리는 명령조의 어조를 누그러뜨리고 있다.

상대방과의 감정적 조율을 위해 추가어 구문을 사용한 또 다른 예로, 아래처럼 상대방의 대답이 나올 때까지 침묵을 메꿔주려는 의도에서 종결어미 뒤에 부사어를 덧붙이는 것을 들 수 있다.

(20)　　P 저런 사진들이 나온 거에요↗.(0.1)
　　　　　　처음에↗
　　　　　　데뷔하기 전에↗
　　　　H [@@@]네,

Shegloff(2000), FFT(2001)에서 다음 화자의 즉각적인 반응의 결여(lack of recipient uptake)가 있을 경우, 현재 화자가 다음 화자에게 말을 이어받을 수 있는 기회를 제공하기 위해 말을 덧붙인다고 했던 바로 그 예이다. 게스트가 말을 즉각적으로 이어받지 않을 경우, 시간과 공간의 부사어처럼 배경정보를 계속해서 덧붙여 청자의 대답이 나올 수 있는 여지를 벌어주고 있는 것이다. 말이 끊어지지 않고 이어지게 해줘서 침묵이 주는 어색함을 이겨낼 수도 있다.

이처럼 상대방과 나 사이의 감정적 어색함을 가져올 수 있는 지점에서 추가어 구문은 적절한 방패막이가 돼주고 있는데, 여성이 자신의 체면보호에 신경을 쓰는 데(남:여=4:6) 비해 남성이 타박을 주거나 따지는 경우에 자주 사용하고 있어(남:여=14:8) 특정 부분에서의 성별 차이를 엿보게 한다.

감정적 조율보다 좀 더 남녀의 사용양상에서 차이가 나는 것은 말차례 조율이다. 다른 이의 말차례를 뺏기 위해 끼어들기를 할 때 참여자들끼리의 충돌이 불가피한데, 추가어 구문은 이를 피할 수 있는 효과적인 장치가 돼 준다. 추가어를 이용한 말차례 조율의 방법으로는 (1)상대방의 말에 맞장구를 치면서 접근하든지 아니면 (2)다른 이들의 대화 중간에 끼어드는 방법이 있는데, 아래 두 가지 예시를 차례대로 제시하였다.

(21) 가.　H　어딜 가든,
　　　　　　마음을 다 골고=루 나눠주는 사람이 있더라구요.
　　　　K　①그렇더라구,
　　　　　　몰빵 안 하고,

      S,D   @@@
나. Y   다들 뭐,

            다들.

      J   근데 자만하지 마세요.

      Y   [예, 알겠습--]

      S   [있었네 할말이]

            자만하지 말라,

　대화는 홀로 말을 속삭이는 것이 아니며, 따라서 상대와의 공감을 높이는 것은 성공적인 대화전략 중 하나이다. (가)는 상대방의 말에 긍정의 호응을 보낸 후, 호응을 하는 이유나 상황제시 등을 종결어미 뒤에 덧붙이고 있는 예이다. 호응, 맞장구치기가 먼저 나오다 보니 선행절은 우측으로 자리를 옮기게 마련이며, 화자는 이를 통해 자연스럽게 말차례를 전환하고 있다. (나)는 Y와 J의 주고받는 말차례를 뺏어 S가 첨언을 하고 싶을 경우, 내용의 긴급성, 중요성이 앞선 서술부부터 제시하고 구정보인 주어를 뒤에 덧붙여 제시한 경우이다. 이 역시 말차례를 자연스럽게 가져오기 위한 과정에서 발생하는 추가어 구문의 예라 할 수 있다.

　이처럼 말차례 조율을 위한 사용 역시 구정보 어순도치구문에서 남성(18회, 12.7%)이 여성(5회, 3.5%)보다 높게 나타나, 남성 화자들의 말차례 전환이 더 효과적으로 이루어지고 있음을 알 수 있다. 그동안 상대방의 말차례를 뺏고 대화의 주도권을 잡아가는 것이 남성어의 특징으로 지적되었는데, 추가어 구문을 이용한 말차례잡기에서도 비슷한 결과를 보인 것이다. 특히 (21-가) '맞장구치기-〉 말차례잡기' 의 사용은 남성이 훨씬 더 높게 나타나(5회:1회), 여성어의 특징으로 지적되었던 맞장구치기, 상대방에의 호응 등의 협력구문은 추가어 구문에서는 큰 힘을 발휘하지 못함을 알 수 있다.

구정보 문장성분들의 추가어 구문은 남녀 성별에 따라 특정항목에서의 우위를 보이었는데, 신정보의 사용 예에서는 성별로 두드러진 분포 차를 보였다. 즉, 남성이 예기치 못한 화제를 꺼냄으로써 웃음을 유발하고 있다면, 여성은 웃음유발보다는 [+new]정보가 갖는 의외성으로 상대방의 호응을 유도하는 장면을 연출하고 있었다.

(22) 가. H   남자친구랑 헤어졌는데,

           너무 여--,

           다시 만나달라고 찾아간 게 아니라,

           막 열이 받는 거에요,

           너무= 괘씸한 거야,

           <u>걔가 바람이 나서 그렇게 된거니까,</u>

      L   ①[야]

      M   ②[정말↗]

      H   너무 열이 받아갖고 술을 먹고 가서 막=

           따지고 그랬는데,

  나. A   T가 1위를 하 구 사무실 회의를 했었는데,

           만장일치였어요,

           <u>보내주자,</u>

      Y   ①[아 정]말↗

      K   ②[에이]

      H   ③[와]

다. Y　더 끝에는 이제,

　　　　하이힐까지도 가능--

　　J　즐겨 신어요,

　　　　285짜리로.

　　모두　[@@@]

라. H　그래서 인제 그담날 가서,

　　　　그걸 보여드렸어요.

　　K　네.

　　H　난리가 난거죠,

　　　　쟤 신동아니냐.

　　모두　[@@@]

　(가)는 여성출연자 H가 황당한 경험담을 털어놓는 대목으로, 남자
친구를 괘씸히 여겼던 이유(부사절)를 후치시켜 청중의 호응(①②)
을 이끌어내고 있다. (나) 역시 남성출연자가 자신이 참여한 회의에
서 만장일치로 통과시켰던 의견(보내주자)을 들려줘서 예상치 못한
청중들의 놀람과 의아함(①,②.③)이 이어진 예이다. 둘 모두 어순도
치된 요소의 [+new]정보가 갖는 의외성으로 상대방의 호응과 주의
집중까지 이끌어낼 수 있음을 보이는 것으로, 이는 남녀 공히 사용하
는 전략이었다.

　그러나 여성은 (22-다,라)에서 보이는 웃음유발의 장치를 사용하
는 데에는 미숙함을 보였다. (다)는 남성에게 어울리지 않은 하이힐
을 권하자 황망함을 감추고 오히려 자신의 발사이즈를 추가하여 상대
방에게 유쾌한 웃음을 던져준 예이며, (라)는 평소의 캐릭터와 다르
게 뻔뻔스럽게 자기 잘난 체를 함으로써 역시 상대방에게 웃음을 안

겨준 예이다. 이처럼 자신이 생각했던 것과 어울리지 않는 불균형으로 인해, 웃음을 유발시키는 전략은 여성의 예에서는 보이지 않았다.

이러한 차이는 필수성분을 추가한 구문에서도 유사하다. 남성은 의외의 주체를 내세워 반전의 효과를 보고 있고, 여자는 특별히 강조할 대상을 뒤로 빼서 주의를 집중시키고 있음을 보인다.

(23) 가. S: 아니 그러면,

좋아하는 두 살 연하 동생이 있어요,

<u>남자애</u>

일동 [@@@]

[우우우]

나. M 우리 큰언니도 시험관 뭐,

수정관 다해도 안 되다가,

<u>7년[을].(0.1)</u>

S, P: [한숨되는 소리]

P: 그래요,

그런 사람들도 있어요,

다른 분들도

출연진이 모두 남자만 있는 프로그램에서 좋아하는 대상이 남성인 것은 기대의 부조화로 웃음을 창출할 수 있는 장치이다. 더구나 마지막에 주어인 '남자애'를 덧붙여(가) 기습적으로 웃음을 창안하는 효과를 거두었다. 이에 비해 여성은 (23-나)에서 보듯이 충격적이거나 당황스러운 사실을 뒤로 빼서 청자가 황망해하거나 당황해 하는 반응을 이끌어낸다. 물론 청자의 반응은 자신의 화제에 주의를 집중시키는 효과도 갖기 때문에, 다수의 출연자가 나온 프로그램에서 자신을 부각시키는 데는 효과적이긴 하다.

그러나 오락프로그램의 진행자들에게 시청자들이 요구하는 것은 유머이다. 유머는 주의를 집중하게 함으로써 정보기억이나 메시지 수용에 영향을 미치기도 하지만, 동시에 화자에 대한 긍정적 태도를 일으킴으로써 정보기억이나 메시지 수용을 강화할 수도 있다. 추가어 구문을 활용한 남녀의 사용양상을 비교하면, 여성은 단순히 정보의 새로움에 의해 주의집중을 유도하는 데 비해, 남성은 유머를 통해 주의집중과 자신에 대한 긍정적 이미지까지 창출하는 효과를 가지고 있어서, 결국 프로그램의 성격을 좌우할 만큼 인상적인 기여도를 보인 것은 남성 출연자들이었다는 평가도 가능하다.

현재 오락프로그램은 지적정보의 탐구나 예술성의 고취를 목적으로 하기보다는 시청자의 즐거움을 찾는 것을 가장 큰 특징으로 한다. 포맷은 다양하지만, 오락성이라는 큰 틀 아래, 프로그램의 진행방식, 진행자의 스타일이 규칙화되어 간다. 물론 초대 손님에게 요구되는 스타일 역시 비슷하며, 따라서 이러한 프로그램에서 진행자들의 역할 분담 역시 비슷하게 이루어질 것이라 기대하기 마련이다.

그러나 추가어 구문을 활용한 여성, 남성 출연자들의 대화진행방식에서의 차이점을 감안하면, 참여자 간의 말차례를 조율하고 재치와 순발력으로 화제를 마무리 짓고 새로운 화제로 진입하게 하는 등 프로그램을 진행해 나가는 과정에서 영향력을 발휘하는 것은 여성보다 남성이 더 적극적이었음을 알 수 있다. 결국 여성 출연자들은 남성 출연자들에 비해 일정 이상의 역할을 부여받지 못하고 있으며, 여성 진행자들 역시도 시청자들에게 롤 모델이 될 만한 언어적 능력을 발현하지 못하고 있다는 평가가 나오는 것도 이런 맥락에서였을 것임을 짐작할 수 있다.

5. 결론

요사이 예능오락프로그램은 집단사회자 체제를 따르고 있고 초대 손님들 역시 집단으로 나오기 때문에 말의 주도권을 잡는 것은 여간 힘든 일이 아니다. 따라서 다소 공격적으로 대화를 이끄는 사람도 있을 수 있으며, 이를 받쳐주기 위해 상대방의 말에 보조적인 역할을 하는 이도 나올 수 있다. 물론 공격적인 대화가 상대방에게 통할 수 있으려면 불손함을 상쇄할 만한 전략적 장치가 사용될 것인데, 추가어 구문은 이러한 담화기능을 가진 장치 중의 하나이다. 본론에서 살펴본 대로 추가된 주어 다음에 [배제, 배타]의 조사 '-는'을 결합시켜 자신의 체면을 보호한다든지 상대방에게 맞장구를 치면서 대화차례를 잡아나가려는 예가 그 단적인 예이다. 물론 추가된 성분이 신정보인 경우 반전의 효과를 노리면서 웃음을 자아내게 해, 오락프로그램의 진행자로서의 면모를 드러내는 데 손색이 없는 장치임을 보이었다. 이러한 점들로 보아 추가어 구문의 사용에는 적극적으로 대화를 이끌어가려는 화자의 태도가 근저에 깔려 있다 하겠다.

그런데 반전으로 웃음을 낳는 신정보의 사용이 남성들에게서만 나타난다거나, 맞장구치기, 말차례 뺏기 등 말차례 조율을 위해 일부 성분을 종결어미 뒤에 덧붙이는 것 역시 남성에게서 더 자주 보이고 있어 추가어 구문의 사용에 있어 성차적 특징이 존재함을 알 수 있다.

특히 유머창출과 말차례 잡기는 오락프로그램에서 출연자들에게 일정 이상의 지분을 확보해주기도 하기 때문에, 프로그램에서 남성과 여성이 수행하는 역할에 차이가 있으며, 여성이 프로그램을 이끌어가는 주도적 위치를 점유하지는 못하고 있다는 설명을 이끌어내기도 했다.

물론 다수의 프로그램에서 개그맨 출신 남성출연자들이 진행자로 활약하고 있어, 오히려 이는 남성과 여성에게 고정적인 성역할을 부여해 놓고 그 안에서 일정한 역할을 수행하게 한다는 기존 연구결과를 입증해 보이는 연구가 될 수도 있다. 그러나 여성 개그맨들이 진행자의 일부로 들어간 프로그램에서조차도 정확한 메시지의 전달이나 주의집중의 담화기능에 한정되어 나타나는 추가어 구문의 사용양상은 여성의 대화진행방식이 남성과는 다름을 나타내는 결과라고 생각한다. 남녀 성별차이가 갖는 대화진행방식에 대한 좀 더 심도 있는 고찰을 위해 연구대상의 다양성이 결정적이며, 따라서 앞으로 좀 더 다양한 자료를 확보하여 메시지를 전달하는 다양한 전략들이 성별로 어떻게 같고 다른지를 설득력 있게 제시해 나갈 것을 과제로 남기며, 여기에서 글을 마친다.

제3절

새로운 어휘의 생성

Ⅰ. 조선어 안의 외국어 수용 양상[1]

1. 서론

1920,30년대 매체를 중심으로 당시의 언어사용실태를 살펴보면, 조선어 안에 다수의 외국어가 섞여있는 문장을 자주 만난다. 1919년 12월 개정 공포된 「(여자)고등학교 규칙」에서 보이듯 '일본어로 자유롭게 의사를 발표할 수 있는 능력을 키우고 문학상의 취미를 양성'하는 일본의 정책 하에서 당시 지식인들이 조선어로만 글쓰기를 시도하지는 않았을 것이란 가정을 실제로 보인 것이다. 또한 일본어를 통해 문학을 접했고 외국에까지 주문을 의뢰하여 원문의 작품을 낭송함으로써 '세계' 혹은 '보편'과의 직접 대면을 시도(박영희 1997: 119)하였던 지식인들이 많았음을 보이는 것이기도 하다.

조선어 안에 들여온 외래의 언어는 어휘 차원에서 이루어지기도 하

---

1) 이는 한어문교육28(2013)편에 실린 논문을 수정, 재수록한 것이다.

지만 구나 문장 역시 나타나, 당시 일본어와 서구의 언어를 대하는 지
식인들의 태도가 무척 적극적이며 개방적이었음을 알 수 있다. 물론
기존의 연구결과에서처럼 이 시기의 외국어 사용을 선진문물을 적극
유입함으로써 부국강병을 꾀하는 피식민지 지식인의 정치적 이데올
로기로 해석할 수도 있다. 그러나 조선어만의 글쓰기 규범이 완성되
지 않았던 이 시기에 외국어를 대하는 그들의 시선은, 향후 일제의 강
압적인 언어동화정책에 의해 일본어를 국어처럼 사용해야 했던 지식
인들이, 해방 이후 일제의 잔재를 벗고 한글 글쓰기의 전범을 완성해
나가려 했던 지식인들의 글쓰기에 이런저런 방법으로 영향을 미칠 수
있기 때문에, 피식민지 지식인의 언어 이데올로기를 보여주는 자료
로 해석할 수 있는 여지가 있다. 더군다나 1920,30년대 자료는 일제
말기 언어 정책이 바뀌기 전, 한글 글쓰기가 전유할 수 있는 최대치의
공간이었기 때문에 가지는 중요성이 자못 크다 하겠다.

그러나 1920, 30년대 잡지나 신문매체 안의 현실은 어느 때 우리말
을 사용하고 어느 때 일본어나 영어를 사용하는지 말할 수 없을 만큼
우리말에서 다른 언어로의 전환이 불규칙적으로 나타나고 있다. 근대
계몽기 언어자료를 토대로 우리말에서 다른 언어로의 전환에 대한 연
구가 거의 나타나지 않은 것도 이에 기인한 것으로 보인다. 그러나 이
를 다중언어사용자의 언어사용실태로 보고 그들의 의사소통을 효과
적으로 이끌어주는 전략적 차원의 코드변환으로 연구한 최근의 논문
들에서 논의의 실마리를 잡을 수 있다. 근대계몽기의 지식인 역시 한
문과 조선어, 그리고 일본어를 어려서부터 습득하였고, 때로는 서구
의 언어 역시 유학을 통해 배운 다중언어사용자이기 때문이다.

따라서 본고는 근대계몽기 지식인 집단이 조선어 속에 외래의 언어

를 넣어 소통하는 코드를 이해함으로써 당시 지식인들이 지닌 외국어를 대하는 시선을 읽어내려고 한다. 여기서 말하는 외래어는 조선어 안에서 낯선 것, 이질적인 것, 외국어이다. 일본어는 당시 교육개정령에 따라 국어라는 명칭을 부여받았다. 그러나 일제의 지배 아래에서 강제된 것이었을 뿐, 우리의 실생활과는 다소 거리가 있었다. 당시 조선어를 우리말, 글로서 지키려는 움직임이 더 강하였음에 비추어보면, 일본어 역시 외래어이며, 따라서 본고는 제1언어인 조선어 즉 한국어를 제외하고 모두 외국어로 처리한다. 이러한 접근방법은 우리말의 글쓰기 규범의 역사를 보이는 바이며, 동시에 다중적인 언어환경에서 구조화된 식민 권력의 중층적 면모를 구명해 주는 데 기여할 것이다.

2. 외래어의 사용 실태와 코드변환

1) 근대계몽기 언어사용실태

근대계몽기 조선인에게 제1언어는 조선어이며, 일본어는 일제강점기라는 특수환경 아래에서 제2언어로 자연스럽게 터득된 언어이다. 그리고 영어나 기타 언어는 서구에서 유입된 신문물을 배우고 익히는 과정에서 알게 된 언어이다. 당시 『신여성』 편집국의 방침은 순언문 표기가 원칙이었지만, 1926년 속간호가 나오기 시작하면서 순언문으로의 기재가 자주 삭제된 채 투고광고문이 게재되었다. 아래는 발간 초기에 순언문으로의 명기를 당부하는 글과 속간호가 나온 후 삭제된 모습을 보인 예이다.

(1) 신녀성은(중략) 감히 여러분께한말슴 빌고바라나니 본지(本誌)
에 긔고(寄稿)하실째에는 될수록 한문(漢文)글자나 또는 어려
운 술어(術語)를 아니쓰시도록해주십사할쑨임니다.(編輯室 白)
(〈빌고바라는 말슴〉, 2-12)

(2) 新年號懸賞原稿募集 투고규정
ㅇ 이상의 다섯가지를 한사람이 죄다하여도조코 그중에서 멧가
지만추리여서 보내도 좋슴니다. 신녀성독자이면 누구나 투고
할권리가 잇슴니다.
ㅇ 길고쌃은데대한 제한도하지안슴니다. 그러나되도록 간명하
게 원고지에 적어보내십시오
ㅇ 본지에게재되는 원고를 입선으로하고 입선되신분께는 상(薄
謝)을드리겟슴니다.
ㅇ 보내실째 반듯이 주소성명을 명긔해주십시오. 지상에익명은
무관하오나 본사까지는 본명을 분명히 적어보내셔야 합니다.
ㅇ 京城開闢社新女性新年號懸賞原稿係로(〈새해현상원고 공고
문〉 6-11)

편집국이 완강한, 그리고 일관되게 당부해왔던 순언문으로 쉽게 쓰
라는 내용은 시간이 갈수록 규정으로서 힘을 잃게 되고 그와 비례하
듯 글 속에 일본어나 영어와 같은 외국어가 차지하는 비중이 점점 높
아져갔다. 물론 모든 이가 외국어표기를 환영한 것은 아니지만, 대다
수의 지식인들은 영어는 필수이며 일어의 사용은 자연스러운 일처럼
받아들이고 있었다.

(3) 蔡 한동안 일본서 영어교수시간을 주리자커니 쌔자커니 한
       말이 잇슨듯십흔데 학생에게 영어를 장려할필요가 잇슬
       까요?

   慈 업새면 안되지요 장려해야 될줄암니다. 제일 전문학교로
       그 외 상급학교를 가는분에게는 강제적으로라도 아리켜
       야지요 중학교에서 전문학교가자면 시험치르는데도 이
       준비가잇서야 하니까요 (〈처녀좌담회〉, 6-11)

지식인 사회에서 영어를 잘 하는 것은 계몽의 흐름을 따라가는 것
이며, 따라서 영어 표현의 사용을 자제해 달라고 호소한 일부 의견과
다르게 영어를 문명 개화의 증거로 생각하는 사람들이 많아졌음을 알
수 있다. 더구나 조선인으로서 일본어를 해득하는 문제는 관리로서
중요한 지위에 오르거나 상업을 경영하는 데도 편익이 있었기 때문에
일본어의 능수능란한 사용은 사회생활을 영위하기 위해서도 필수적
이었다. 따라서 조선어 속에 외국어의 사용이 늘어난 것은 당연한 결
과일 수도 있다.

이를 방증하듯 공식적인 좌담화 석상에서도 그들은 조선어나 일본
어를 자유롭게 사용하고 있었다.

(4) 蔡 빗갈도 말입니다 교양잇는분들은 빗갈을마추어 입지만
       엇던사람은 너머 야단스럽게 그야말로 신개지(新開地)의
       쌰라크풍경과가태서 됏드라구요

   毛 요께이나신쌔이지요

   蔡 안보다보니까 그러치요 나레루하면 상관업지안어요 (처
       녀대좌담회, 7-1)

이는 실제 좌담회에서 주고받은 말을 글로 옮긴 것이므로 당시 지식인들의 언어사용실태와 거의 비슷할 것으로 보이는데, '쓸데없는 걱정이다, 익숙해지다'를 조선어 대신 일어로 표현하고 있다.

일본어와 조선어의 자유로운 교체는 당시 문헌자료에서 자주 보이는데, 다음은 조선어->일본어, 조선어->영어, 조선어->기타 언어(독일어, 프랑스어)로 코드변환한 예시이다.

(5) 가. 나 혼자 도꾸다네(特種材料)로 써먹으려고(반나체의 괴단 발미인, 6-8)

나. 경제적 바란쓰가 잽혀지는 수가 잇는 까닭이다(신부경제학, 5-9)

다. 나는 룸펜일세(유행어사전, 6-10)

라. 부자유한 그의 사랑하는 사람 광호와의 가슴조리는 랑데부의 감사할 장소인 곳이다(불우한 그들의 사랑, 5-9)

이들은 경제, 사회, 문화적으로 신문물의 유입으로 새로운 개념어들이 등장하자 이에 대당하는 어휘를 만들지 못하고 원어를 사용하여 코드변환된 예이다. 그런데 이들은 모두 조사가 후행하는 경우 양성, 음성 모음의 음운론적 환경에 따라 이형태가 존재하고 있는 우리의 음운론적 환경에 맞춰 표기되어 있다. 즉 룸펜(다)처럼 받침이 온 경우는 서술격조사로 '-다'가 아닌 '이다'를 취하고 있고, 바란쓰(나)처럼 받침이 없는 경우는 주격조사 '-이' 대신 '-가'를 선택하였다. 물론 부사격조사 역시 선행하는 명사가 받침이 없이 끝난 경우(가)이므로 '-으로'가 아닌 '-로'를 선택하였다. 일본어나 영어 등 외국어를 표기할 때 우리말 체제에 맞추어 사용하고 있음을 보인다.

코드변환은 (5)에서 제시한 단어 이외에 구와 문장도 나타난다. 먼저 구의 예를 일본어와 영어 그리고 기타 언어의 순으로 제시한 것이다.

(6) 가. 말성쑨이 겐씽죠(玄金女=現金女)라고 意譯을하여.(스포-쓰 여인열전, 7-6)

   나. 지내가는 젊은니에게 스마싱웡크를 대담하게 (대경성불량 검거록, 마면, 5-9)

   다. 말을할적에 尖端的인걸한느것보다도 아라모데(a la mode) 이것이야말로 尖端中에도 尖端的이아닙니까(유행어사전,)

문장은 주로 인용문에 나온다. 영어와 일어의 순서대로 예시를 들면 다음과 같다.

(7) 가. 나의말이 써러질째마다 우슴쑨이엿다 왓유토킹어바웃?(황금국 미국으로 고학오려는여성에게, 6-11)

   나. what is what? 조선말로 무엇이오?(신판수수걱기, 7-12)

   다. 신문기잔가 보다, 소-라시이네 하고 속살거리는데는정신여고 慈善市의 첫날, 2-11)

   라. 곳 축전을 첫다 'オメテトゥィワィニスゾュソ'이라고 하엿다(여학생일기, 7-6)

단어, 구, 절, 문장과 같은 다양한 단위로 코드변환이 이루어졌지만, 물론 대부분은 단어로 코드변환된 경우였다. 특히 속간호가 나오기 이전에는 어휘 차원에서의 외국어 도입이 일반적이었다. 이는 한국어에 조사와 어미가 있기 때문에 단어만 영어나 일본어로 코드변환하기 용이하기 때문이기도 하며, 제1언어와 제2언어를 자유롭게 바꾸어 말하여 코드 변환이 자주 일어나는 다중언어사용자의 언어사용실태와 비슷한 결과이기도 하다.

2) 외래어의 수용양상: 코드변환 시 품사 변용

한국어와 영어 그리고 일본어는 문법규칙의 완벽한 일치가 이루어지지 않기 때문에 코드변환 시 이를 극복하기 위한 다양한 모습들이 목격된다. 우선 눈에 띄는 것은 서술어 자리에 있는 동사, 형용사의 존재이다. 한국어 서술어는 동사, 형용사의 어간에 다양한 어미가 붙어 활용함으로써 시제, 양태, 서법 등 다양한 문법기능을 수행하게 된다. 그런데 이 당시 자료에는 영어나 일어의 동사, 형용사를 어간으로 취하여 '하다'를 접미하거나, 명사 다음에 '하다'를 접미하여 문법기능을 수행하는 예가 많이 나타났다. 먼저 형용사를 어간으로 취한 경우부터 제시하면 다음과 같다.

(8) 가. 뭇척 참잉해 보이는 여자와 맛닥드렷다(춘희, 7-12)

　　나. 러시아에서는 참으로 그로테스크한 일이 만타고비난할 분
　　　　(6-3, 신연애 신결혼)

　　다. 인생은 언제든지 홍아라까해야지 그러케 우울하시면 됩니
　　　　까(58, 7-5)

　　라. 쌈내키는 째 스바라시이한 걸 써드리지요. 사요-나라(여학

교통신, 7-6)

 charming, grotesque, 朗ほがらか, 素晴すばら 같이 원어에서 형용사인 경우 '하다'를 결합하여 형용사로 쓰였다. 샤프하다, 스마트하다, 카인드하다, 소프트하다와 같이 원래 형용사로 쓰이던 것이 어근이 되어 이들이 '하다'와 결합하여 형용사로 쓰이는 현상은 현재에도 보편적인 현상이다. 물론 내거티브하다, 코믹하다와 같이 다시 품사 변용을 일으켜 내거티브 전략, 코믹 연기에서처럼 명사로 쓰이는 단계에까지는 이르지 않았고, 스터디(study)하다와 같이 원어에서 명사와 동사 두 용법을 가지고 있던 단어가 우리말에서 '하다'를 결합하여 동사를 이루는 형태가 아직 발견되지 않았다. 단지 아래처럼 조사를 사이에 넣어 동사구 형태로 나올 뿐이다.

 (9) 가. 시험 째에는 엇더케 파스를 하겟느냐고 물을 사람도 잇슬
  것이다(평론, 4-6)
  나. 반듯이 바쓰 콘트롤을 할 것이라고 주장하고 싶습니다.(약
  혼자간정조론, 6-3)

 패스, 콘트롤은 어원에서 명사와 동사의 두 용법을 가지고 있으며, 따라서 현재는 패스하다, 콘트롤하다와 같이 '-하다'를 결합하여 한 단어를 이룬다. 그러나 당시 문장에서는 '하다'와 결합하여 동사구를 이룬다. 물론 -를'을 넣어서 쓰는 것이 아직은 자연스러워 이들은 명사로 받아들여 '하다'를 접미시킨 것이라 하겠다.
 다음은 동사에 '하다'를 접미하는 예로, 일어에서 자주 나타난다.

(10) 가. 우쎄루해서 맘잇는 이에게는 무조건 오케-를 부르기는
　　　　(독약먹은강석연, 7-1)

　　나. 어쩐 난봉사내에게 후자쎄루하는 줄로만 알고(이상한 부
　　　　부, 7-7)

　　다. 호미와 삽을 들고 흙을 이지꾸루한다는 것이(여학교통신,
　　　　7-6)

　　라. 새로운 것이 잇서야 할텐데 짓쏘므라과랑이니까 아끼루
　　　　해지드라(여학생일기, 7-6)

受うける(받다, 인기를 모으다)나 ふざける(희롱하다, 농담하다),
弄いじくる(만지작거리다)あきる(싫증나다)와 같은 동사에 '하다'를
접미하여 서술어로 사용하는 예로, 결국 일어의 경우는 형용동사, 형
용사, 동사 등 다양한 품사가 '하다'를 접미하여 우리의 서술어 자리
를 차지하고 있음을 알 수 있다.

　물론 명사에 '하다'를 결합하여 형용사로 만들거나 다시 이에 부사
형 어미 '-게'를 결합시켜 부사를 만들어내는 것은 영어나 일본어 모
두 자연스럽다.

(11) 가. 히스테릭한 허영성(5-9), 메랑쏘리해젓다(7-7).

　　나. 허영쓴 우와끼한 여성(6-11), 마지메한 아이(6-10)

　　다. 파라독스하게 들릴지(6-8), 마지메하게 가르치고 잇섯고
　　　　(7-6)

(11)은 hysteric, melancholy(프랑스어 mélancolie)와 浮氣うわき
(바람기), 眞面目まじめ(착함, 진심)와 같은 명사에 '하다'가 결합하

여 형용사로 사용된 예와, 부사형어미 게'를 접미한 부사의 사용 예이
다.

지금까지 본 것처럼 영어나 일어의 동사, 형용사, 명사를 어간으로
취하여 '하다'를 접미하는 방식은 한국어로 묶인 집단에게서는 공통
으로 나타난다. 외국인도 그리고 외국에 거주하는 한국인도 모두 서
술어에 올 단어가 생각나지 않을 경우 '외국어+하다'의 조어법을 쉽
게 떠올리게 된다(강소영 2012:218)는 것은 결국 한국어에 외래어가
다수 유입된 배경이 '하다'를 접미하는 방식이 우리에게 있어서임을
알 수 있다. 그리고 이러한 전통은 서구 근대문물이 본격화된 근대계
몽기부터 시작되어 점점 고착화되어 갔음도 알 수 있다.

앞서 본 '하다' 결합형 외에 원어에서 볼 수 없는 형태가 보여 약간
의 범주변화를 예측해 볼 수 있는데, 아래는 원어에서와 품사가 다른
형태로 쓰인 예이다.

(12) 가. 문학을 쓰면 센틔멘탈의 문학(가정교육과 아동의 관계,
3-11)
나. 유산자의 데카단이라할지 비관과는 달는 염세적 생각밋
헤(생의 권태병자, 5-4)

센티멘탈은 '하다'를 접미한 센틔멘탈하다 또는 축약형에 '하다'를
취한 센치하다(예. 센치한 여성들)와 같이 쓰인다. 그런데 관형격조
사 '의'를 붙였다는 것은 명사라는 말이며, 따라서 원래 형용사였던
단어가 명사로 품사변용하였음을 말해준다. (12-나)의 데카단 역시
원래는 [퇴폐적]의 의미를 가진 형용사이므로 앞선 명사의 수식을 받

는 것이 어색하지만, 우리말에서는 관형어의 수식이 가능한 명사로 품사변형된 경우라 하겠다.

　어휘 유입, 즉 차용의 초기 단계는 원어의 음운, 형태론적 구조 등 문법적 성격이 잘 인식되지 않는 경향이 있다. 따라서 근대계몽기 품 사변용은 자연스럽기도 한데, 이는 단어만이 아니라 합성어의 일부가 변화를 겪기도 한다. 아래는 합성어나 파생어의 일부를 단일어로 받 아들인 예이다.

　　(13) 한달가량이지나가서 XX의 에레베타썰로쏩히게되엿습니
　　　　다.(에레베타썰의자서전, 7-12)

　엘리베이터는 원어에서는 합성어이지만 국어에 유입되면서 단일 어의 자격을 갖는다. 차용이 보통 어휘적 차원에서 이루어지고 이때 어휘 전체가 한 단위로 받아들여지므로 처음에는 그 내부구조를 무 시하고 편의대로 사용한다. 따라서 엘레베이터를 한 단어를 인식하고 이에 '걸'을 합성하여 새로운 단어를 생성한 것이다.

　반대로 접두사, 접미사처럼 한 단어의 일부가 우리말에 들어와서는 단일어(부사)로 사용되는 경우도 있다.

　　(14) 쓸데업시 들쓰지말고 자기의리상에全力을다하며 쎌쯔메이
　　　　드썰이되여야할 것이다. 아니쎌쯔메이킹썰이되어야할것이
　　　　다.(여학생제군에게 檄함,)

self-service, self-examination처럼 self는 합성어를 만드는 요소로,

우리 말에서는 '스스로'의 의미를 지니는 부사적 용법을 보인다. 현재 셀프 세차장, 셀프 빨래방, 셀프 주유와 같이 서술성명사를 수식하는 부사로 쓰이는 것(노명희 2012:91)과 비슷한 경우이며, 따라서 품사의 변용으로 부사의 목록이 변화를 겪고 있는 현 상황은 근대계몽기에서부터 태동이 있었음을 알 수 있다.

지금까지 근대계몽기 서구, 일본의 문화와 접촉이 일어났을 때 우리의 대응에 대해 살펴보았다. 그 결과, 영어나 일본어를 적극 수용하고 있었으며 이는 단어 차원에서 가장 많이 이루어졌으며, 특히 다양한 어미로 인해 서술어(동사, 형용사) 자리의 변동이 어려움에도 불구하고 접미사 '하다'의 사용으로 많은 수의 외국어를 우리말 속에 유입시켰음을 알 수 있었다. 그리고 외국어의 수용과정에서 원어의 품사적 특성을 어느 정도 유지하면서 우리말의 문법체계에 편입하는 것과 원어에서의 품사와는 다른 문법적 특징을 보이는, 즉 품사의 변용이 일어난 채 편입되는 것으로 나누어 살폈다. 이를 통해 영어나 일본어 등 외래의 언어를 수용하는 초기 단계이므로 현재와 같은 좀 더 다양한 품사의 변용을 찾아보기는 힘들지만, 외국어를 수용하면서 우리의 언어 속에서 외래어로 자리 잡게 하는 나름대로의 규칙이 체계를 잡아가고 있었음에 의미를 둘 수 있을 것이다.

3. 조선말 속의 외국어 유입의 의미

조선말 속에 외국어의 유입은 우리의 통사구조에 맞춘 형식을 띄었지만, 그렇다고 해도 외국어는 낯선 것이기 때문에 문장 내에서 도

드라지게 된다. 그럼에도 불구하고 당시 지식인들이 외국어로 코드변환된 문장을 자주 썼다면 이는 어떠한 이유에서일까? 이번 절에서는 선행연구에서 지적한 코드변환의 원인을 논의의 전제로 삼고 글을 진행해 나가려 한다. 아래는 코드변환에 대한 선행연구를 종합하고 새로운 자료를 더해 강소영(2112)에서 정리한 코드변환의 원인을 옮겨온 것이다.

(1) 현장감을 살리기 위해, 논리적인 설득력을 얻으려 인용문 속의 구절을 코드변환한 경우
(2) 새롭게 습득한 어휘를 원어대로 전달함으로써 코드변환한 경우
(3) 정확한 의미를 전달하려고(번역 포함), 말이 생각나지 않거나 틀려서 수정할 때 코드변환한 경우
(4) 자신의 의견을 강조하거나 체면을 보호하기 위해 코드변환한 경우

이들 중에서 논리적인 설득력을 얻기 위한 인용변환은 주로 속담이나 관용구의 사용을 말하는데, 이러한 예시는 나타나지 않으므로 제외하였고, 말이 생각나지 않거나 틀려서 수정하는 경우는 즉흥성이 특징인 구어에서 자주 나타나는 현상이므로 문어체인 본고의 텍스트에는 적합지 않아 제외하였다. 그리고 인용구문이나 새로운 어휘를 도입, 번역하는 경우는 관련 내용을 최대한 객관 그대로 외국어를 통해 전달하려는 것이지만, 강조, 체면보호 등은 청자를 상대로 메시지를 효과적으로 전달하려는 목적을 지니기 때문에 이 둘을 구별 지어 살펴보려고 한다.

1) 정확한 메시지의 전달

첫 번째 현장감을 살리기 위한 인용변환의 경우는 『신여성』에 자주 나타난다. 대표적으로 한 가지 예만 들면 다음과 같다.

(15) 나는 그사람이 너무무례하다는뜻을 표하기위하야 英語한마디를더하엿다! 유-도나트하이부루투마듸미(You don't have to mad on me)왓!유쌋뎀!왓유톨킹아바웃? 그러자 그무지하놈의 손이 나의쌤을여지업시후려갈기엿다.(황금국 미국으로 고학오려는여성에게, 6-11)

애초에 대화자끼리 영어로 말을 주고받았기 때문에 글로 옮길 때도 영어로 발음 나는 대로 표기하였다. 이는 한국이 아닌 외국땅에서 외국인과 대화를 주고받는 화자의 위치를 생생하게 전달해주는 것으로, 현장감을 살리는 데 효과적인 수단이 된다. 따라서 조선어 속에 로마자로 표기된 철자법 상의 단절은 독자에게 언어소통의 어려움, 그로인해 겪게 되는 고난을 절실하게 깨닫게 해주는 장치가 된다.

두 번째로 새롭게 알게 된 어휘인 경우 원어대로 기술함을 볼 수 있다. 근대계몽기는 서구나 일본의 문물을 받아들여 부국강병의 길을 모색하려는 지식인의 움직임이 활발하였다. 따라서 기술, 과학, 예술 등 외래문물을 폭넓게, 그리고 우리의 힘을 키워줄 방법이라 생각하여 적극적으로 받아들였다. 특히 과학기술문명의 비약적 발전으로 제국주의의 힘을 유감없이 발휘하였던 서구에서 무조건적으로 수용하였던 선진문물, 지식은 우리로서는 처음본 낯선 것이었으며, 따라서 이를 대체할 만한 표현이 존재하지 않았었다. 따라서 원어대로 표기할 수밖에 없었고 이는 코드변환을 낳게 된다.

(16) 가. 뭐 쎄후테-키? 코록케나멘지쏠가튼 연한는 것을 드리지 그래 (부부카에狂 , 7-5)

나. 쌔스가보통하고 하이어가오고가고 오토바이 자전거 모썰 모쏀가 소매를스치고 오락가락하니 店舗를쎄여팽개친鐘路通과갓다(한강과 월미도, 7-7)

다. 골푸場까지는몰나도 公設運動場에서 나켓을쥐고 쏠을처 보는것도유쾌할것이요.(송도원과해금강, 7-7)

라. 근대적도시-아스팔트,페브맨트,예파트맨트-에서 팔구년 을지낸 그는(일여성삽화, 6-11)

음식명, 재료, 조리방법 등 가정생활과 밀접하게 관련을 맺고 있는 영역에 밀려들어온 수입품은 애초에 우리에게 없었던 것이므로 작명에 어려움을 느끼게 되고, 결국 원어대로 발음, 표기하였다. 물론 교통통신수단, 오락(스포츠 분야) 그리고 전통적 풍경을 허물고 새로운 도시의 정경을 만드는 데 기여한 근대적 문물이 모두 원어대로 표기되었다.

또한 슬픔이나 기쁨의 정조와 같은 관념어들 역시 수입되었고, 이 역시 원어대로 발음, 표기되었다.[2]

---

2) 심지어 그 안에는 비속어도 포함된다. 아래는 새롭게 알게 된 욕설을 사용할 때 원어로 발음하고 있어 코드변환이 나타나는 모습이다.
(1) 가. 現代女性의 貞操價値-貞操의 損料는 밥한그릇과 相等하다.
나. "무어어째?" "이녀석아!" "쌔가야로'" "타 마-나가 비-!" "꼿쌤!"

(17) 가. 가을의밤은 센치멘탈리슴이 헤게무니를삼아(가을수필,
　　　　5-9)
　　나. 쎈티멘탈하다거나 멜란코릭한美옵으로 들릴까닭이업다
　　　　(남편종저학강좌, 6-5)

　낯선 문물을 대할 때 우리와 비슷한 것일 경우 우리의 말로 바꿔 부
르기도 하였지만(예. 부릿뜨:떡), 실체가 다르기 때문에 오히려 혼란
만 더할 수 있으므로 이런 경우 원어를 받아들여 사용하게 된다. 자
주 쓰여 유행어가 되면 사전에 등재될 잠재어로서의 기능을 획득하게
되고, 오랫동안 지배적인 힘을 가지게 되면 결국 헤게모니, 센티멘탈,
룸펜과 같이 우리말인지 외국어인지 구별하기 어려운 상태로 접어들
게 된다. 이러한 노정에서 근대계몽기는 새롭게 들여온 어휘의 난무
와 그 안에서 자리를 잡아가는 일부 유행어들이 원어로 남아, 우리말
사이에 코드변환된 외국어가 군데군데 노출된 기형적 문장을 만들어
가던 시기였다고 할 수 있다.
　세 번째로는 두 언어의 의미적 차이가 있을 경우 굳이 원어를 노출
시키고 이에 주석을 다는 방식을 사용하는데, 이런 경우 코드변환이
나타난다. 자신이 사용하는 말과 외래의 영향으로 들여온 말 사이에
차이가 느껴질 경우, 원어 그대로 사용하게 되는 것은 자연스러운 현
상(김영 2011)이다.

(18) 가. 세상에서흔히 plaonir love 곳 감각을 압박하는사랑으로써
　　　　고상한련애라구하나 그것은 대단한 오해일다.(결혼에요

────────────

다. 단번에 이러케 제네바式 욕이 나올 것이다(현대여성의 정조손료, 7-2)

하는삼대요건, 2-5)

나. 이해잇는 아버지라면 출분 즉 가쎄오끼란 것이 무척 줄어
들 것이다.(숙녀비망첩, 7-9)

(18)은 연애나 사랑의 감정을 키울 기회조차 갖지 못했던 우리의
문화관습상 이들이 자발적으로 만들어질 수 없었기에, 원어로 표기하
고 그리고 이를 다시 번역하여 반복함으로써 코드변환을 일으키며 이
를 통해 의미를 분명하게 전달하고 있다.

물론 우리의 사고체계에 존재하지 않았던 어휘들이기에 이를 정확
하게 번역하였는지 자신할 수 없는 경우도 있었고, 따라서 의문형으
로 남기거나 아니면 우리의 실정에 맞도록 바꾸어 번역하기도 한다.

(19) 가. 인간의 Etropie(向愛性이라할까) 때문에(연재과학, 6-8)

나. 에푸(F)가첨에든 다섯자는 쫘이어-드(미역국!)야! 요녀
석 보자!전기광고 7-12)

다. 마침이째 스윙 · 쯔어(廻轉扉)가열이며 커-다란 가방을
가진(전기광고, 7-12)

라. 재계의수완가테닛손씨주최로 카-드 파틔(화투대회)가 열
리게되여 (전기광고, 7-12)

현재 해고하다, 문, 카드로 번역할 단어를 미역국(먹다), 扉는, 화투
와 같이 당시 근대계몽기 때의 문화적 함의를 담은 어휘로 번역한 경
우이다. 이 역시 독자에게 이해가능한 내용으로 만들기 위해 나름대
로 적절한 어휘를 찾아 번역을 마친 경우이다. 근대계몽기에 급작스
럽게 시작된 개화, 계몽의 바람은 수많은 분야에 외래문물의 유입을

초래하였고, 따라서 외국어를 우리의 것으로 만들면서 겪는 어려움이
많았음을 보여주기도 한다.

2) 메시지의 효과적인 전달

우리의 말은 목소리를 높이거나 대화 중간에 휴지를 갖는 등 다양
한 표현방식을 이용하여 화자의 강조나 주의 환기의 목적이 실행된
다. 코드변환 역시 화자의 발화의도 즉 내용에 대해 강조하려는 의도
를 가지는 경우 사용되었다. 특히 일본어의 사용이 많은데, 이는 학교
에서 일본어와 우리말을 동시에 배워 서구의 언어보다는 일어를 더
용이하게 조작할 수 있었기 때문이기도 하다.

> (20) 金 하여간 부인과에게시면 그런사건을 만히아시겟군요
>   尹 그러치요. 요새는 處女恐怖時代라고할는지요. 부모와당자
>   가 각별주의안하면 까싹하다가 도리가에시노쓰가나이 한
>   경우를 당할것입니다.(부인과의사좌담회, 7-5)

여성의 강간사건은 당시로서도 충격과 공포를 불러일으키는 사건
이었으며, 따라서 특별한 주의가 필요한 일이었고, 화자의 말에 강조
점을 두기 위해서 '돌이킬 수 없는 일이 돼버렸다'를 일본어로 발화하
여 코드 변환이 나타났다. 이질적인 요소는 글을 읽는 독자에게 잠깐
멈춤의 기능을 부여하며, 따라서 코드 변환은 이에 특별한 주의를 기
울이게 하는 데 적절한 장치이므로 화자의 의도를 강조하기 위한 전
략적인 사용으로 자주 나타났다.

문어체인 경우는 특히 특정어휘를 가타가나로 표현하여 강조의 의
도를 노출시키기도 한다.

> (21) 가. 당신이 즐겨 마지하지아니한 며누리니어써게 해서든지
> 하자는 생각이겟지요(직업부인과 시모, 7-4)
> 나. 일이이러케되면 그런말을길거리에서 웃고잇는그를 バカ
> 라고해야조흘지는 귀엽다고해야조흘는지모르는 것이다.
> 如何間이런말은쓰지안는것이조켓지만 다
> 만그의無遠慮하고バカイ한點을말하고자例를드는데지나
> 지못한다.(김주원씨에 대한 공개장, 2-11)

시어머니와 고부갈등을 일으킨 며느리는 시어머니가 자신을 괴롭
히는 것이 부당한 것임을 피력하고 있다(가). 따라서 시어머니의 구
박은 자신이 잘못해서가 아니라 단지 시어머님의 괴롭힘일 뿐임을 강
조하기 위해 코드변환을 사용하였다. (나) 역시 신여성 김주원 씨의
생활을 예술적 생활이라고 냉소적으로 비꼰 뒤, 길거리에서 태기가
있는지 없는지를 묻는 예의 없음을 노골적으로 비판하기 위해 바보를
일어로 표기하였다. 역시 히라가나가 아니라 가타가나를 써서 바보라
는 어휘를 강조하였고, 이를 통해 화자의 비난조의 목소리가 더 크게
부각되었다.

두 번째로는 상대방과 어색하거나 곤란한 상황을 빚을 수 있는 어
휘의 사용을 피하기 위해 외국어를 사용하는 경우를 들 수 있는데, 우
선 상대방과 나의 체면을 보호하기 위해 외국어를 사용하는 시대적
분위기를 읽을 수 있는 예시를 들면 다음과 같다.

(22) 가. 듸보-ㄹ스(Divorce) Marriage의反對. 離婚이란뜻. 離婚이
　　　라고말하기가 거북할때 듸보-ㄹ스(유행어사전, 5-5)

　　나. 오버월크(Over work) 말하기좀 거북한 에로틱한方面의
　　　과도를 XX이러케말하는 것이 수수하고 말하기조코 그럴
　　　듯하지안습니꺄(流行語辭典, 5-5

　　나. 골르다못해 미안한생각을 가지기는햇는지 후에오지오 하
　　　는말을 조선사람인줄알면서도 마다아도데긔마스하고는
　　　쏘 길이좁짜고하고 휘돌아딘일제(여인논단, 5-4)

　　사전에 말하기 곤란한 경우에 외국어를 사용하여 표현하라고 지시
하거나, 실제로 한국인임을 감추기 위해 일본어를 고의적으로 사용하
고 있는 현장을 고발한 글에서 외국어의 사용장면이 예측된다. 실제
로 말하기 곤란한 경우 이를 대체할 어휘로 외국어를 선택, 코드변환
이 일어난 경우를 들면 다음과 같다.

(23) 가. 아이를두셋식나코도 소위 XX의快感을모르는女子가항용
　　　잇지요(부인과의사좌담회, 7-5)

　　나. 弱한女子이기짜문에(중략) 시속말노 히야가시를 밧은일
　　　도 업지안앗스리라고 밋는다(피를鐵路에흘닐진댄, 5-5)

　　다. 여기흥정에두가지맵시가잇다. 한가지소위쇼타임 이것은
　　　글자그대로임으로더 說明하기에도거북하니 짐작해주어
　　　야할것이며 代價亦是가低廉하다 쏘한가지는 올나잇롱 역
　　　시글자그대로의그것이다(남자의 현미경, 7-8)

　　라. 男子에게貞操가 업는限에는 女子에게도貞操라는 것이 세
　　　워질수는 업슬것니다. 막말로하면 女子의貞操라는 것이

안나모노쟈나이라고도 할수잇습니다. (부인의사좌담회,
7-5)

육체적 관계를 맺는 행위를 표현할 말을 찾지 못해 XX로 처리하는
것(가)도 가능한데, 남녀의 수작은 시속말 즉 당시 유행하는 말, 일본
어를 사용(나)하여 표현하기도 한다. 또한 입에 담기 민망한 장면을
이르는 말 역시 영어로 표현(다)하거나 일어로 표현(라)하기도 한다.
(21-라)는 여자의 정조도 그런 것(남자들처럼 지킬 필요가 없다)이
아니겠느냐의 의미인데, 앞서 처녀성을 잃고 결혼한 여인, 비밀이 많
은 여인과 같이 성적이 내용을 담고 있으므로 입에 담기 어려운 부분
이며, 따라서 '막말로 하면' 즉, 되는대로 이야기해 보자면 이후에 일
본어를 노출시켜 코드변환이 나타난 문장이다. 당시 자유연애, 결혼
의 기치를 여성의 해방을 상징하는 것으로 생각하였기 때문에 이와
관련된 콘돔, 세컨드 등의 어휘가 원어로 들어와 쓰이게 되었고, 따라
서 이런 식의 예시는 자주 발견되었다.

이 외에도 지식인들의 허영기를 외국어 원어 그대로 표현하는 것을
들 수 있는데, 우선 지식인들의 허영기에 외국어 사용이 많아짐을 알
리는 세태 고발적 예문을 제시하면 다음과 같다.

(24) 가. 시둥구진모던어로 스타리-자(에스語)하지만 선술집이지
요.(남자의현미경, 7-5)

나. 오사쎄 별로생색내는말도아닌데 用語는일본말입니다.(남
자의현미경, 7-5)

다. 아니꼽절스러운英語를쓴다고쓴 것이 good by Kih Sei Ko

다(여학생일기, 7-6)

시퉁구진말, 즉 주제넘고 건방진 것이 다소 심한 사람들이 사용하는 말의 예로 제시된 스타리자는 선술집을 지시하는 말(가)로, 조선어 대신 원어로 발음하면 건방져 보임을 설명한 글이다. 이처럼 조선말이 아닌 경우는 생색내는 일, 다소 잘난 체하는 지식인들의 허영기를 보이는 것처럼 쓰였음을 알 수 있는데, 실제로도 불필요한 데도 외국어로 굳이 표현한 예가 있다.

(25) 가. 아기씨 압가슴에 살오을째이다. 가을을 追憶의 씨-즌이라
　　　하나(오월농담. 7-5)
　　나. 담으로 기여올나가는아사가오(朝顏) 의꽃닙이 어두어서
　　　잘 보이지안치마는 (무제, 2-8)
　　다. 내가처음 이성에대한주의를하기는 하이스쿨-(高等小學)
　　　에처음 드러갓슬째인대(老處女四十五年史, O老孃, 2-12)
　　라. 내일 향그러울 푸란의 설게인가?(결혼일년 생활보고,,
　　　7-9)

계절(가), 나팔꽃(나), 고등소학교(다), 계획(라) 등 우리말로 표현할 수 있는 것을 영어나 일본어를 사용함으로써 코드변환된 예로, 이들은 수필이나 수기처럼 필자의 감상적인 느낌이 배어나는 글에서 특히 많이 보인다. 형식에 얽매이지 않고 자신의 느낌을 생각나는 대로 써갈 수 있는 장르의 성격상, 알고 있는 것을 좀 더 세련되게 정돈하고 싶은 욕구, 그를 통해 자기만족에 이르는 지식인들의 지적허영이 맘껏 발휘될 수 있었던 것으로 보인다. 어휘 차원에서의 코드변환이

다수였던 것은 이처럼 우리말 대신 외국어를 선택하여 지적허영심을 채우고 있는 지식인의 의도를 표출한 예시가 많았기 때문이기도 하다.

식민지 시기 조선사회의 언어상황은 지배자의 언어인 일본어와 식민지의 언어인 조선어가 상호간에 대립, 공존하는 이중어상황이었다. 특히 일제 말기에 전시체제가 전면화되면서 일본의 정책에 따라 자의든 타의든 일본어로 된 글쓰기에 나서게 되었던 상황을 고려하면, 현재 우리말규범에 외래어, 외국식 번역체란 용어가 여전히 살아있을 수밖에 없는 것은 바로 이 시기의 지식인집단의 활동에 따른 것으로 보인다.[3] 그러나 1920, 30년대 코드변환된 문장의 일부 기능, 즉 완곡어법, 지적 허영심의 충족, 강조 표현 등을 적극적으로 해석해 보면, 외래어, 외국식 번역체로 뒤섞인 우리의 언어생활의 전통은 1920, 30년부터 본격화되었다고 말할 수 있겠다. 이것이 코드변환된 문장을 무질서하거나 임의적인 것으로 남겨둔다거나 신문명어휘의 증가과정으로 이해하기보다는 우리의 언어규범, 언어에 대한 태도 등의 형성과정을 보여주는 증거로 해석한 이유이기도 하다.

4. 결론

지금까지 본고는 얼핏 보면 무질서하게 외국어가 문장 곳곳에 분포

---

3) 이는 국문학계에서 이인직에 의해 처음으로 일본어 소설이 발표된 1902년부터 1945년 대신, 1939년부터 1945년 8월15일까지의 좁은 의미에서의 기간을 연구대상으로 하여 이중어(소설)란 용어를 자주 사용하는 데에서 알 수 있다.

되어 우리의 언어질서를 망가뜨리는 행위로 보이는 글쓰기행위를 대
상으로, 다중언어사용자의 언어습관인 코드변환의 개념을 도입하여,
외국어로의 코드변환이 불가피한 것이었음을, 때로는 효율적인 의사
소통의 도구로서 사용되었음을 역설하였다. 근대계몽기 조선의 신지
식인층은 전혀 낯선 사유체계를 가진 집단과의 만남, 그것도 자신들
의 의도와는 상관없이 강제적으로 이루어진 만남으로 당혹스러움에
빠져 있었고, 결국 낯선 이들과 체계를 같이하고 이를 통해 문명개화
라는 조선의 근대를 기획하였다. 따라서 그들에게 외국은 경계의 대
상이 아니라 적극 수용해야 할 대상이었으며, 외국어 역시 조선의 부
국강병을 위해 불가피한 선택이었다.

이에 물밀 듯이 밀려오는 외래문물의 상당수가 조선에 존재하지 않
았던 어휘로 표현되었다. 이는 한국어로 묶인 다중언어사용자 집단의
언어사용양상과도 일치하는 바였는데, 물론 1920년대의 신지식인층
은 현재와 같은 본격적인 의미에서의 다중언어사용자 집단이 아니기
때문에, 어휘 차원의 코드변환이 압도적이라거나 자국의 문법체계에
맞추어 품사변용을 일으킨 어휘의 수가 미비한 점 등이 발견되었다.

또한 신지식인층이 코드변환을 선택한 이유를 그들이 외국어에 대
해 평가를 내린 글귀를 중심으로 정리해 보았는데, 현장감을 살리기
위해 인용문 속에 외국어를 넣는다든지 새로 들어온 어휘, 우리에게
없는 어휘를 보충하기 위해 외국어를 우리말 속에 넣어서 쓰는 단순
한 코드변환 장치에서부터 자신의 의사를 강조하기 위해, 비속어나
성적인 말 등 입에 담기 곤란한 말을 대체하기 위해 즉 효율적인 의사
소통을 위한 전략적 사용까지 다양한 이유를 발견할 수 있었다. 특히
이는 어려서부터 여러 개의 언어를 동시에 습득한 다중언어사용자의

코드변환 양상과 비슷한 양상을 띠어, 당시 외래의 언어는 외국어가 아니라 그들의 언어의 일부가 되어가고 있는 역사적 과정 또한 짐작해 볼 수 있었다.

물론 신지식인층의 실제 구어담화를 전사하여 분석한 것이 아니었고 지식인 계보를 같이 하는 『소년』『청춘』『개벽』이나 당시 신문매체 등을 포함하여 연구를 진행한 것이 아니어서 일정 부분 한계를 가지는 것은 사실이나, 근대계몽기 당시 신지식인 층의 외국어 사용이 아무 생각 없이 무분별하게 이루어진 것은 아니었으며, 우리말에 다수의 외래어가 유입되어 정착된 경로를 밝히는 데, 그리고 현재 수많은 외래어가 존재하는 이유를 밝히는 데 당시의 자료가 갖는 중요성이 아주 크다는 점을 덧붙이며 글을 맺으려 한다.

Ⅱ. 새로운 어휘의 생성과 그 영향[4]

1. 서론

1876년 개항 이후 우리는 서구 근대문물을 수용하기 시작하여 이를 바탕으로 근대화를 이루었고 현재까지도 외래문화와의 통, 교섭을 통해 우리의 문화를 형성해 나가고 있다. 외래문물과의 접촉은 외래문물의 수입과 소화 그리고 신지식의 양산을 이룩하는 데 기여하기도 한다. 따라서 이전까지 존재하지 않았던 새로운 문물이 유입됐고 이를 위한 신조어들이 생겨났으며, 이에 일본이나 미국에서 넘어온 차용어가 위력을 발휘하기 시작했다. 외래 문물의 유입은 새로운 어휘의 수용뿐만 아니라 기존 어휘의 의미에도 변화를 가져오는데, 의미영역이 겹치는 어휘들이 공존하고 있을 경우 어느 하나의 의미가 미묘한 표현차이를 살릴 수 있도록 변화하기도 하기 때문이다. 본고는

---

4) 이는 한국문화연구22(2012) 편에 실린 논문을 수정, 재수록한 것이다.

이를 위한 연구시기로 근대 계몽기에 주목하고 있다.

본고에서 말하는 근대 계몽기는 통상적으로 '개화기' 혹은 '애국 계몽기', '근대 계몽기'로 불리는 1910년까지의 시기와 '근대 발전기' 혹은 '식민지 시기'로 일컬어지는 1920, 30년대로 양분되어 왔다. 국어학사에서는 어휘 변화를 근거로 1910년 이후의 시기에 대해 근대와 구별하여 '현대'라는 발전적 개념을 적용시키기도 하였다. 그러나 학제에 따라 차등적으로 적용되어온 이 같은 명칭은 이 시기의 문화적 특성을 포괄적으로 규정하지 못하는 한편 일제 강점기라는 독자적 의미를 은폐하는 역할을 한다. 1906년부터 1926년까지는 지식의 확산을 중심으로 초기 유학생들과 2차 도일(渡日) 유학생의 문명화 사업이 연속적으로 이루어지는 시기이며, 1926년 이후는 계급을 중심으로 자본주의 체제가 본격적으로 재편되기 시작하는 시기였으므로 1910년을 기준으로 양분하여 살피는 것을 지양하고, 본고는 1883년 근대개혁을 위한 목적으로 창간된 한성순보가 발간되던 해부터 1920, 30년대를 합하여 근대계몽기라 부르고 있다.

근대계몽기는 외래의 문물 유입과 그에 영향을 받은 어휘들이 다수 포착될 수 있는 시기인바, 본고는 특정 어휘, 즉 '두뇌'가 근대계몽기 이전에 어떤 의미로 사용되고 있었는지 살피고 근대계몽기 이후 일본의 영향 아래에서 사용 환경에 변화가 나타났는지를 분석하고자 한다. 그리고 통시적으로 이루어진 두뇌의 사용 환경의 변화를 토대로 당시 사회를 구성하는 제반요소들이 변화를 거듭하고 있음을 보이고자 한다. 외래문물의 접촉과 수용양상은 언어 차원의 구체적인 지식이 개입되면 모습이 구체화될 것이며, 두뇌는 1883년 한성순보 이후 여러 신문, 잡지에서의 쓰임과 『조선왕조실록』『승정원일기』와 같은

고문헌에서의 쓰임이 달라지기 때문에 의미변화 과정에 시대의 흐름
이 개입되었음을 보이는 데 적절하다.

2. '두뇌' 의미 영역의 변화 과정

1) 전통적인 의미와 새로운 의미를 가진 어휘의 발생

근대 계몽기 지식인들의 지식 수용은 서구의 언어를 번역하는 단
계를 거쳐 그 언어를 일상 속에 흡수시키는 체계적이고 조직화된 경
로, 즉 지식의 제도화를 통해 이루어졌다. 이때 서구의 언어를 번역하
는 것은 외래어를 유입하는 것과 기존의 언어요소를 이용하여 새롭
게 표현을 만드는 것으로 나뉜다. 후자의 경우는 특히 한자어의 의미
변화를 초래하였는데, 이는 이전부터 사용해온 전통 한자어들이 서양
문물의 새로운 개념을 표현하는 데 사용되는 과정에서 의미의 변화를
가져왔을 것이기 때문이다. 이러한 예시로 한자어들의 의미가 확대되
거나 축소되거나 아니면 완전히 다른 의미로 사용되는 경우를 들면
다음과 같다(서려, 2009재인용)

(1) 가. a. 국은을 만히 닙어 대신 지위에 올나 밧씌 사름들을 교통
ᄒ야 가만히 흉흔 일을 힝ᄒ고(독립신문, 1897, 1,28)
b. 韓國京城 釜山間에 鐵道를 敷設ᄒ고 交通運輸之業을 經
營홀 事(황성신문, 1901년 1월 26일)
나. a. 雖於語意 似合其文理之倒乿甚矣 是不恤文法 徒就句자

掇字 以隨己意 豈說經之道乎(詩釋義 小旻)

b. 조선말과 일본말에 문법이 굧흐니(독립신문, 1987.4.6.)

다. a. 每月五日, 爲魂之妙願, 營壇作梵, 又鄕傳云, 鄕老每當忌
旦, 設社會於興輪寺(삼국유사 권3)

b. 인민의 생명과 재산을 보호ᄒᆞ고 사회에 폐풍을 광정ᄒᆞ야
(국민소학독본 41과)

(1-가)는 왕래, 교제의 의미를 가진 '교통'에서 화물의 수송, 기차, 자동차 등을 운행하는 '교통'으로 바뀐 예를 보인 것으로, 전통적인 의미에서 일본어에서 받아들인 transport의 의미로 확대된 예시이다. 죄나 잘못이 없음을 말하여 밝힘, 즉 [변명하다]의 의미에서 아직까지 없던 기술이나 물건을 새로 생각해 내거나 만들어 냄, 즉 [창안하다]의 의미로 변화한 '발명하다'(김형철 1997:212) 역시 이에 해당한다.

(1-나)는 이와 반대로 의미의 축소를 이룬 예이다. 전통적인 의미에서 [글자와 문체의 규칙]에 해당하던 문법이 [문장의 구성방식]이라는 의미로 바뀌어, 의미 영역에 축소가 이루어졌다. 예전에는 [학교에 가지 않고 쉬다]는 의미를 가진 '휴학'이 단순히 학교를 쉬는 것에서 [질병이나 그 밖의 원인으로 재직한 채 일정 기간 등교하지 않은 일]로 구체적인 의미로 사용된 것(김영철 1999: 151)도 이에 해당한다.

(1-다)는 전통적인 의미에서 기원을 발견할 수 없을 만큼 의미가 바뀐 예이다. 삼국유사에 나온 '사회'는 [제삿날에 가진 모임]이란 의미를 가지고 있었으나, 개화기 용례에서는 오늘날과 동일하게 [공동생활을 영위하는 인간 집단]이란 의미를 가지고 있다. 이에는 고대사

회에서 여자를 평가하는 기준인 女紅 즉 [예전에 부녀자들이 하던 길 쌈질]의 의미에서 [기계나 공구 등을 가지고 물건을 만드는 일]로 의미가 변화한 '공작(工作)'을 들 수 있다. 좀 더 심하게 외래어의 부침에 시달리는 경우는 아예 이전의 모습이 사라져 버리기도 한다. 서울, 수도를 의미하던 '도성'이 '도시'와의 경쟁 속에서 사라진 경우나, 온도계만이 쓰이고 한난계(寒暖計), 한서침(寒暑針), 한서표(寒暑表) 등이 사라진 경우를 예로 들 수 있다.

이처럼 의미변화를 겪은 많은 수의 어휘들은 전통과 혁신이 공존한 문명의 전환기에 많이 나타나게 되었으며, 따라서 어휘의 의미변화를 따라가다 보면 새로운 문물, 사상, 제도 등을 대하는 당시 언중들의 의식을 읽을 수 있을 것으로 보인다. 본고는 이러한 전제 아래에서 구체적으로 '두뇌'를 선정, 근대계몽기 이전과 이후의 의미로 나누어 살필 것이다. 특히 두뇌는 4-5개의 세부의미를 가진 다의어이므로 특정 시기마다 지배적으로 사용되었던 의미가 존재하였을 것으로 판단하여, 시기마다 지배적인 사용 환경을 조사하고 이의 의미를 시대의 흐름 속에서 찾아볼 것이다. 이는 사회의 변화에 대처하는 언중들의 의식을 보여주는 지표가 돼 줄 것이다.

2) '두뇌'의 의미영역의 통시적 고찰

뇌(腦, 영어: brain) 또는 골과 동일한 의미를 가지는 두뇌는 중추신경계를 관장하여 우리의 생명활동에 중요한 역할을 담당하고 있는 곳이다. 신체의 여러 기관에서 모인 정보를 취합하여 그들의 활동이나 조정명령을 내리는 곳이며, 위치상 머리의 일부분으로 머리뼈가 이를 보호하고 있다. 생물학 상으로는 [중추신경계를 이루는 육체의 일부분]으로 정의될 수 있겠지만, 두뇌의 기능 즉 여러 기관의 활동을 조정하는 능력에 의거, [사물을 판단하는 슬기] [지식 수준이 높은 사람]을 의미하기도 한다. 또한 신체 여러 기관들의 활동을 조정하는 행위를 인간관계에 적용하면 [조직을 지휘, 처리하는 사람이나 부서]를 의미하게 된다. 이에 따라 사전의 의미 역시 이를 기본으로 기술되어 있다. 아래는 『표준국어대사전』의 '두뇌' 기술내용을 옮긴 것이다.

1. 신경 세포가 모여 신경계의 중심을 이루고 있는 부분. 척수와 함께 중추 신경계를 이루어 온몸의 신경을 지배하며, 대뇌, 간뇌, 소뇌, 중뇌, 뇌교, 연수로 나뉜다. 예. 두뇌구조, 두뇌 노동, 두뇌조직
2. 사물을 판단하는 슬기 예. 명석한 두뇌, 두뇌가 좋다, 두뇌회전이 빠르다
3. 지식수준이 높은 사람을 비유적으로 이르는 말 예. 우리나라 최고 두뇌를 길러낸 곳. 예. 고급두뇌
4. 총체적으로 일을 지휘하거나 처리하는 명령을 내리는 기능, 또는 그런 기능을 갖는 사람이나 조직 예. 이 부서가 우리 회사의 두뇌이다
5. 풍수지리에서, 입수(入首)와 혈(穴)이 이루어진 곳에서 조금 높은 곳.

과학적으로 두뇌의 내부구조를 분석하여 기술한 [중추신경계를 이룬 육체의 일부분]이 제일 먼저 나오고, [조금 높은 곳]을 의미하는 민속학적인 정의가 나중에 나온다. 그러나 사전에 기술된 순서는 기본의미->파생의미 순으로 정리되었을 뿐, 현재 두뇌의 사용환경을

보여주지는 않는다. 본고는 세종말뭉치를 대상으로 두뇌의 사용환경, 지배적으로 사용되는 의미를 알아보았다.

(1) 현재의 의미: [지력(智力)]

두뇌는 머리의 일부분, 즉 신경세포가 모여 신경계의 중심을 이루고 있는 부분으로 머리뼈에 의해 둘러싸여 있다. 따라서 공간의 인접성으로 인한 환유작용을 일으켜 동일한 예문 속에서 '머리'와 대치되는 것이 어색하지 않다.

> (2) 가. 두 손으로 (머리/두뇌) 부분을 감싸듯하고
> 나. 고요해진 우리의 (머리/두뇌) 속
> 다. 명석한 (머리/두뇌)를 사용해서 쉽게 일을 풀어나갈 것
> 라. 전문성을 가진 몇몇의 (머리/두뇌)에 의해 움직인다고

육체의 일부분, 사물을 판단하는 슬기, 조직 내 최고의 지위에 있는 사람의 의미를 가진 두뇌의 예시를 머리로 대체한 것으로 의미의 변화 없이 자연스럽게 교체된다. 둘의 의미가 비슷함을 이른다. 따라서 두뇌와 머리가 나란히 놓여 문장을 이어나가기도 한다.

> (3) 가. 이러한 예가 좋은 두뇌의 필요성을 부정하는 것이 아니다.
>   이왕이면 머리가 좋은 것이 바람직하다.
> 나. 두뇌 게임을 자주 하면 머리가 좋아진다는 속설에 시달리는
>   부모들

그러나 아래와 같이 두뇌와 머리의 대치가 어색한 예시를 보면, 둘 사이의 의미적 차이를 짐작하게 한다.

(4) 가. 컴퓨터를 제4의 (머리/두뇌)로 보는 관점이다
    나. 체력과 함께 (머리/두뇌)마저 자동기계화되는 날이
    다. 부모님의 뒤를 따라 (머리/*두뇌)를 푹 숙이고 따라가는
    라. 어제 술을 마신 탓인지 (머리/*두뇌)가 꽤 아프구나

머리와 두뇌는 사물을 판단하는 슬기란 의미를 공유하지만 (4-가, 나)에서 보듯이 컴퓨터와 동일하게 취급하는 예문에서 두뇌와 머리의 쓰임이 나뉜다. 두뇌만이 가능한 경우가 생기는데, 이는 두뇌의 의미가 구별되는 지점이다. 또한 머리와 두뇌가 신체의 제일 위에 있는 부분이라는 의미를 공유하지만 (4-다, 라)에서 보듯 두뇌를 쓸 수 없는 문장도 있다. 신체의 제일 윗부분이지만 머리뼈에 의해 둘러싸여 머릿속에 들어있는 것이므로 그 자체가 좌우로 움직일 수 없으며, 두뇌는 신경다발이 연결되어 있어 아프다는 사실을 인지하게 해줄 뿐 직접 아플 수는 없다. 따라서 두뇌는 머리와 비교해 볼 때, 전자회로에 의해 각 부품이 연결되어 있는 컴퓨터의 CPU와 동일한 대상으로 보는 비유적 의미로 분화되어 가고 있음을 알 수 있다.

이는 아래와 같은 은유적 표현을 통해서 더욱 구체화된다.

(5) 가. a. 두뇌에 주입한 방사성동위원소
       b. 8, 9살 아이의 두뇌에다가 억지로 과대한 양의 지식을
          집어넣는 것

나. a. 채스터튼의 두뇌는 관념들로 들끓고 있는데
    b. 두뇌에 저장하였다가 흘러 보내므로 해서 이루어지는
        것
다. a. 인간의 두뇌 속에 정보를 입력시켜 움직이며
    b. 남자 앵커의 두뇌 컴퓨터가 드디어 작동하기 시작했다
라. a. 시도 때도 없이 두뇌의 일부를 점령해 진취적 사고와 행
        동을 방해한다
    b. 명석한 두뇌에 포로가 되어 있었다

(5-가)는 [액체나 기체를 넣다]의 '주입하다' [사람이나 사물을 들
여보내다]의 '집어넣다'를 후행서술어로 하여 이때의 두뇌는 무언가
를 담을 수 있는 공간, 따라서 [두뇌는 그릇이다] 은유가 사용되었음
을 알 수 있다. (5-나)는 [물 끓듯이 수선스럽다]의 '들끓다', [밖으로
내다, 물을 쏟다]의 '흘려보내다'를 서술어로 취함으로써 두뇌를 그릇
으로, 그것도 물을 담았다가 끓이기도 하고 밖으로 내보내는 그릇으
로 형상화함을 보여준다.

두 은유를 통해서 언중의 머릿속에 형상화된 두뇌는 신체의 일부분
이며 그릇 모양으로 무언가를 담고 있으며, 특히 안에서 밖으로 무언
가를 넣고 빼고 하는 그릇이다. 자연스럽게 이는 정보를 담은 그릇이
며 전자회로를 통해 정보를 넣기도 하고 빼기도 하는 컴퓨터와의 연
관성을 떠올리게 되며, 이는 (5-다) [두뇌는 기계(CPU)이다] 은유를
발생시킨다. 후행 서술어 '입력하다/작동하다'에 기대어 유추할 수 있
다. 마지막으로 '점령하다', '포로가 되다'에서 알 수 있듯이 인간의 두
뇌는 다른 이에게 매혹적으로 다가와 결국 차지하고 싶은 대상물이

되어 [두뇌는 적이다] 은유를 낳는다.

그릇, 기계, 적으로 개념화되는 두뇌는 의미의 관련성으로 인해 머리와 유사한 개념적 은유체계를 갖고 있다. 구현정(2011)에 따르면 머리는 용기(그릇), 기계, 길로 개념화되고 신체의 윗부분이 동기가 되어 방향적 은유 [출현은 위][복종/실망/수치는 아래]라는 공간으로 개념화된다. 그런데 두뇌에는 길 은유나 방향적 은유는 나타나지 않아 두뇌와 머리에 대한 언중의 인지적 개념 체계가 다를 수 있음을 보여준다.

(5)처럼 다양한 대상으로 개념화되는 두뇌는 사물을 판단하는 슬기, 지력의 의미에서 비롯된다. 그릇(두뇌) 안에 내용물(정신)이 존재하고 있어 그것이 그릇으로, 기계로, 가지고 싶은 대상으로 우리의 머리에 투사되기 때문이다. 이처럼 사물을 판단하는 힘으로서 두뇌가 다양한 개념적 은유 체계를 형성하고 있음은 이 의미로 쓰인 두뇌의 지배력을 알 수 있음인데, 이를 반영하듯 세종말뭉치 자료의 예문을 검토한 결과, 두뇌는 아래와 같이 사물을 판단하는 슬기, [지력]으로서 가장 많이 사용되었다.

〈표1〉 세종말뭉치에 나타난 '두뇌'의 분포 현황

의미	횟수
중추신경계를 이루는 신체의 일부분	89
사물을 판단하는 슬기	106
지식이 높거나 조직 내에서 윗부분	20

지식이 높은 사람, 조직에서 명령을 내리거나 조정을 하는 윗부분을 의미하는 것은 극소수이며, 대부분은 사물을 판단하는 슬기나 신

체의 일부분의 의미로 사용되고 있다.

이러한 두뇌의 사용현황은 옛 시대의 문헌을 검토하면 동일한 단어
라고는 생각할 수 없을 만큼 많이 변화한 것을 알 수 있는데, 고전종
합DB에서 검색한 '두뇌'의 예는 [지력]으로 사용되는 빈도도 낮을 뿐
아니라 신체의 일부분의 의미 역시 현재와는 차이를 지닌다.

(6) 가. 有一女人, 授其病母于作作人, <u>打傷頭腦</u>(조선왕조실록,
1512년)

나. 女人則<u>頭腦與左臂, 左脚亂斫</u>, 命在垂死之中(승정원일기,
1677년)

다. 病勢危緊, 食飮全廢, 呼吸煩促, <u>頭腦如破</u>,(승정원일기,
1626년)

라. 今則十步之外, 不辨人面, <u>頭腦沈痛</u>, 眼包浮腫(승정원일기,
1629년)

사람의 두뇌를 때려서 상하게 하였다(가), 두뇌와 어깨, 다리 등이
잘려져 있었다(나), 병이 들어서 두뇌가 깨질 것 같거나(다) 몹시 아
프다(라)의 '두뇌'는 현재에는 사용되지 않는 예이다. 오히려 이는 '머
리'의 의미와 비슷하다. 즉 머리 안에 들어있는 두뇌가 아니라 사람의
목 위의 부분을 통틀어 이르는 두뇌이며, 아프다는 사실을 전달하는
것이 아니라 직접 아픔을 느끼는 대상인 두뇌이다. 이는 앞서 (4-다,
라)에서 머리와 대체 사용될 수 없다고 제시한 예문과 동일한 것으로,
전통적인 의미에서 두뇌는 현재 중추신경계의 일부분을 지시하는 두
뇌와는 미묘한 차이가 있음을 알 수 있다.

그렇다면 두뇌의 의미변화는 어떠한 과정을 통해서 어떤 방식으로 변화하게 되었을까? 이는 의미변화의 과정을 추적함으로써 알 수 있을 것으로 보이며, 다음 절에서 실제 자료를 이용하여 그들의 의미를 추적, 기술해 보려 한다.

(2) 전통적 의미: [요체] [목 윗부분]

전통적인 의미의 두뇌 사용양상은 한국고전종합DB(http://db.itkc. or.kr)과 『승정원일기』(http://sjw.history.go.kr) 자료를 이용, 분석하였다. 한국고전종합DB는 국고문헌부터 개인문집에 이르기까지 1,200여의 책을 원문과 함께 국역을 해 실어두었기 때문에 전통적으로 두뇌가 어떻게 사용되었는지를 살피는 데 적절하기 때문이다. '두뇌(頭腦)'를 검색어로 하여 뽑은 용례를 토대로 결과를 제시하면, 가장 많이 나타난 예는 [요체]와 [목 윗부분](전체의 95%)이었다.

> (7) 가. 鄭乃以六鄕謂在百里之郊,則頭腦旣誤.膚腠悉舛(다산시문집 20)
>
> 나. 大學 第一義, 而破其頭腦, 倒其階級, 背道害理(조선왕조실록, 1713년)
>
> 다. 而臣等之意, 則卽今兩司所論義理大頭惱處(승정원일기, 1667년)
>
> 라. 事之大頭腦, 專在於康濟民命(승정원일기, 1669년)

(7-가, 나)는 핵심을 놓치고 지엽적인 데에 매달린다고 비판하거나, 핵심을 깨뜨리고 원리의 등급을 전복시키는 것은 이치에 맞지 않

다고 말하는 대목으로, 이곳의 두뇌는 핵심, 요체, 중요한 부분을 의미한다. (7-다, 라)는 '두뇌'와 동의어로 처리된 대두뇌, 즉 일의 가장 중요한 부분을 의미할 때 쓰인 두뇌의 예시로 이들 모두는 [요체]의 의미를 가진 두뇌의 사용 예이다.

> (8) 가. 頭腦之破碎. 或誘乘憤猛擲(심리록5, 1781년)
> 나. 有一女人, 授其病母于仵作人, 打傷頭腦(조선왕조실록, 1512년)
> 다. 盜入捉出, 頭腦打殺(승정원일기, 1643년)
> 라. 風濕交侵,痢?復作,轉輾數日,症狀漸極,頭腦如破(승정원일기, 1629년)

(8)은 주로 '(如)破/碎/打/傷/打/殺' 등의 서술어와 함께 나오는 두뇌의 예이다. 무기를 사용하여 칠 수도 있고 죽일 수도 있는, 목 위의 뇌를 감싸고 있는 부분이다. 현재의 머리와 의미가 비슷한 예로, 질병에 걸려 아픔을 느끼는 부분(라)의 쓰임새도 많이 나타난다.

이들 예시는 고전문헌에서 많이 사용된 의미이며, 극히 일부이긴 하지만 이 외에도 두뇌는 [우두머리]와 [지력]으로도 쓰이고 있다.

> (9) 가. 儉事先發, 而渠輩之頭腦已破(조선왕조실록, 1725년)
> 나. 秀賊之爲逆窩頭矑, 是豈渠獨辦也哉?(조선왕조실록, 1807년)
> 다. 精神益加於昏蔽. 頭腦未免於多烘(동문선, 1478년)
> 라. 其不學無識, 全昧頭腦, 若是之甚(조선왕조실록, 1726년)

검의 일이 발각되어서 무리의 우두머리가 잡혔다는 대목(가)과 역적의 우두머리가 발각된 일을 고하는 대목(나)에서의 '두뇌'는 [우두머리]의 의미를 가지고 있다. (9-다)는 정신이 혼미하고 두뇌는 동홍을 면하지 못한다는 뜻으로, '동홍'은 생각이 진부하고 견식이 천루하여 흐리멍텅한 사람을 가리킨다.

이는 당나라 때 고사를 배경으로 하고 있는 것으로, 당(唐)나라 때 정훈(鄭薰)이 일찍이 고시(考試)를 주관했을 적에 안표(顏標)를 잘못 안진경(顏眞卿)의 후손으로 알고 그를 장원으로 뽑자, 당시에 한 무명씨(無名氏)가 시를 지어 그를 풍자하기를 "주사의 머리는 너무나도 동홍이라서, 안표를 잘못 안 노공 후손으로 알았네.〔主司頭腦太冬烘 錯認顏標作魯公〕"라고 했던 데서 온 말이다. 그 이후 동홍은 생각이 진부하고 견식(見識)이 천루(淺陋)하여 흐리멍덩한 사람을 가리키는 말로 쓰였다. 따라서 (9-다)의 두뇌는 [지력]의 의미를 가지고 있는 예이다.

(9-라) 역시 학식이 없다는 앞선 대목에서 알 수 있듯이 [지력]의 의미를 가진 두뇌이다. 그런데 당나라 고사를 배경으로 할 만큼 오래 전부터 사용됐음직한 [지력]의 두뇌의 예문은 고전종합DB 검색결과 '동홍'과 공기하여 쓰이는 예시가 대부분(11회)이었고 두뇌에 어둠이 많다는 예(9-라)는 동일한 이의 상소문이 연이어지면서 기록된 예시 2개뿐이었다. 사용 환경의 제약성이나 사용빈도에서 보면 당시 [지력]을 의미하는 두뇌는 그다지 영향력이 높지 않았음을 알 수 있다. 근대계몽기 이전의 두뇌의 의미와 이들의 사용 분포를 제시하면 다음과 같다.

〈표2〉 고전번역총서와 『조선왕조실록』에서의 두뇌의 의미 분포

뇌를 감싸고 있는 목 윗부분	痛, 如破, 如碎	3	21(20.7%)
	傷, 打, 切, 殺	11	
	肢, 節,	7	
요체	大頭腦	67(66.3%)	
우두머리		4(3.9%)	
지력		13(12.8%)	

『고전번역총서』는 〈각암집〉, 〈계곡집〉, 〈성호사설〉, 〈다산시문집〉, 〈매천집〉, 〈연암집〉 등 개인의 문집을 번역해 놓은 것이며, 『조선왕조실록』은 연대별로 정치, 사회, 경제의 주요 현안들을 기록한 자료이다. 이들 자료에 나타난 두뇌의 의미분포 현황은 [요체]의 의미가 압도적으로 높게 사용되어 성리학의 근본을 설명하는 데 주로 이용되었음을 알 수 있다. 신체의 일부분, 목 윗부분으로 상하거나 아픔을 느낄 수 있는 부위이기도 한 두뇌는 두 번째로 많이 사용되었는데, 그러나 『승정원일기』에서는 오히려 이 의미를 가진 두뇌의 사용 예가 가장 빈도수가 높게 나타나 [요체]와 [목 윗부분]을 당시 두뇌의 대표적인 의미로 내세울 수 있을 듯하다.

〈표2〉 『승정원일기』에서의 두뇌의 의미 분포

뇌를 감싸고 있는 목 윗부분	痛, 如破, 如碎	247	491(59.9%)
	傷, 打, 切, 殺	231	
	肢, 節	13	
요체	大頭腦	267(32.6%)	
우두머리		49(5.9%)	
지력		12(1.4%)	

『조선왕조실록』은 당시의 주요현안을 일목요연하게 담아 조선시대 전체상을 담은 자료인데 비하여 『승정원일기』는 국정의 소소한 이야기까지 담아낸 자료이므로 두뇌의 사용현황에 차이가 난다. 『승정원일기』는 왕의 표정 하나, 감정 하나까지도 상세하게 표현된 경우가 자주 나타난다. 왕의 기분과 병세 및 나아가 왕실의 건강 상태에 대해서도 『승정원일기』는 많은 부분을 할애하였기 때문에 (신병주, 2001:17) 다른 자료에 비해 [목 윗부분]을 의미하는 두뇌의 예가 많은 것으로 보인다.

〈표1〉과 〈표2〉의 통계를 합하여 보면, [목 윗부분]의 두뇌는 516회 (55%)로 가장 높았고, [요체]의 두뇌는 334회(40.7%)로 다음이었다. 결국 전통적으로 두뇌는 [요체]와 [목 윗부분]을 의미하는 어휘로 주로 사용되었음을 알 수 있다. 심지어 이는 일본을 비롯한 열강의 침입이 본격적으로 시작할 때 왕위에 재임하였던 고종에 관한 기록에서도 동일하게 나타난다. 『조선왕조실록』에는 5건, 『승정원일기』는 3건의 기록이 남아 있는데, [요체]가 7번(대두뇌 2번), [지력] 1번으로, 결국 [요체]가 두뇌의 중추적 의미를 담당하였음을 알 수 있다.

(10) 가. 洪惟我朝聖神相承, 治敎休明, 二可三, 三可四, 而言其大頭腦則, 寔在乎文學之講修(승정원일기, 1866년)

나. 已有參政之聲明, 則此案之頭腦已判矣(조선왕조실록, 1905년)

(10-가)는 '이제(二帝)와 삼왕(三王) 같은 성인이 계속 나올 수 있는 그 큰 단서 즉 핵심을 이야기한다면'과 같은 구절로 해석이 되어

이때의 두뇌는 [요체]를 의미한다. (10-나)는 이완용이 한일의정서를 체결한 후 사직서를 올리면서 이미 참정대신이 설명서를 발표하였고 따라서 이미 판가름 난 건 이 안건의 핵심이라고 말하는 대목으로 이때의 두뇌도 핵심을 의미한다. 모두 [요체], 중요한 부분의 의미를 가진 두뇌가 사용된 예문이다.

이를 정리해서 보이면 다음과 같다.

＊두뇌

1. 요체. 대두뇌와 동의어

2. 뇌를 감싸고 있는 목 윗부분. 머리와 유의어

3. 우두머리

4. 지력

(3) 근대계몽기의 의미 :[지력]

1910년 이후 수많은 매체들이 쏟아졌다. 유학생회보, 청년회보를 비롯하여 신문, 잡지 등 새로운 지식을 유통시키는 매체들이 많아졌고 이는 유학생활 중에 자연스럽게 터득한 신문물 관련용어들의 유입을 부추겼고, 이에 따라 많은 한자어들이 신생하였다. 따라서 기존 어휘들의 의미영역에도 변화가 일어나기에 충분조건이 되었다.

근대 신문과 잡지자료의 '두뇌'는 전통적으로 사용되었던 '두뇌'에서 별다른 영향력을 못보였던 [지력]의 의미를 가진 예가 많이 나타난다.

(11) 가. 頭腦束縛이 支那女人의 纏足보다 尤爲蠻俗이니 二害也오
          (대한자강회월보, 1906년)

    나. 假令 思想을 綿密케 하랴면 頭腦를 健實케 할지며 氣力을
         雄大케 하랴면 筋骨을 强壯케 할지로다(태극학보, 1908년)

    다. 頭腦는 明晳하고도 不得要領을 假飾하기에 有名한 若槻
         新首相(매일신보, 1926. 1.31)

    라. 商工奉天의 盛觀-商業的頭腦가 明晳한 丸五機械商會主
         宋學洙(매일신보, 1939, 11.3)

   (11)은 구습에 물든 두뇌(가), 사상으로 건실케 될 두뇌(나), 명석
한 두뇌(다), 사업운용능력이 뛰어난 두뇌(라)로 쓰여 [지력]의 의미
를 가진 예임을 알 수 있다. 이전에도 [지력]의 의미로 쓰이긴 했지만,
(11)처럼 다양한 사용양상을 보이진 않는다. 즉 사상이 빽빽이 담긴
그릇으로서의 쓰임새를 가지거나(나) 후행 서술어로 '명석하다/ 총명
하다' 등이 사용되거나(다) 관형어 '개인적/과학적' 등의 수식을 받는
(라) 등 이전의 예문과는 차별되는 모습을 볼 수 있다. 지력의 의미를
가진 두뇌의 쓰임이 넓어졌다는 것은 이 의미가 갖는 힘이 커져가고
있음을 보여주는 바이기도 한데, 당시 사전기술의 통시적인 흐름을
따라가다 보면 이러한 변화양상을 포착할 수 있다.
   근대계몽기 '두뇌'의 의미를 파악하기 위해『한영자전』과『조선어
사전』을 찾아보면 다음과 같이 기술되어 있다.

   가.『韓英字典』(1911)
     두뇌 頭腦(머리)(?) the brain
     머리 首(슈) the head, see 대강이

　나. 『韓英字典』(1914)

　　두뇌　머리 the head, the top, the chief, best, A classifier of
　　　　　cattle etc.

　　首　　머리 the head, chief, leader, numerative of stanzas, plays
　　　　　etc

　다. 『조선어사전』(1920)

　　두[頭]

　　頭蓋

　　두개골

　　두건

　　두골

　　두뇌 머리ㅅ 골과 같다

　　머리 頭 (대갈. 대강이, 대구리)

　물론 이전 사전에도 두뇌의 의미는 머리(역어유해, 1690), 머릿골
(몽어유해, 1970)로 정리되어 있었다. 따라서 지금 기술된 내용이 새
로운 것은 아니지만, 본고는 근대계몽기를 의미의 전환점으로 보고
있기 때문에 〈한영자전〉 〈조선어사전〉부터 검토대상으로 넣었다. 그
결과, 『한영자전』(1911)은 두뇌는 brain 머리는 head와 같이 번역하
여 두뇌와 머리에 의미차를 두었으며, 이는 『조선어사전』 역시 동일
하다. 머리는 頭로 번역하고, 頭 아래에 머릿골과 의미가 같은 두뇌
를 나열하여 두뇌는 머리의 일부분으로 번역하였음을 보인다. 그러나
『한영자전』이 나왔던 1911년 즉 1910년 당시에 두뇌는 전통적으로
자주 등장하였던 [요체]의 쓰임새가 여전하였던 상황이므로 이처럼

머리는 head로 두뇌는 brain으로 번역하여 둔 것은 우리의 상황과는 다소 거리가 멀어 보인다.

『한영자전』(1914)은 머리와 동일하게 the head를 명기하여 머리와의 의미 겹침을 지적하면서 동시에 두뇌의 의미에 'the top, the chief, best'가 있음을 추가, 제시하였다. 앞의 사전에 비하여 우두머리로 쓰인 두뇌의 의미를 반영하여 기술하고 있으나, 그러나 이 역시 전통적인 의미에서의 [요체]는 담고 있지 않아 대역사전의 한계를 보인 것이라 하겠다. 게다가 두뇌는 동물에게 사용할 수 있다는 부연설명을 통해 이들은 생물학적 의미에서의 두뇌를 염두에 두고 있으며, [지력]으로서의 두뇌는 명시적으로 기술하지는 않음을 알 수 있다.

두뇌가 사용되는 의미 영역에 변화가 있다는 것은 1920, 30년대의 식민지 시대를 거쳐 1945년 해방될 때까지의 한국어 언어자료를 토대로 간행된 『큰사전』(1947/1957)에 실린 두뇌의 의미 기술에서 목격된다. 한글학회에서 발간한 『큰사전』에 실린 의미는 다음과 같다.

> 두뇌 ① 사물을 슬기롭게 판단하는 힘
> ② 풍수지리에 있어서 입수와 혈이 이루어진 곳에서 조금 높은 곳
> 머리 ① 동물의 몸에 있어서 목 위 되는 부분
> ② 물건의 꼭대기
> ③ 일의 시작
> ④ 단체에 이어서 직위가 가장 높은 자
> ⑤ 머리털의 준말
> 머릿골 머리 뼛 속에 있는 골, 중추신경이 있어서 온갖 생각을 일으키는 중요한 곳 (頭腦)

『큰사전』에 실린 '머리'의 의미기술로 보건대, 의미기술이 구체적이며 자세하여 실제 사용되는 현황을 바탕으로 편찬되었음을 알 수 있다. 그런데 두뇌는 [지력]을 기본의미로 기술하고 이전에 자주 쓰였던 [요체][목 윗부분]의 의미는 기재하지 않았다. 대신 『조선어사전』에서 두뇌와 의미가 유사하다고 기술한 머릿골을 표제어로 분리하여 두뇌의 생물학상의 의미를 분리, 기술해 놓았다. 그러나 이마저도 생각을 일으키는 곳이라는 정의를 더해 '두뇌'가 담당하였던 의미영역에 변화가 일어나고 있음을 짐작케 한다.

결국 사용 예를 토대로 사전 기술을 더해 살펴본 두뇌의 의미는 전통적으로는 [요체] [목 윗부분]의 의미로 주로 사용되다가 1900-1945년 시대 흐름 속에서 [지력]의 의미가 힘을 갖게 되었음을 추측할 수 있다.

본고는 이를 증명하기 위해 신문에 나타난 '두뇌'의 용례를 검색하여 그 분포를 정리해 보았다. 이는 고신문자료 검색란(http://www.kinds.or.kr/)을 이용하였으며, 그 통계는 다음과 같다.

〈표3〉 1899-1945년 신문에 실린 두뇌의 용례 분포도

목 윗부분	沸, 快	3(2%)
	打, 殺, 析, 破	13(8.7%)
요체		11(7.3%)
우두머리		16
지력		106(71%)

앞선 시대와 확연하게 구분이 되는 것은 [지력]의 의미를 가진 두뇌의 사용예가 압도적으로 많다는 것이다. 이는 이전에 가장 많이 쓰

이던 [요체][목 윗부분]의 의미를 가진 예시가 상대적으로 많이 줄었음을 말한다. 아래 구체적인 용례를 들면 다음과 같다.

> (12) 가. 足의 病도 身體의 病이히 手足病苦ㅎ고 엇지 獨히 頭腦가 快樂ㅎ리오(황성신문, 1908, 5.23)
>
> 나. 以鐵杖으로 亂打頭腦ㅎ야 (황성신문, 1904.6.9)
>
> 다. 東洋家에 道德의 眞理로 爲其頭腦ㅎ고(황성신문, 1909.4.25)
>
> 라. 吾人得意之秋일식 能立國成民ㅎ고 推戴君長爲頭腦ㅎ야 (황성신문, 1907.3.19.)
>
> (13) 가. 第二는 淸國學生을 日本에 留學게 ㅎ야 後進少年의 頭腦를 陶鑄ㅎ야 同心一體의 基礎를 作케 할지라(황성신문, 1899.3.29)
>
> 나. 其上下人民의 腐爛흔 頭腦를 洗滌ㅎ는 것이 實로 我韓今日의 改革藥石이라(황성신문, 1905.8.26)
>
> 다. 男子는 頭腦로 女子면 顏貌로 採用(매일신보, 1928.6.26.)
>
> 라. 頭腦의 作用을 鈍케하는 常習 便秘의 害(매일신보, 1937.4.16.)

(12)는 전통적으로 두뇌가 사용되었던 환경과 동일하게 아픔의 대상(가), 무언가로 맞는 대상(나), 핵심(다), 우두머리(라)로 사용된 예를 제시한 것이다. (13)은 유학을 통해 개조되어야 할 대상이나 썩어 문드러져 씻어내야 할 대상 등 구습에 젖은 정신 상태(가, 나)이거나 사회의 구성원으로 사무를 처리할 수 있는 능력(다), 예리하게 작용하지 못하는 능력(라) 등 [지력]을 지시하는 두뇌의 예이다. 특히

(13)의 두뇌는 '다듬다, 조각하다, 씻다, 쓰다, 둔하다, 명석하다' 등 다
양한 서술어를 취하여 사용 환경이 제약됐던 1900년 이전과는 다르
게 변화하고 있음을 보인다.

1904년 한일의정서 체결로 일본의 영향력은 더욱 힘을 발휘하기
시작했고 따라서 외래문물의 유입은 자의에 의해서든 타의에 의해서
든 더욱 거세지게 되었다. 이러한 전환기에 두뇌의 의미가 전통적으
로 사용되던 것에서 벗어나 예전에는 거의 사용하지 않았던 [지력]의
의미로 편향되게 사용되고 있음은 의미변화를 일으키는 사회적 원인,
즉 사회를 구성하는 제 요소가 바뀜에 따라 두뇌의 의미가 영향을 받
고 있음을 보이는 것이다. 다음 절에서는 두뇌의 사용환경의 변화를
좀 더 자세히 살펴보려고 한다.

3. '두뇌' 사용환경의 변화와 근대화의 의미

근대계몽기에는 전통적으로 목 윗부분, 요체, 우두머리, 지력, 네 가
지의 의미를 가지고 있었던 '두뇌'의 모습에 크고 작은 변화가 목격되
었다. 특히 이들의 사용빈도와 호응하는 서술어의 양상이 이전과 확
연히 달라져 새로운 질서로 두뇌의 사용이 편입되고 있음을 추측할
수 있다. 다음은 고신문에 나타난 '두뇌'의 용례를 시기별로 나누어
조사한 것으로 점차 [지력]으로 사용된 두뇌의 예가 많아지고 있음을
볼 수 있다.

〈표4〉근대계몽기 시대별 두뇌 사용 현황

	목 윗부분	요체	우두머리	지력
1899-1910(58회)	16	11	2	29
1911-1920(2회)			2	
1921-1930(15회)				15
1931-1939(49회)	1		10	38

[요체]의 의미로 쓰이던 두뇌의 사용예문이 1910년 이후 발견되지 않은 데 더해, 전통적으로 자주 사용되었던 [요체][목 윗부분]의 사용 횟수와 [지력]의 의미로 사용된 횟수가 1899-1910년에는 거의 비슷할 정도로 같아졌다가 1911년 이후 [지력]의 의미로 사용된 두뇌만이 월등이 많이 쓰여 두뇌의 사용의미영역에 변화가 있음을 알 수 있다.

더구나 '아프다'의 대상이 된 예시는 단 2회밖에 나타나지 않았다는 점도 인상적이다. 〈승정원일기〉 전체 예시 중 247회(30%)를 차지할 만큼 빈번하게 사용되던 아픔의 대상(痛, 如破, 如碎와 호응하는 예) 두뇌가 근대계몽기를 지나면서 완전히 사라져 지금은 쓰이지 않고 있기 때문에 이 시기가 두뇌의 의미변화에 결정적이었다고 할 수 있다. 아픔의 대상인 두뇌가 의미의 변화를 겪고 있음을 보여주는 예문을 들면 다음과 같다.

(14) 가. 記者난 數日來로 罹暑濕之疾하야 杜戶呻吟에 果然頭腦沸熱이라(황성신문, 1904.7.16)

나. 머리를 쓰는 代表的 人士가 말함. 尊重한 頭腦養生體驗(매일신보, 1935.4.6)

다. 두뇌피로에도 특효(매일신보, 1933,11,10)

라. 事務家들의 御注意, 두뇌와 편통(조선중앙일보, 1935,9,10.)

(14-가)는 열로 들끓는 두뇌, 아픔의 대상인 두뇌의 예시이다. 그러나 기사의 내용이 기자의 오보를 꼬집고 있어서 두뇌에 열이 끓고 있음은 정신적인 고통이 심함을 의미하기도 하여 단순히 감기나 병이 깊어 두뇌가 아프다고 호소하였던 이전의 자료와는 차이가 난다. 다음에 나오는 대목을 봐도 이는 기자의 정신적 고통을 비유적으로 표현한 예시로 볼 수 있다.

(15) 記者] 略覆數句語호리니 足下난 請平心舒氣하야 俯賜鑒採어
다

(15)는 "기자가 이미 기술한 여러 구절을 다시 뒤집을 것이니 여러분들은 마음을 평화롭고 순화롭게 해서 살피고 성찰하라"고 기술한 대목으로, 기자의 정신적인 고통이 심한 상태임을 추측할 수 있다.

(14-가)의 두뇌에 정신적 고통의 의미가 있었던 것에 더하여 (14-나)에서도 머리를 쓴다는 표현에서 알 수 있듯이 판단하는 능력을 가진 두뇌의 의미가 나온다. 따라서 (14-라)처럼 편두통과 나란히 놓인 두뇌이지만 단순히 아픔을 느끼는 대상이 아니라 판단능력을 과도히 사용하여 머리를 아프게 할 수 있는 원인이다. 아픔을 직접 느끼는 부위가 아니라 아프다는 사실을 인지하고 전달하는 부분이다. 결국 근대계몽기 '두뇌'는 단순히 [목 윗부분]이 아니라 머리의 일부분 즉 [중추신경계를 이루는 신체의 일부분]이라는 현재적 의미로 바뀌어

가고 있음을 알 수 있다.

두뇌의 의미변화는 근대계몽기를 기점으로 급격히 이루어졌다. 그런데 이 시기는 일본의 영향력이 점점 커져가던 때이므로 이는 일본의 영향력과 맞물려 있을 것으로 보이는데, 이러한 생각은 다음과 같은 예를 통해서 유추할 수 있다.

(16) 가. 消極的觀念に頭腦を支配され覺束なくも世を渡る末は 소극적 관념에 두뇌가 지배되어 불확실하게 세상을 살아가는 끝에는(1894년 10월)

나. 考案ヲ了解スル頭腦ヲ有スル者ハ李鴻章ナルニ由 안건을 이해할 만한 두뇌를 가진 자는 이홍장이기 때문에(1894년 7월)

(16)은 통감부, 주한일본공사관에서 기록한 자료로, 사물을 판단하는 능력, 관념이 담겨 있는 곳, 즉 [지력]의 의미를 가진 두뇌의 예시다. 우리의 자료보다 앞서 [지력]의 사용 예가 발견된 것에 더하여 현재 우리의 두뇌 사용 예와 별반 차이를 느낄 수 없을 만큼 자연스럽게 표현되어 두뇌의 사용에 미친 일본어의 영향력을 짐작할 수 있다. 결국 근대계몽기를 전후하여 기존의 성리학에서 벗어나 서구의 신지식을 도입한 일본의 영향권 아래에 들면서 조선은 일본어의 영향을 받을 수밖에 없었으며, 두뇌 역시 [지력]으로의 쓰임을 넓히는 쪽으로 변화하였음을 알 수 있다.

사용현황에 더하여 [지력]의 의미를 가진 두뇌는 호응하는 서술어가 이전과 달리 다양해져서 의미의 변화를 좀 더 분명하게 보이고 있다.

(17) 가. 頭腦는 精神所萃라(황성신문, 1910. 8.12)

　　나. 複雜難鮮흔 漢文으로 脆軟未熟흔 頭腦를 攪亂흐면 知識
　　　　을 增長치못홀쑨아니라

　　다. 頭腦를 冷靜케흐고 此를 來聽흐라 (황성신문, 1908.10.8.)

　　라. 爲先兒童의 頭腦에 日本度量衡을 深히 印象홈이라(황성
　　　　신문, 1909.8.26.)

　두뇌를 정신이 깃들어 있는 장소로 제시하거나(가) 지식을 저장
하여 이를 증진시킬 수도 있는 장소로 제시한 데(나) 이어 이전에는
찾아볼 수 없었던 '冷靜하다, 새기다'와 같은 서술어와 호응하고 있
다.(다, 라) 이는 정신이나 지식을 담아두는 곳, 액체를 담아둔 용기,
표면이 말라 있어서 그 위에 그림을 그려 넣을 수도 있는 대상으로 두
뇌를 바라보고 있어 [두뇌는 그릇이다] 은유가 사용된 예이다. 사용
빈도수의 변화와 함께 '두뇌'를 개념화하는 언중들의 인지체계에도
변화를 가져와, 이전과는 다른 새로운 영역으로의 변화를 보이고 있
다. 따라서 1899년부터 1910년까지의 '두뇌'는 이전의 [요체], [목 윗
부분]의 의미가 상대적으로 약화되고, 그릇 안에 담긴 [지력]으로서
의 두뇌가 지배적인 흐름으로 나타났다고 할 수 있겠다.

　이러한 흐름은 1920년, 1930년대를 지나면서 고착화되는데, 역사
적으로 1920, 1930년대는 앞선 시기와 완전히 또 다른 모습으로 전
환한다. 손정목(1996)은 이를 자아의 각성, 대중의 빈곤, 도시화로 정
리하였는데, 자아의 각성은 문화의식과 정치의식의 변화를 의미한다.
1920년대 조선일보, 동아일보가 창간되었고, 종합지『개벽』역시 창
간되어 대중의 의식개조에 큰 역할을 하였다. 이러한 사회의 분위기

속에서 두뇌가 [요체][목 윗부분]의 의미로 사용되기보다는 [지력]
의 의미로 더 많이 사용되었다.

다음은 1920년대 이후 두뇌의 사용 예시를 제시한 것으로, 이전과
달리 [우두머리]와 [지력]의 의미를 가진 두뇌만이 사용되었다. 먼저
[우두머리]의 의미를 가진 두뇌의 예이다. 두뇌 trust, 두뇌 연맹, 즉
각 집단의 대표자끼리의 결합, 연맹하는 당시의 상황을 기술할 때 [우
두머리]의 두뇌가 사용된다.

> (18) 가. 루大統領의 頭腦 트러스트 中堅 農財兩次官을 任命(매일
> 신보, 1934, 4,27)
> 나. 라발, 루스벨트, 頭腦聯盟, 內閣審議會, 佛蘭西(매일신보,
> 1934, 6, 18)

식민지 상황에 있던 한국에서 계몽이라는 추상적 목표가 구국이라
는 현실적 목표로 바뀌어가면서 세계 각국의 이합집산은 당연한 관
심의 대상이었을 것이며, 따라서 신문의 기사에 유명인사를 소개하고
그들의 동정을 전하는 란이 많았던 것은 자연스러운 결과이기도 하
다. 이러한 분위기를 반영하듯 [우두머리]의 의미를 가진 두뇌의 예
시가 많이 나타났다.

다음으로 [지력]의 두뇌 사용 예로, 아래와 같이 다양한 서술어를
후행시켜 개념적 인지 체계 역시 변화를 거듭하고 있음을 보여준다.

> (18) 가. 두뇌를 과히 사용하는 분의 새로운 식이료법 야채와 짜뜻
> 한 밀크(매일신보, 1932.12.23.)

나. 두뇌를 <u>쓰는</u> 人은 무엇을 먹을 것인가(매일신보,
　　1935.5.25)

다. 두뇌의 작용을 <u>鈍케하는</u> 常習 便秘의 害(매일신보,
　　1937.4.16)

라. 두뇌가 <u>조흐면서도</u> 성적이 불량한 것은 어써한 리유인
　　가?(매일신보, 1932. 10.25)

　　두뇌는 어떤 일을 하는 데에 도구나 수단으로 사용할/쓸 수 있으며
(가, 나), 두뇌는 둔한 대상, 즉 무겁고 무딘 대상이다(다). 그리고 기
능에 따라 좋은 것, 나쁜 것이 있다(라). 이때의 '두뇌'는 기계라는 근
원영역의 요소를 통해 개념화되는 예이다. '무겁고 무딘 것', 즉 빠르
게 돌아가는 기계가 고장이 나거나 녹이 슬어 제대로 작동하지 못하
는 것이며, 사고력이나 지적능력을 생산하는 성능이 '좋은' 기계로 개
념화되고 있다. '두뇌'라는 기계가 움직이면 만들어지는 산물은 생각
이나 정신과 같은 정신활동이라는 점에서 '두뇌'는 정신활동을 만드
는 기계로 개념화한 것이라 하겠다.(구현정, 2011:15) 앞서 정신(슬
기)을 담아두는 그릇으로 은유화 하였던 데서 더 나아가 정신을 만들
어내는 기계로 개념화하여 한층 더 근대화된 사회체제에 걸맞은 인지
체계로 변화하고 있음을 읽을 수 있다.

　　지금까지 근대계몽기 이전의 자료에서는 [요체][목 윗부분]으로
쓰이던 '두뇌'가 외래문물의 급격한 유입이 시작되던 1900년대를 지
나면서 이전의 의미 대신 [지력]의 의미로 자주 쓰이기 시작했고,
1920년대 이후 [요체]나 아픔을 느끼는 [목 윗부분]으로 쓰이지 않고
대신 [지력]으로의 쓰임을 늘렸음을 보았다. 게다가 1910년대의 그

릇 은유에서 1920년대 이후 기계 은유로의 변화마저 나타나, 계속 의미가 변화되어 가는 중임을 볼 수 있었다.

새로운 대상이나 개념체계를 수용하였을 때 이미 있던 단어를 확대 또는 특수화하여 이용하는 것은 우리의 언어생활에 일반적인 현상이다. 두뇌의 의미변화과정은 기존의 의미를 확대하여 변화시킨 양상을 띠고 있으며, 이러한 변화의 힘에는 일본어의 영향만이 아니라 사회적 요인 즉, 어휘의 의미가 변화의 길에 접어들어 스스로의 힘을 갖게 되었을 때 변화의 추진력을 더해주는 사회의 제반요소들이 얽혀 있음을 알 수 있었다.

이러한 생각은 두뇌가 사용된 지면의 특징과도 연관이 되어 있다. 근대계몽기 어휘의 의미변화는 자국의 부국강병을 위해 지식인들이 선도하여 수입, 소화하였던 서구 근대문물의 유입과 관련을 맺고 있다. 본고는 두뇌의 의미변화 역시 이와 관련을 맺고 있을 것으로 생각하는데, 두뇌는 1921년 이후 해방이 될 때까지 두뇌는 과학(27), 지도층인사의 덕목(18), 의학(11), 교육(4)란에 사용되었다.

(19) 가. 凡事에 聰明한 頭腦의 所有者 府議候補 李升雨君[每日申報, 1921, 11, 14)

나. 强腦, 强精, 記憶力 增進-頭腦 明快法(매일신보, 1941, 11, 30)

다. 두뇌를 과히 사용하는 분의 새로운 식이료법 야채와 따쯧한 밀크(매일신보, 1932.12.23)

라. 養育法을 짤하서 頭腦發育도 相異 어린이는 어른을 모방한다(매일신보, 1928.10.7)

당시 '두뇌'는 유명인사의 소개란에 언급되는 자질(가)이었으며, 과학(나), 의학(다), 아동교육(라) 등 선진문물의 유입으로 우리 사회에 새롭게 등장한 신학문의 내용에 두뇌의 사용이 더 현저하였다. 국내외 지도자들은 그들에게 필요한 신지식인상으로 이들이 공통적으로 갖춘 명석한 두뇌는 결국 의학, 과학, 교육 등의 기사 란에도 이어져 청소년, 직장인과 같이 사회의 주축들에게 이 능력을 기르고 지키기 위해 어떤 방법이 필요한지를 과학적으로 설명하기 시작했다. 이는 당시 지식인들의 머릿속을 휩쓸고 있었던 사회진화론, 즉 적자생존, 약육강식의 힘의 논리가 세상을 지배한다고 믿는 이론의 영향으로 우리의 실력부족을 탓하는 목소리가 만연하였던 때였음을 고려하면, 일본의 지배를 벗어나기 위해서는 우리에게 없던 새로운 지식, 즉 서구에서 유입된 새로운 사상, 문물, 문화 등의 적극적 수용으로 이어질 수밖에 없었던 지식인들의 움직임과 '두뇌'의 사용이 맞물려 있었음을 유추할 수 있다. 따라서 전통적 의미에서의 쓰임새를 벗어나 [지력]으로서의 의미파장을 넓혀나갔던 것은 단순히 일본어의 영향만이 아니라 일본의 지배로 인해 서구문물의 수입이 국가의 발전과 직결돼 있음을 절감한 지식인들의 의도에 따라 이루어진 것임을 알 수 있다.

4. 결론

1876년 개항 이후 한국은 근대적 사회로 전환되기 시작하였다. 문호를 개방하여 서양의 문물, 제도 그리고 기술을 대량으로 도입하기 시작했으며, 그 결과 수많은 신어들이 나타났고 또 한편으로는 기존 어휘들의 의미변화를 초래하였다. 본고는 근대계몽기 이전과 이후로 나누어 두뇌의 쓰임 양상을 살펴보았다. 구체적으로 각종 문헌에 실린 두뇌의 사용현황을 통계처리하고 이를 토대로 통시적으로 두뇌는 어떤 의미로 사용되어 왔는지 살펴보았다. 그 결과, 전통적으로는 [요체][목 윗부분]으로 압도적인 분포를 보이다가 근대계몽기를 지나면서 [지력]으로서의 사용이 힘을 갖게 되었고 현재 이는 그릇은유, 기계 은유, 적 은유와 같이 다양한 개념 체계를 형성하는 의미의 확장을 경험하고 있음을 알 수 있었다. 1910년 한일합방과 뒤이은 식민지 지배, 불과 35년 정도에 해당하는 이 짧은 시기는 문명의 전환기였으며, 이전에 영향력을 행사하였던 중국 대신에 일본과 서구의 영향력이 어느 시기와도 견주기 힘들 만큼 강하고 그리고 넓게 퍼져 있었다. 따라서 두뇌의 의미변화는 사회의 제반현상이 달라지면서 어휘의 의미에 변화가 일어나는 전형적인 모습을 보이는 경우라 하겠다. 사회의 변화와 함께 어휘의 의미변화를 보이는 예는 두뇌 이외에도 많다. 이러한 어휘들이 구체적으로 언제 변화하기 시작했으며, 그리고 이에 깔린 당시 사회의 분위기는 어떠하였는지를 살피는 것이 앞으로의 과제라고 하겠다.

부록

구어전사자료의 구축

구어전사자료의 구축

이 책은 한 번에 떠오른 정보의 양을 한 줄의 억양단위로 전사함으로써 발화자의 머릿속에 떠오른 정보 흐름이 명시적으로 드러날 수 있다는 장점을 가지고 있어, 구나 절 대신 억양단위를 기준으로 하여 담화자료를 전사하였다. 억양단위란 순간적으로 떠오른 화자의 생각이 하나의 통일된 억양곡선으로 실현된다는 점을 포착하여 이를 기준으로 대화를 전사하는 담화분석의 시각을 반영한 용어이다.

그 외에 표기된 기호를 이해하기 위해서, 말의 분절(truncated intonation unit)은 -- 로, 단어분절(truncated word)은 -로, 말의 겹침(speech overlap)은 [ ]로([ ]안의 숫자는 말 겹침이 동시에 일어난 것끼리 동일 숫자로 표기한 것이다.), 음의 고저(termanal pitch)는 각기 ╱╲╱로 표기하였음을 일러둔다. 그리고 말끝을 일부러 늘여 자신의 감정을 반영하는 경우에는 =로, 급하게 말을 쉬었다가 리듬을 타듯 부드럽게 이어나가는 경우는 !으로 표기하였음을 미리 고지한다.

토론자료

1) 성적장학금은 정당한가?

등록일: 2014년 5월(교내토론회)

사회자: 긍정 측 1번,

긍정 측 입론부터 시작하도록 하겠습니다.

긍정1: 논제에 해당하는 성적장학금,

OO장학금으로,

계열,

학부,

과,

전공별 학년의 직전학기 평균-평점 석차가,

배정순위 내에서 지급받는 장학금입니다.

현대에 와서 행해지고 있는 새치기 거래에서와 같이,

장학금도 이와 같은 종류의 행위인지 규명-하여,

장학금의 타당성을 생각해 보는 토론에서,

성적장학금은 앞서 언급해 드린 것과는 다른 종류의 행위임을,

입증하기 위해 여러분 앞에 서있습니다,

그렇다면 성적장학금 제도에 찬성하는 근거를 말씀 드리겠습니다,

첫째,

성적장학금은 앞서 말씀드린,

바대로,

상대방에게 서로 재화를 팔아,

이익을 내는 거래가 아닙니다,

거래라 하면,

일반적으로 재화-재화의 거래를 통해,

양쪽 모두 얻고 있는 것의 행위,

일종의 물질적,

비물질적 교환행위입니다,

(중략)

하지만,

장학금은 거래가 아닙니다,

거래가 되려면 학교와 학생이,

서로가 이득을 얻어야 합니다,

장학금 지급은,

학생의 학업에 대한 도움에,

초점이 맞춰져 있습니다,

학교가 얻는 이득은,

미비합니다,

성적장학금을 지급하여 학점이 좋으면 취직을 잘해,

학교의 이미지가 좋아진다는 생각을 해볼 수도 있지만,

아시다시피,

요즘 우리나라의 상황을 고려해보면,

취직 시 학점이 미치는 영향은,

이전과 비교하여 미비합니다.

앞서 말씀드린 공공서비스,

의회공청회 등,

공적인 일에 대리 줄서기사업,

등의 거래는,

재화가 본래 가지고 있던,

공공선과 도덕적 가치를 단절시킵니다,

하지만 성적장학금지급은,

학생과 학교 사이의 거래가 아니기 때문에,

앞서 말씀드린 도덕적 부패가 생길 여지가 없습니다,

둘째,

장학금은 개인의 노력에 따른,

보상,

즉 동기부여의 문제입니다,

(중략)

셋째,

자본주의 가치가 재화의 모든 것에 파고들며,

돈이면 모두 사고 팔 수 있다는 인식이 생기게 되었습니다,

예전에는 인간의 도덕적 문제,

윤리적 문제 등으로 거래가 되지 않았던 것까지,

시장에서 거래가 이루어짐에 따라,

돈에 대한 부정적 인식이 확산되었습니다,

물질만능주의적 시장가치의 개념이,

전혀 다른 분야인 장학금,

지급에 겹쳐 생각하기 때문에,

장학금에 대한,

부정적 인식이 발생하였습니다,

하지만,

도덕적,

윤리적으로 옳지 않은 문제와,

개인의 노력을 통해 지급받는 장학금은 서로 연관되지 않습니다.

(중략)

성적장학금은 상식적인 돈의 부정적 이미지를,

장학금에 대입시키지 않는다면,

성적장학금 지급은 타당하다고 주장할 수 있습니다,

감사합니다.

사회자: 자,

다음,

부정 측 입론 시작하겠습니다.

부정2: 어,

여러분들,

긍정측 입론을 잘 알아들었는지 모르겠지만,

못 알아들었을 것 같아서,

저는 좀 천천히 말씀을 드리겠습니다,

(중략)

하지만,

이러한 장학금의 혜택을 누리는 학생들이,

얼마나 될까요↗

실제로 5%도 채 안되는 학생들이 받아가고 있습니다,

이런 제도--

소수자에게 장학금이란 이름으로,

돈을 몰아주는 행위가,

실제적으로 학생들을 위한 장학금이라고 보기엔,

어려움이 있습니다,

이에 저희는 다음과 같은 근거를 들어,

성적장학금 지급을 반대합니다,

첫째,

성적장학금 지급--

성적장학금은,

학생들을 서로,

더욱 경쟁적으로 느끼게 만들어,

학생들 간의 골을 깊게 합니다,

(중략)

둘째,

성적장학금 지급은,

학업의 본질을 흐립니다,

셋째,

오늘 이 자리에서 토론해야 할 질문은,

옳은가,

즉 정의로운지를 물었습니다,

그런데 현재 성적장학금은,

마이클샌들이 주장하는 개인이 선택할 수 있는--

없는,

집안,

개인의 능력 등과 같은,

자연적 불평등은 전혀 고려되지 않고 있다,

이렇게 출발선이 다른 데에도 불구하고,

모두 성적이라는,

동일한 기준으로,

개인을 평가하는 것이,

과연 정의로운 것인지,

물어봐야 합니다,

그리고 나아가 자연적 불평등을 배제하는 인본주의는,

곧 도덕적,

윤리적 문제이며,

이것은,

사회근간을 이루는,

사회적 자본에 악영향을 미치는 것임을 주장하는 바입니다.

사회자: 상호질문 시작하시죠,

먼저 부정팀↗

부정2: 네,

질문 시작 하겠습니다,

준비되셨나요↗

긍정1: 예

부정2: 감사합니다.

먼저 일단,

질문에 대한 접근을 해야 하겠습니다,

한 가지 여쭤보겠습니다,

옳다와 정의롭다,

옳다↗ 정의,

이 두 가지가 동일하다고 생각하십니까↗

예 아니다로만 부탁드리겠습니다.

긍정1:   옳다와 정의롭다의,

정의요↗

부정: 예,

아니오로만 대답해 주십시오.

옳다와 정의롭다,

두 개가 동일하다↗ 동일하지 않다↗

긍정: 동일하지 않는 것 [같습니다].

부정2:   [동일하지] 않다,

라고 이야기하였습니다.

그리고 두 번째,

혹시,

우리가 지금 주= 텍스트로 하고 있는,

돈으로 살 수 없는 것들,

읽어보셨습니까↗

긍정1   예,

부정: 예,

알겠습니다.

부정2:   그러면,

방금 서로 이득이 되지 않는다,

결과적으로 학교와,

그다음 학생간의 장학금이 라는 것이 거래인데,

서로 이득이 안된다=

　　　　라고 말씀하셨죠↗

긍정1:　예,

　　　　거래가 서로=,

　　　　거래처— 학교와.(0.1)

부정2:　안된다고 이[야기하셨죠].

긍정:　　　　　　　[학교와] 학생간의 거래가 아닙니다,

　　　　네

부정2:　거래가 아니[라는 거고],

긍정1:　　　　　　[네, 거래가] 아닙[니다].

부정:　　　　　　　　　　　[서로] 이득이 없다는 거죠↗

긍정:　(밑을 본다)

부정:　　그니까 서로 이득이 없다고 얘길[하셨죠]↗

긍정:　　　　　　　　　　　　　[학생측에-]학생측에 더--

　　　　학교가 만약 더 계속해서,

　　　　지원을 [하면],

부정:　　　　　　[이득이] 안 된다고,

　　　　예 아니오로만,

　　　　대답해 주시면 되겠습니다.

긍정:　어떤 것--

부정:　　그러니까,

　　　　서로 이득이--,

　　　　학교와↗ 그 다음에 이 학생차원에서.(0.1)

　　　　서로 이득이 안된다,

　　　　라고 [이야기하셨죠]↗

긍정1:　　　[미비하고--]

부정2:　미비하다는 게 그 뭐냐,

예 아니오로만 대답해 주시면 [되겠습니다]

긍정: [예]

부정2:　자,

　　　그러면 성적에 미치는 결과가↗,

　　　방금 취업을 할 때,

　　　성적 그-성적이 가지는 의미 자체가 미비해졌다는 표현을 쓰셨습니다,

　　　맞습니까↗

긍정1:　미비해졌다는 표현도--

부정2:　쓰셨습니다.

　　　맞죠↗

긍정1:　네,

　　　거기에 [플러스--]

부정2:　　　　[그러면] 여쭤보겠습니다,

　　　그러면,

　　　결과적으로 성적장학금 지급이,

　　　의미가 축소되었다는 것을,

　　　내포하고 있는 것 아닙니까↗

긍정1:　아니죠,

　　　거래가 아니라는 것을 [미비했다고 쓴 거지],

부정2:　　　　　　　　　[아니, 그것은 거래]라는 것[을 포함해서],

긍정1:　　　　　　　　　　　　　　　　　　[거래라는 의미를--]

부정2: [입장을 취하셨죠↗]

긍정1: [정의를 좀=] 입론을 [통해서--]

부정2:　　　　　　　　[네, 알겠]습니다.

　　　(중략)

사회자: 긍정측 상호질문,

　　　　종료하도록 하겠습니다,

　　　　네,

　　　　그럼 바로 자유토론으로 들어가도록 하겠습니다,

　　　　먼저 시간공지부터 하겠습니다,

　　　　시간은,

　　　　양측,

　　　　모두,

　　　　4분 이상을 사용하는 것은,

　　　　하시면 되구요.

　　　　자,

　　　　그럼,

　　　　자유토론,

　　　　긍정측부터 시작하도록 하겠습니다.

긍정1: 학생들이 피땀어린--

　　　　들인 @@,

　　　　노력에 비해 적다고 말씀하셨잖아요↗

　　　　그 말에는 이미 학생들을,

　　　　돈으로 장학금을 보고 학생들이 공부를 한다,

　　　　이 말이 깔려 있는--

　　　　깔려 있다고 생각합니다,

　　　　왜냐면,

　　　　학생들은 돈을 보고,

　　　　오직 장학금--

　　　　공부하지 않고 다른--

　　　　추가적인 가치를 위해서도 공부도 합니다,

이것에 대해서 어떻게 생각하십니까↗

부정2: 아주 좋은,

중요한 질문입니다 왜냐면,

이건 우리가 말하고 싶었었는데,

자,

한 번 여쭤보겠습니다,

그러면,

학교에서,

어,

지난 학기 기준으로,

성적장학금을 얼마 지급되었는지 알고 있습니까↗

긍정1: 예,

알고 있습니다,

학생수에 따라 차등 지급되고 [있습니다].

부정2:   [아닙니다],

50명 당 1명이고,

지난 학기 2013년 2학기 기준으로,

자연캠퍼스 인문캠퍼스 둘 다 합쳐서 14700명 중에,

653명,

퍼센테이로 따지면 4%가 채 되지 않는,

학생들이 성적장학금을 지급 받았습니다 요부분에 대해서,

알고 오셔야 [이야기가--]

긍정1:   [네, 알고--]

알고 있습니다,

99명당 약 4명 정도,

4%정도 된다고 알고 있습니다.

긍정2: 그런데,

하지만,

그 학생들이 노력한 후에,

장학금을 지급받는 것에,

것인데 지금,

부정측은 오로지,

학생들이 4%의 장학금으로 혜택을 받기 위해서 한다고만 말씀하신 것--.

것이라고 생각이 되지 않습니다.

부정2: 어,

그 부분에 대해서 잘못 부정하신 것 같아요 왜냐면,

방금 이야기하신 것 그 동기가 뭐냐,

저희가 지금 가장 중요하게 생각하는 것,

맞습니다,

동기입니다,

그러나 방금 이야기하신 것처럼,

돈을 보고 공부하는 것이 아니라,

학업의 본질과 대학생의 본질이 더 중요하다고 이야기하는 거고,

그리고 대학교의,

우리가 지금 토론에 있어서 가장 중요한 것은,

장소적인 특수성이 대학교입니다,

(중략)

부정2: 어린이에게,

그리고 어른에게,

이중적인 잣대를 가진 것 자체가,

문제가 되지 않느냐,

라고 물어보셨죠,

그렇게 물어보셨죠,

그렇담 여쭤보겠습니다,

여기 계신 분들이 어린이입니까↗

여기에 오신 분들이 어린이가 아닙니다,

어른이기 때문에 이중적인 잣대를 갖다대야 합니다.

긍정1: 물론 그 대상이 달라진 것은 인정합니다,

어린이에서,

대학교,

대학생으로 바꼈고,

어떤 칭찬에서,

돈 100원 200원이,

큰 돈,

큰 액수의 장학금으로 바뀐 것은 인정합니다,

하지만,

그,

거기에 대해 들어가는 어떤,

목적어가 달라지는 것뿐이지,

거기에 들어가는 수식 자체가 변함이 없고,

그 수식 자체가 옳고,

타당하다는 사실은 이미,

긍정 측에서--

부정 측께서도 인정을 하셨습니다.

부정2: 저희가 언제 타당성을 인정을 했는지 [잘 모르겠구요],

긍정1:   [아까 저희가 말씀드린--]

후미에 말씀드린 사[항에 대해서--]
부정1:   [지금 저희-저희가 말씀]드리고 있습니다,
저희가 말씀드리려고 하는 것은,
지금 긍정 측에서 갖고 나온 세 가지,
논거가,
전부 다,
타당성에 대한 이야기밖에 없거든요,
정말 그럼,
그만큼 타당한지에 대해서 생각을 해볼 필요가 있는 게,
여러분들이 그--
성적장학금에 대해서 옳다고 생각한 이유는,
학교에 진학하기 전부터,
학교에 성적장학금이 존재했기 때문입니다,
그 자체에 대해서,
노력에 대한 보상을 어느 정도 인정을 하시기 때문에,
가능하다고 생각을 하지만,
그게 이게 정말 공정한 경쟁이냐는 것이죠,
저소득층 같은 경우는,
제가 조사한 바에 따르면,
평균,
26시간 알바를 해 가면서,
대학생활을 해야 하는 학생도 존재합니다,
그 학생들 같은 경우에는 그게,
주당 26시간이구요,
이게 평균이라고 따지면 훨씬 오바하는 학생들이 있다는 거죠,
그 학생들 같은 경우에는,

아르바이트도 하고,

학업-학업에도 열중해야 하니까,

공부도 해야 하고,

그리고 다른 학생들이 하는,

대외활동이나 봉사활동 이런 것들까지 다 하고 나면,

몸이 열두개라도 모자랍니다,

어떻게 이걸 다,

수행을 해야 되는 건지 잘 모르겠구요,

그러면은,

성적장학금만 놓고 보면 그 학생들에게,

성적에 대해서,

물건을 지급--

공정한 선택을 만들어줬으니 해라고,

성적장학금을 갖다 주는 것 자체가 말이 안 된다는 거죠.

긍정1: 공정성에 대해 말씀을 하시는데,

일을 하고 안 하고를 가지고 공부의,

양과 성적이 높은 것에 대한 상관관계를 매길 수 없다고 생각을 합니다,

일을 하고,

안하고에 따라서는 학생 자체의 절대적인 시간,

하루에 지금 27시간 일주일 나누어서 하는데,

그 전체적인 시간이 있다고 하더라도,

절대량과 어떤 공부에 상관관계가 유지되고 있는지,

저는,

그게 잘 맞지 않다고 생각을 해서,

부정1: 네,

사-사람이 가지고 있는 하루에,

가질 수 있는 시간은 24시간이구요,

그중에 8시간은 수면 자줘야지만,

대한민국 학생들 8시간도 못자고 일하고 있습니다,

학교에 다니고 있죠,

그렇게 바쁜 학생들인데,

그 중에,

몇 시간이라도 아르바이트를 한다고 얘기를 해보십시오.

그러면,

그 학생들이 어떻게 다른 학생들 그냥,

집에서 만약에 용돈 받아서 쓰는 학생들이 있습니다,

그 학생 같은 경우에,

온전히 자는 시간 빼고 만약에,

다 공부하는 데다가 시간을 투자할 수 있다고 하면,

그,

아르바이트를 해야 하는 학생들 같은 경우에는,

그만큼의 시간을 빼앗는 건데,

거기다 신체적 노동을,

제공을 [하는 거잖아요, 신체]

긍정1:　　　　[네 뭔지 알겠습니다]

부정1:　적 피로적인 시간까지 포함한,

　　　　신체적 피로적인 시간까지 포함한다면 자는 시간을 더 보충해 줘야 하거든요,

　　　　이거는 정말 말이 안 되는,

　　　　터무니 없는 [일이],

긍정1:　　　　　　　　[지금] 부정 측께서는,

　　　　하루 24시간이,

　　　　학교를 다니고,

일하고,

자고,

세 가지 패턴으로 굴러간다고 단정적으로 말을 하고 있습니다,

그러니까,

그런 단정적인 시각에서 바라보고 있으니까,

보통 일을 하고 안하고의 여부가,

성적장학-성적에 향상에,

영향을 일으키냐,

안 일으키냐 이런 식의 인과관계가 가능한 건데,

단적으로 말하자면,

알바하는 거 맞습니다,

현실적으로 힘들고,

그렇기 때문에,

시간이 부족한 거 맞습니다,

그렇지만,

전체적으로 봤을 때,

일하는 시간을 제외하고,

우린 모두 공부만 합니까↗

그것은 아닙니다,

현실적으로 다른 짓도 하고,

그 다른 활동이 그 사이에 충분히 끼어 있는데,

단순히 삶을 위한 24시간을,

세 가지 분류로만 나누어 본다는 것 자체가,

이미 근거 자체가 말이 안 되는 거기 때문에,

주장 자체가 말이 안 된다고 생각하구요,

그리고 더 나아가서,

부정측이 아까 이거에 대해 말씀하셨던 사항,

어떤,

대학에서,

보내는 의미를 상실--

변질이 되면서,

본인이 원하는 공부를 하지 못하게 된 것,

지금 취업을 보는 기준으로서만 평가를 받는 것에 대해서,

분명히 언급을 하셨는데,

우리가 대학이기 때문에,

성적으로서 그,

장학금을 지급하는 것이 옳다고 생각한다고,

제가 말씀드리는 겁니다 대학이기 때문에,

서로 다른 환경에서,

서로 다른--

환경에서 어떤-그-패턴--

그-죄송합니다,

환경에서 자라온 이들이 모여 있기 때문에,

그 상황에서,

정확히,

공정성을 전제로 평가를 하려면,

같은 학기 내에,

같은 학생들끼리,

어떤,

성적이 최우수부터 시작해서,

차등지급을 하는 것이 가장 공정성에 전제를 둔 것인 거지,

그 외의 외적인 요소,

다른 요소를 끌어들였을 때,

오히려 공정성이 파괴가 되는 것입니다,

그렇기 때문에,

단지 성적 하나만을 갖고,

장학금을 지급하는 것이 옳다고 보고 있는 것입니다.

부정2: 오케이,

그러면은,

계속해서 중요하게 그러면은,

긍정 측에서도 중요하게 생각하는 단어!가 공정성인 거잖아요,

그럼 그 부분에 대해서,

한번 편하게 이야기해보겠습니다,

그러나 그전에 우리 토론에 있어서 중요한 건 뭐냐면,

지금 당위,

규범적인 측면과,

정의적인 측면을,

구별하여 접근하셔야 하는데,

제가 봤을 땐,

두 개를 혼합해서 사용하고 계시기 때문에,

상당히 지금 혼선을 빚고 있는 것 같습니다,

그것과 더불어서,

결과적으로는 그러면,

공정성이라고 이야기를 했을 때,

지금 우리가 생각해야 하는 것은,

제가 왜 자료를 쭉 여쭤봤냐면,

자료는 중요합니다,

그러나 평등이 전제되지 않는 자료 또한,

우리가 해야 되는 정의로움만을 해봐야 되는데,

그러면 우리 책에서 말하는,

마이클 샌덜이 말하는,

마이클 샌덜의 사실,

스승인,

존월즈가 이야기하는,

정의로움에 대해서 고민해 봐야 합니다,

왜냐면,

인간이 선택할 수 없는 자율적인 불평등을 존재하는 것--

존재하는 자율적 불평등을 전혀,

고려하지 않는 경쟁 자체가,

공정한가 다시 한번 살펴봐야 하구요,

거기에 대한 첨언하겠습니다.

부정1: 첨언을 좀 드리지만,

아까 질문을 해주신 부분에 대해서,

말씀을 좀 드려야 할 것 같은데,

학업의 본질을 흐린다는 부분에 대해서,

제가 말씀을 드리고 싶은 게,

실제로 우리 지금,

시험,

대학교에서 진행되고 있는 중간고사 기말고사 시험,

어떻게 진행되고 있는지 알고 계십니까↗

아,

지금 여러분들이 시험을 보고 계시니까,

알고 계시겠죠,

그러면은,

저희 지금 교수님,

성명을 언급할 수 없지만,

특정 수업 같은 경우는,

교수님 문제를 알려주고,

거기에 대한 답변을 학생들이 미리 준비해 가는 식으로,

지금 시험이 진행이 되는데요,

이건 정말 시험이 기술적인 측면만 가지고,

그 학생이 어떻게,

교수님이 뭘 원하는지만,

가지고,

준비를 해서 가서,

좋은 성적을 받고,

결국 교수님의 눈에 들게만 공부를 한다는 거거든요,

그게 아니라,

대학교도--

대학교는 의무교육이 아니잖습니까

여러분이 대학교에 와서,

배워가고 싶은 것들이,

학우들 간에,

뭔가 정서적인 교류,

부분도 있을 거구요,

그 외적으로 정말,

학업에 그-학구열을 불태우기 위해서,

그런 부분을 채우기 위해서 온 분들도 있을 텐데,

이런 것들,

학업의 개인적인 그-열-열의를 가지[고--]

사회자: [네],

부정측 2분 발언 종료되었습니다.

긍정1: 저희,

지금 학업에 대해서,

특정 학업에 대해서 말씀하시고 있는데,

특정 수업은 답을 알려주는 경우도 있겠죠,

그러나 그게 대부분입니까↗

우리 학교에서.

우리 학교에 과가 몇 개고,

수업이 몇 개입니까

특정수업만 한정돼서 생각하시면 안 되구요,

일단 성적장학금을 지급하기 위해서,

학생들이 받--

성적이 얼마 정도인지 아십니까↗

(부정측을 잠시 응시한다.)

긍정: 아,

모릅니까↗

학생들이 받아야 할 성적은,

최소 4.3이상입니다,

그 학생들이,

그 4.3을 받기 위해서,

안 받은 학생보다,

학업적 성취도가,

실질적으로 같다고 보십니까↗

당연히 다르겠죠,

하지만 지금,

부정 측에서는,

전달받은 지식이 아니고,

학업성취도 실질적인 효과가 없다고 말씀을 해주셨는데,

저는 실질적 효과가 이런=식으로 있다고 생각합니다,

학업을 함으로써,

더 좋은 학점을 받기 위해 노력을 했고,

그것에 따라 다른 학생들과는 분명히 차이가 날 것이며,

그게 실질적 효과가 아니면,

어떤 것이라고 생각하십니까↗

부정2:   실절적 효과라고 이야기를 했으니,

실질적 효과의 기준의 잣대가 무엇이냐가 중요한 것입니다 근데,

그 방금 말씀하신 것은,

실질적인 기준의 잣대가,

성적만으로만 된 것이 이야기를 할 문제입니다,

성적장학금은 다른 기준이 고려--

적용되지 않은 채,

성적,

하나만으로,

그 사람을 평가하는 것을,

문제로 제기하는 겁니다.

긍정: 네,

말씀 잘 들었습니다.

사회자: 시간이 다 되었습니다.

(중략)

사회자: 네,

다음은 긍정2,

긍정 측 최종발언해 주시기 바랍니다.

긍정1: 앞서 토론에서 말씀드렸다시피,

오늘날 우리 사회를 지배하고 있는 어떤 자본주의와,

시장 중심의 사회체제가,

많은 폐단을 낳고 있는 건,

저 역시 인정합니다,

나아가 돈을 주고 새치기를 할 수 있는 권리나,

쓰레기를 버리는--

쓰레기를 버리는 권리는,

어떤 공정성을 전제로 하는 목적 자체를,

사고파는 행위를 하는 건,

부당하다고 생각합니다,

하지만 성적장학금 지급이,

과연 그런 행위에 해당-속하는 행위인지 우린 따져보아야 합니다,

저희 긍정 측에서 주목하고 싶은 건 바로 그 부분 노력입니다,

우리가 장학금을 받기 위해서,

어떤 다른 재화나,

돈을 지불하는 것이 아닙니다,

우리는,

우리 스스로 노력을 기울였고,

장학금은,

그에 따른 부차적인 결과물일 뿐입니다,

노력에 따른 보상을 받는 것,

우리는 이런 일련의 과정에 익숙하고,

또한 부정적으로 생각하지도 않습니다,

일반적으로 보상이,

돈이 아닌 다른 행위로 행해지기 때문입니다,

하지만 그 보상이,

단순히 돈이라는 형태로 행해졌기 때문에,

보상이라는 형-보상에 대해서 이중적인 잣대,

즉 다른 잣대를 들이미는 자들이 있다면,

그들에게 물어보고 싶습니다.

그들이.

어- 생각하는,

돈의 부정적인 이미지는 어디에서 온 것인지,

그런 사고의 시작점은 어디인 것인지,

이런 이중잣대에 대해서,

앞서 긍정--

부정 측에서는 뚜렷한 답변을 내놓지 못했습니다,

즉,

학교가 학생에게 준 인센티브라고 주는 것이 타당한,

성적장학금 지급이,

대학이 학문의 최고기관이라면,

효과적인 동기부여를 통하여,

더 학생들을 자극하고,

공부하도록--

공부하는 풍토를 만-만들어야 하는 것이,

더 옳은 행위라고 보는 것이 맞습니다.

모든 일에 흑과 백이 있듯이,

이상적인 사고에 기대어,

단순히 일반의 모두에,

기대어 생각하는 것이 아니라,
성적장학금 지급이라는 문제에 관하여,
현실에 입각하여 생각했을 때,
저희 긍정측은,
성적 장학금 지급제도가,
타당하다고 주장하는 바입니다.
감사합니다.

298

토론자료

2) 학교급식, 전면복지냐 선별복지냐

방영일: 2015년 3월15일

사회자 : 예

그렇게 논란이 있었구요.

그 이후에 무상급식이 어떻게 실시가 되었습니까↗

[어느분]께서↗

K : [아 예],

사회자 : 예 지부장님↗

K : 일단 그때 그러면서,

초등학생 아이들 고학년 대상으로 일단,

급식을 줬습-줬습니다.

그러면서 점차적으로 이제는 중학생 아이들,

1학년,

2학년,

3학년,

이렇게 해갖고 지금 서울에서는 초등학교 중학교까지는 완전한,

의무급식이 지금 시행되고 있습니다,

[예].

사회자 : [예],

초등학교,

　　　　　중학교[까지는]↗

K :　　　　　　　　[네]

사회자 : 아,

　　　　　완전히 [의무급식]↗

K :　　　　　　　　[의무급식].

사회자 : 의무급식을 하고 있구,

　　　　　고등학교는요↗

K :　　　　네.

　　　　　고등학교는 지금 그렇지 못하고 있습니다.

사회자 : [네],

K :　　　[지금] 그 일반,

　　　　　초등학교 중학교를 졸업한 학부모들 입장에서는,

　　　　　박근혜 정권에서,

　　　　　어 고등학교도 무상교육으로 하겠다 이렇게 얘기했기 때문에,

　　　　　많은 기대를 했었습니다.

　　　　　아오,

　　　　　고등학교도 이제 드디어 무상급식을 할 수 있겠구나,

　　　　　하는 기대를 했는데,

　　　　　그런 기대를 지금,

　　　　　저희는,

　　　　　어,

　　　　　박근혜 정부,

　　　　　대통령한테 어떻게 보면 실망감을 많이 안고 있습니다,

　　　　　[예].

사회자 : [네],

　　　　　[다음에],

L :   [지금],

        예

사회자 : L회장님↗

L :   예,

        이 시 도,

        17개 시도,

        에서 지금 실시하고 있구요,

        그,

        소외계층에 대해서는 17개 시도에서 다 하고 있구요,

        그,

        초등학교에,

        에- 인제,

        시도별로 조금 차이가 있는데,

        초등학교,

        에는,

        그,

        울산,

        대구,

        부산은,

        제외를 하지 않구요,

사회자 : 그 초등학교

L: 예

사회자 : 그 세 군데에서는

L :   네

사회자 : 무상급식은 [안하고] 있다구요↗

L :   [선별적으로--]

　　　　하고 있죠

사회자 : 예 선별적으로 하고 있다,

　　　　[예].

L :　　　[예예],

　　　　그리고 중학교에는,

　　　　서울 광주,

　　　　세종 경기,

　　　　이는 이제,

　　　　대구 울산 경남 음= 경북,

　　　　이쪽에는 지금 하지 않고 있습니다,

　　　　[네].

사회자 : [네에],

L :　　　예예,

　　　　그리고 인제,

　　　　지금 그,

　　　　초등학교 학생들은,

　　　　그,

　　　　어,

　　　　278만이,

　　　　되구요,

　　　　그리고,

　　　　초중학교까지 다 합하면,

　　　　459만명이 되구요,

　　　　우리 전국에,

　　　　그리고 초중고까지 다 합하면,

　　　　지금,

```
            649만명이 됩니다.
사회자 : [네에],
L :      [그리고],
         현재 예산은,
         그건- 2조 7천 되는데요,
         이게 매년,
         인제,
         3-그- 4조 7천까지,
         지금 증가되는,
         그런 추세까지,
         와있습니다,
         [예].
사회자 : [예에],
J :      경남의 경우를 좀 특화해서 말씀을 좀= [드리면],
사회자 :                                    [예= 경][남]╱
J :                                                [경]남은--
         예,
         경남은 인제,
         작년까지는,
         인제 전체 초등학교,
         까지는,
         전면적인 무상급식이 이루어졌구요,
         군 지역 같은 경우는,
         중고등학교 학생들에게까지,
         이루어졌습니다,
         읍면지역도 포함을 해서,
```

근데 2015년이 되면서,

현재 도청에서,

그리고 인제 시 지차체까지 해서,

지원금이,

현재 0원이 된 상태이구요,

사회자: 네,

J: 그래서 4월부터,

어,

초등학교를 비롯해가지고,

이제 유상급식으로 전환된 상황입니다,

요,

요거를 이제 간단하게 보여드리면,

요-요즘에 경남에서 되게 유행하고 있는,

지도입니다,

사회자: 네,

J: 지자체에서,

어 무상급식 관련해서 지원금 현황이 되겠습니다,

그래서 이거 보면,

경남을 제외하고는,

지자체에서,

어,

전체적으로 인제 지원을 다,

하고 있고,

증가하는 추세가 되겠습니다,

증가하지 않고,

작년에 비해서 축소된 경우는,

충남,

충북,

경기,

전북,

지역이 되는데,

거기는 자연스러운 학생 수 감소 때문이지,

전국적으로는 어--,

지자체에서 예산을 증액해서 지원하는 것으로 알고 있습니다.

사회자 : 네에 그러니까,

지금 어떻게,

이해를 하면 될까요↗

전국 지자체 별로,

어= 우선 초등학교부터 얘기해보죠,

초등학교는 다 하고 있다고 보면 됩니까↗

L :　　아뇨,

사회자 : 그것도↗

L :　　네.

사회자 : 일부 [아까],

L :　　　　[네],

그 소외된 계층은,

이제 시,

17개 그 시도에서 다하고 있는데,

사회자: 네,

L:　　그- 초등학교!는 그--

대구,

울산,

　　　　부산에서는 하지 않고 있습니다.

사회자 : 하고 않고 [있구요].

L :　　　　　　　　 [네네] 네,

사회자 : 그담에는 전면 무상급식↗

L :　　　　 전면 무상급식은,

　　　　　그=어--,

　　　　　17개,

　　　　　소외계층에만,

　　　　　하고 있죠,

사회자 : 소외계층에만 한다고 [하]면,

L:　　　　　　　　　　　　 [네],

　　　　　선[별]적으로 [한]다는 얘기니까,

L:　　　　 [네]　　　 [네]

사회자: 전면적인 무상급식을 하고 있는 곳이,

L:　　　　 네.

사회자: 뭐 어-어느 정도로 파악하고 계시는지.

　　　　　[어어],

L:　　　　 [지금],

　　　　　[67--],

Y:　　　　 [말씀하신] 곳 말고 나머지는 다하고 있습니다.

L:　　　　 [예, 예]　　　　　　　　 [예]

사회자 : [나머지는] 다↗

L:　　　　 [예에],

Y:　　　　 네네.

사회자 : 전면적인 무상급식을 [하고 있다]↗

L:　　　　　　　　　　　　　 [예 지금],

육십 어-우리나라가 지금 69%정도,

지금,

전면,

무상급식을 [하고 있죠],

사회자 :   [중학교는] 마찬가지구요↗

L :   네네 예,

초중고 다 합했어요

사회자 : 고등학교는↗

고등학교는 좀,

많이 다르지 않습니까↗

[고등학교--]

L :   [그 이제],

그-지자체,

예,

지자체 교육청과,

그-지자체,

단체장에 역--,

그 따라서,

예,

하고 있죠 [고등학교는].

K :   [예 그 그러]니까,

초등학교의 경우는,

전국 한,

평균 87.3%가 지금,

전면 의무급식을 하고 [있구요],

사회자 :   [전면적]으로↗

       [네]

K :   [네],

  중등은 72.2%가 지금,

  시행하고 있습니다,

  [전국적]으로는.

사회자: [네에],

K : 아까 얘기했던 울산,

  이런 것들은,

  지금 그--

  교육감이나 이런 분들이,

  그=,

  선별적--,

  그 복지로만,

  아이들한테 급식을 주고 있기 때문에,

  시행이 안 되고 있습니다,

  예.

사회자 : 네에,

  네.

  말씀하실거 있으신↗

Y : 네,

  이게 뭐=,

  선별! 적이냐,

  이게 보편적이냐,

  이 논쟁은 약간 쪼금,

  이게 딱,

  대입하기가,

이게 쉽지 않습니다,

[이게],

뭐=

일 더하기 일은 이가,

딱 떨어지는 것[이] 아니구,

사회자 :   [네]

네=

Y :   그러면은,

어떤 것이 더 좋은 것이냐,

우리가 이 상태에서 어떻게 하는 것이 더,

나은 것이냐는,

것이,

조금,

이야기 되는 것이,

사회자 : 네,

Y :   좀,

좋다고 [생각을 합니다].

사회자 :   [알겠습니다, 네],

이 토론시간에,

이야기 들어,

예,

나누기로 하구요,

우선 이,

학부모님들 말씀을 들어보기로 하겠습니다.

마이크 좀,

잡으신 분↗

네,

마이크 잡으신 분,

어디서 오신 누구신지,

(중략)

사회자 : [자녀수] 숫자에 따라[서] 무상급식이냐 [아]니냐를 두고 결[정]해주나요 ↗

L :　　　　　　　　　　[예]　　　　　　[예]　　　　　　　[예]

사회자 : 강원도는 ↗

L :　　　[₁예₁]

K :　　　[₁아니₁] 그거는

　　　　[₂비약적인 논리₂]인 거지

L :　　　[₂아니 인제--₂]

　　　아니 인제,

　　　제가 인제,

　　　농담 삼아 하는 건데요,

　　　저는 인제 그--

　　　어-선별적 복지가,

K:　　　예,

L:　　　그런,

　　　이제,

　　　장점도 있다는 겁니다.

　　　우리나라가 저출산이잖아요,

　　　이 세 자녀를 둔,

　　　학부모는 무조건 저는,

　　　그--

무상급식을 해야 된다고 생각합니다.

저는,

홍준표,

도지사님께서,

정말 그=

그- 좀,

건의를 하고 싶습니다,

그,

경남도민의,

중에서,

학부모 중에서,

세 자녀를 둔,

학부모가 있다면,

이런 분들은,

무조건 국가에서 해주시길 바라겠습니다,

우리나라가 지금 초,

저출산으로해서,

국가적인 어떤 대,

재앙을 맞고 있는데,

이런 그--

세 자녀를 낳았다는 ,

은 대단한 이거,

애국[이고],

사회자:　　　[네에],

L:　　　우리 미래 세대를 위해서 정말,

대단한 애국이기 때문에,

그--
홍지사님께서,
그 점을 좀,
이케,
함,
참고로 하셔서,
재고해보셨으면 좋겠습니다.
사회자 : 네에,
L :　　그리고 인제,
음=
아이들 먹는 것 가지고,
뭐 줬다가 뺏--
안주다가 이런 거 보면,
어른들이 정말,
그- 우리,
음=,
방금 말씀하신,
두 부모님께서 말씀하신 것처럼,
이 복지는,
정치적 논리라든지,
이념적 논리를 떠나서,
정말,
우리 자녀들,
특히 우리 아이들,
그런 미래,
또 이런 우리의 행복,

이런 걸 생각해서,

그-복지를 접근했으면 좋겠습니다,

우리가 보편적,

선별적이냐,

이거는 우리 국민들은 잘 모릅니다,

저도 복지를 하지만,

굳이,

보편적이냐,

선별적이냐,

구분을 짓지 않습니다,

이게 사안에 따라서,

보편적인,

우리가 뭐=

의료보험이라거나,

이런 것들의 보편적으로 하는 게 있구요,

또,

사안적으로는,

또,

선별적으로 하는데,

정말 이게,

우리가,

어=

어떤 것이 행복한,

어=

우리 국민의 행복한,

사회 질을 보장하느냐에 따라서 그거를 이렇게 해야지,

정치권에서,

굳이,

이분법으로,

보편적이냐,

선별적으로,

이렇게 얘기를 하다보니까 이게,

다소 정치적인 논리로 가고 있습니다,

그래서,

우리,

홍지사님께서,

뭐,

학교는 그--

밥 먹으러 가는 곳이 아니다,

그 뭐--

공부하러 가는 곳이다,

이렇게 말씀하셨는데,

저도 그 부분에 대해서는 조금 유감스럽게 생각합니다,

그런데,

그 홍지사님의 뜻은,

쫌,

본뜻은,

그게 아니라고 생각합니다,

정말 필요한 곳에,

어=

그-복지를,

선택과,

```
            그=
            집중을 해서,
            꼭 필요한 곳에 쓰겠다는 그 취지로 ,
사회자 : [예]
L :     [좀] 과한 표현이 되지 [않았]을까,
사회자 :                    [예],
L :     [₁이런₁] [₂생각이 듭니다₂].
사회자 : [₁예₁] [₂선별적 복지를 찬성₂]하시는 쪽 입장이시구요.
L:      예.
사회자 : 이쪽에서는 무상급식을,
K :     예예.
사회자 : 전면적복지를 [찬성]하시는 입장이실 텐데요,
K :                    [예예],
            그니까 아까 계속,
            아이들의 행복을 말씀하시는데,
            진짜 우리 아이들이 어떻게 보면 저희 미래의 국가입니다.
L :     네
K :     이 아이들한테,
            선별적 복지가 아닌,
            보편적 복지를,
            그-예산들을 많이 넣어서,
            아이들이,
            그-교육권이라던가,
            그런 행복권이라던가,
            이런 걸 추구하면서,
            우리의 노후세대를 책임질 아이들이[거든요]↗
```

L :   [네네],

K :   근데,

그런 것들에 투자하는 것들이,

지금 왜,

지금 이게 논리가 되--,

아이 그니까,

어떤 이게,

싸움의 논리가 돼야 되는지 저는 지금,

이해가 안가구요.

지금 2010년 이후로는,

의무급식,

그러니까,

저희는 제가 아까 얘기했듯이 무상급식이라는 말은 이제 옳지 않습니다,

헌법 31조, 3항에,

어,

의무교육은,

무상으로 해야 된다는 말이 되어 있습니다,

그러면은,

국가에서 의무교육은 무상으로 해주는 게 맞습니다,

예,

그렇기 때문에,

급식도 의무급식으로 가야되는 상황이고,

2010년 이후로 전국적으로 지금,

의무급식은 보편적 복지의 하나의,

그--

국민들이 합의를 이뤄낸 거를,

왜 지금 와서,

어-지금 경--,

그=경상남도 홍 도지사가,

본인이,

어=

저기 보궐선거로 해서 취임식 했을 때는,

어-아=,

예산을,

전면 무상급식 하는 거는 찬성하는데,

지금 왜 2년 3개월 지나서 그런 발언을 하고,

이런 정치적인 야욕을 펼치는지에 대해서는,

조금,

저는,

이게 정치적인 행보라고 생각합니다.

Y: 네,

약간 조금,

헌법 제 31조 제 3항에 대한,

해석에 대한 문젠데요,

그 해석이 그=

의무,

그,

무상으로 해야 된다는 그런 뜻은 아니구요,

[판례라든지, 이런 쪽에서는, 근데,]

L: [교육은 있으나 급식은 없습니다]

Y: 이 무상급식에 대한 건,

무상으로 해야 한다는 그 말뜻이,

모든 것을 다 줘야 된다는 그런 무상을 말하지는 않구요,

어느 나--

세계 어느 나라든지 수많은 나라에서,

모든 학생들에게,

전면적으로 무상급식 하는 나라는 아주 극소수인 나라구요,

OECD 국가에서 잘 알다시피 스웨덴과,

핀란드,

또는 뭐= 에스토니아라든지,

그=뭐죠↗

체코 공화국이라든지,

요런 나라 정도구요,

어떤 나라,

우리나라보다 더 잘 살고,

스웨덴보다도 더,

잘 사는 나라,

바로 옆에 있는 노르웨이 같은 경우에도,

그,

전면 무상급식을 하고 있지를 않아요,

그러니까 헌법 제 31조 제 3항에 대한 문제는,

그거는,

거기에 무상으로 돼야 된다,

란 그 뜻이,

그 뜻은 아니라는 거죠,

판례에서도 그거를 인정하지 않고 있구요,

다만 이렇게 좀,

진보 측에서는,

무상으로 해야 된다고 주장을 하는 건데,

그것은,

약간 조금,

현재는,

현재 법적으로는 약간 좀,

문제가 있는 해석이라고 생각이 듭니다.

J :   근데 하지만은 이제 고- 공교육이나 의무교육,

이런 것들 의미 자체가,

사회 전체가,

이 아이들을 차별 없이,

같이,

다 함께 잘 키워보자,

이런 의미로 해서,

점차적으로 확대되는 추세가,

되는 거잖아요 ╱

의무교육 같은 경우도,

중학교 같은 경우에,

전면적으로 확대된 게 사실 10년 밖에 안됐어요,

2004년부터,

됐기 때문에,

그리고,

지금 이제 박근혜 대통령님께서도,

이제--

그때=

대통령 나오실 때도,

고교 무상화라는 부분을,

주요 정책으로 들고 나올 정도로,

이 지금 교육 자치--

교육이라는 것을,

국가가 책임져야 된다,

우리 모두가 책임져야 된다,

라는 부분 관련해가지고는,

사회적으로 이미 합의가 됐던 부분이 아닌가,

생각이 듭니다.

아까 그 출산 말씀하셨는데요,

그-그-얼마 전에,

학-학부모,

학-학부모님 한 분이,

이런 말씀 하시더라구요,

출산이 애국이라고 해서,

애들 4명을 낳았다,

근데 돌아오는 것은,

급식비밖에 없더라,

이런 말씀 하시더라구요,

예,

그것이 지금 현실입니다,

[예].

L: [예].

Y :   근데 그게 이제 그,

좀,

이렇게 생각을 해보자는 거죠,

지금 이것이 643억에 대한,

지금 토론과 문제가 되는 것이 아니라,

과연 우리나라에서,

이 정도 담세율과 우리나라 이 정도에서,

전면적 무상급식을 통해서,

이게 지금,

세수가 증가되지 않은 상태에서,

또는,

예산이 확보되지 않은 상태에서 2011년도부터,

대대적으로 이게 정치적인 논리에서 확대가 됐거든요↗

이렇게 확대가 되면은,

무슨 문제가 생기냐면은,

우리가,

기금을 통해서 예산을 확보하든지,

아니면 다른 데서 줄여서 하든지,

이렇게,

밑돌 빼서 윗돌을 막든지,

이런,

논리로 지금 될 수밖에 없거든요,

그러니까,

이런 상태에서는,

굉장히 어려움이 많은 거죠,

그러니까 이참에,

이참에,

기초연금처럼,

응=

소득 상위 30% 되는 사람들에 대해서는,

우리가,

좀 이렇게 유예를 하고,

양해를 구하고,

나머지에 대해서,

혜택--

그-하는 것이 좀 어떻-어떻겠나,

그것이 우리나라 형편에,

정서적으로 좀,

더 맞지 않느냐,

[그런 말씀을 좀 드리고 싶습니다.]

사회자: [네, 지금 Y 박사님께서 말씀을 하시기를]

상위 30%는,

음=

돈을 내고,

나머지 70%는,

음=

무상으로 했으면 [좋겠다],

Y: [예].

사회자: 는 요=,

새로운 지금 제안을 하셨는데,

지금 경남도에서 하는 건 어떤 겁니까↗

Y : 지금 경남도에서는 그,

20,

뭐,

4 5%대,

사회자: 예,

```
              하위 25%는,

              무상으로 하고,

Y:        [이십--]

사회자:   [네],

              나머지 75%는,

              다,

              그-세금을 내라는 거네요↗

Y :        네,

              [유상으로 하는 거예요.]

사화자:   [그러니까 지금 거꾸로] 하자는 말씀이시네요↗

Y:        예.

사회자:   그러니까 선별적 복지를 하는데,

              그 비율을 거꾸로 하자,

Y:        네.

사회자:   이런 마-말씀을 하셨습니다,

              그것도 참고를 하셔서,

              다-다음 바-반론을,

              [반론].

L:        [제가 그] 차트를 하나 준비를.

사회자:   아 예 말-말[씀을]

L:                        [예],

              그-조세부담률과 무상급식,

              그 제가 차트,

              하나 좀,

              [띄워주시겠습니까↗]

사회자:   [네, 자료-그 자료] 바로,
```

          띄우겠습니다.
L: 네 [네 네, 예=]
사회자: [곧 뜰 겁니]다.
L: 그=,
          우리나라 그-조세부담률은,
          아=,
          제가,
          예,
          저기,
          경상남도에서 저 차트를,
          좀 민망한데요,
사회자: 예.
L: 저게 이제 그,
          출처를 밝혀!야 되기 때문에 [저]기 그--,
          [한데]요.
사회자: [예],
          예=
L: 조금,
          확대를 좀 해주시겠습니까↗
          우리나라 조세부담률은,
          지금 19%고,
          저-아-예=
          19.8%고,
사회자: 네,
L: 무상급식 비율은 67.4%입니다,
사회자: 네=

L: 어=

그리고,

유럽에,

우리가 이제 지금 100% 무상급식을 하고 있는 핀란드나 스웨덴을 보면,

그=

조세부담률이,

[많죠],

사회자: [예].

L: 예,

그리고 100% 그--

한데,

그리고 저=,

나라의 특징이,

그-초--

중학교 학생들이 비율이 작더라구요,

스웨덴 같은 경우는,

한 138만 명이 되고,

핀란드 같은 경우는,

60--

음=

한 6만 명,

정도밖에 안 돼요,

사회자: 음=

L: 근데 우리나라는 지금 초중고등학교 학생 수가,

어-45만,

어=9천 명이구요,

초중고까지 합하면,

64만,

어-64만 9천 명이 됩니다.

사회자: 네,

L: 그럼에도 불구하고 조세--

우리가 내는 세금은 조금이다 이거죠,

예,

그래서 이제,

선별적 복지냐,

굳이 이렇게 이야기한다면,

보편적 복지를,

주장하시는 분들이,

응=

한결같이 하시는 게,

어-낙인감입니다,

사회자: 예.

L: 예,

그런데 아까 전에,

우리 어머니께서,

사회자: 네,

L: 그-저기 [말]씀을 하셨는데요,

사회자: [네],

L: 사실 요즘,

낙인감이 그렇게,

어-오래 안하셔도 됩니다,

직접 그 아이들한테 가는 게 아니구요,

사회자: 네,

L: 우리 어머니가,

           이렇게 주민자치센터에 가서,

           이렇게,

           신청만 하면,

           뭘--

           물론 이제 몇 가지 서류를 준비하고 이런 건 번거로움은 있겠죠,

           그런데,

           신청만 하면,

           거기서,

           그=

           구청에서 소득조사 해서,

           또 이렇게,

           어-그-학생들한테,

           바우처라든지 이렇게,

           [가기 때문에],

사회자: [예 알겠습니다.]

L: 낙인감에 대한 것이 요즘은,

사회자: 요즘은.

           돌파할 수 있는 방법이 [있다↗]

L: [예. 예]

           없습[니다, 예예]

사회자: [네 알겠습니다],

           근데 방금 말투가,

           이제 두 가지 말씀하셨는데,

           국민이 우리 조세 부담률하고,

L: 네,

사회자: 우리 급식을 비교해보자.

L: [네],

사회자: [우]리는 이제 핀란드나 스웨덴보다,

            조세부담이 아주 적다,

            그러니까 세금을 적게 내는데,

            어떻게 무상급식을 할 거냐 라는 [말씀]하셨고,

L: [네],

사회자: [또 낙인감--],

L: [또 저기 그--],

            아,

            말씀 끊어서 죄송한데,

            일본,

            같은 경우가,

            지금 독일하고 같습니다.

사회자: 네.

L: 조세의 부담률은 높은데,

            무상급식은 1.7%가 안 되거든요↗

사회자: 네에.

L: 그리고 프랑스 같은 경우는,

            초등학교 그--

            엄마들은,

            그=

            아이들을 뭐--

            초등학교 학생들은 무상급식이 없습니다,

사회자: [알겠습니다.]

L: [엄마들이 지금] 직접 다 해먹이고 뭐--

        있거든요

J :   예산 관련--

        예산 관련해[가지]고,

L: [예],

J: 예,

        예산 관련해서 좀,

        경남의 상황을 말씀을 드리면

L: 예

J: 이제 도청 같은 경우는 이제 전년도 대비해가지고 6%가,

L: 예,

J   예,

        그 예산 상승했습니다,

        그리고 도교육청 같은 경우는 3%가,

        이제 작년 전년도 대비해서 이제 더 떨어지게 되고,

        예전에는 우리,

        그-유치원생들,

        누리과정 같은 경우는,

        도에서,

        이-재정관련 부담을 하다가,

        지금 도교육청으로 넘어왔거든요↗

L: 그렇죠,

J: 그래서 도교육청은,

        예산은 줄어들고,

        부담은 더 많이 해야 되는 상황이에요↗

        이번에 이제 3월 1일에,

이제 재정과 관련해가지고 이제,

그 도청에서 공시를 한 것이 있습니다,

이제 재정자립도라는 걸 공시를 했는데,

그게 이제 전년도 대비해서 2%가 상승을 했거든요↗

그러니까 재정자립도는,

그 위에서 받는 돈하고,

그 도민이 내는 세금하고 비교를 했을 때,

2%가 증가했다는 것은 세금--

도민이 세금을 더 많이 내는 거잖아요↗

L: 네.

J: 그리고 이제 흑자를 보면,

그-작년에 이제 도가,

L: 네.

J: 1561억인가요↗

그만큼의 흑자를 [냈더]라구요,

L: [네]

J: 그래서 전국의,

광역도의 평균을 보면 89억입니다,

근데 이게,

요 안에 경남이 포함이 되어 가지고,

89억이면,

경남을 제외하고 나머지는 거의 다 마이너스라고,

[보]시면 되는 거거든요↗

L: [네]

J: 근데 이만큼이나,

재정여건이,

이런 것들이 열악하지 않음에도 불구하고,

이제 이-경남도에서 무상급식을 지원하지 않는다,

라는 것은,

이게,

일종의 명분 쌓기에 불과하다고 말씀드릴 수 있을 [것 같습니다.]

L: [아= 예=]

K: 이게 [₁그-제가₁] [₂저--₂]

L: [₁그-저-₁] [₂우선₂] 말씀 [₃하세요₃]

K: [₃여-여기 두 분₃]께서는,

복지=

어쨌든 전문가시다 보니까 외국 사례나 이런 것들을 말씀하시는데,

저는,

일단은,

외국사례보다는,

우리나라는 2010년부터,

일단,

의무급식을 실시했고,

그런 것들이 국민적 정서에 의해서 지금,

합의해서 점차적으로 확대되는,

가-가고 있는 이 부분이기 때문에,

이 부분에 대해서 저는 이야기하는 것이 맞지,

외국에는 또 외국 나름의 어쨌든 그 재정적인 것들,

그리고 환경적인 것들,

다양한 요소들이 있을 거라고 생각합니다.

그나--

그러나 저희 같은 나라는,

2010년 이후에는,

이 경기도부터 시작을 해서 서울,

그럼 이게,

전국적으로 확산이 됐던,

그 추세이기 때문에,

이 부분에 대해서 좀 국한돼서,

우리가 어떤 식으로 지금,

대안을 마련할까,

이런 것들을 얘기하는 게 낫지,

외국사례는,

외국은 급식을 하네,

안하네,

이건 아닌 것 같습니다 근까,

그 나라의 학부모들이,

어-나는 내 자녀의,

밥을 내가 책임지겠어 하는 부분이고,

저희 같은 경우는,

언제부터인가,

저도 도시락을 싸갖고 다녔지만은,

학교에서 급식을 먹는 게,

자연스러운 일이 되었습니다,

그러면서,

그 부분에서,

국민적 합의에 의해서,

무상 급식은,

해야 된다는 그런,

            것들로 했기 때문에,

            지금 실시되고 있기 때문에,

            그 부분에서 우리가 좀 더,

            이야기를 지금 축약해서 해야 되는 게 아닌가 생각[합니다].

사회자 :   [네=],

            근까 인제 세금부담!이 우리가 적긴 적은데,

            그럼에도 불구-불구하고,

            국민들의 욕구는,

            지금,

            무상급식을 전면적으로 하는 게 좋겠다,

            라고 생각-생각하신다는 [₁ 말씀이죠 ₁]

K :   [₁ 네, [₂그₁]렇죠₂]

Y :   [₂어 지금₂] 문제가

사회자: 예,

            Y 박사님.

Y: 지금 우리가 4년,

            뭐 8년 이렇게 했는데,

            그럼 인제,

            이게 다 잘 된거냐,

            라는 질문을 한번 해봐야 되[거든]요,

사회자: [네],

Y: 지금 잘 되고 있는거냐,

            라는 그런 말을 할 때는,

            조금 약간,

            부족한 부분이 있습니다.

사회자: 잘 안되고 있습니까↗

Y: 어떤 부분이 안 되고 있냐면요,

         실제,

         뭐 학교 화장실 고치는데 예산이 없거나,

사회자: 네,

Y: 예↗

         주방 세트를 수리하는데 돈이 [없거]나,

사회자: [네],

Y: 인건비를 못 올려줌으로써 뭐,

         데모를 하고 이[렇게] 해서.

사회자: [음=]

Y: 또 차질이 생기거나.

         그러니까 지금,

         과학 기자재를 못 사거나,

         지금,

         이 무상급식에 들어가는 돈이,

         상당히 많기 때문에,

         이것이 계속해서 증가되고,

         나가기 때문에,

         어떻게 보면은 예산이 없는 상태에서는,

         계속 지금,

         다른데 예산을 줄이거나 조정하는 수밖엔 없거든요,

         특별한 재원이 있질 않는 한,

         그러니까 이번에,

         이참에,

         이런 문제가 생겼을 때에,

         조금 조정을 하는 것이,

조금 더 현명하지 않냐,

이런 뜻이거든요,

 그러니까,

굳이

J: 네

Y: 그 상위 소득 30% 되는 그니까,

비교적 잘사는 사람들의 자녀들까지,

그 한 달에 4만원이 없어서,

학교를 안 보내거나,

낙인효과가 있다,

뭐 이런 얘기를 쉽게 하지는 못할 것 같거든요,

그니까,

지금 그런 것들을 조정을 해서,

일단적으로,

우리나라가 보통,

그-뭐-진보단체에서 많이 주장하는,

그 취합필수비를 무상으로 지급하자,

그러니까 이런 얘깁니다,

그러니까 뭐냐며는,

낙인효과라고 스티그마 이펙트라고 하는 것을 많이 주장을 하지만은,

반대편에서 볼 때는,

정말 그,

복지사각지대에,

저도 정부 많이 다녀볼 때,

정말 굉장히 어려운 사람이 많이 있습니다,

그런데 그거를,

등록금 내렸다고 그래서,

교육의 의--

교육의 의무를 국가가,

지자체가 다했다,

이렇게 말하기는 굉장히 어렵거든요,

그러니까 그런 분들에 있어선,

정말로 어려운 사람들에게는,

정말 수학여행이라도 같이 보내준다든지 아니면은,

학용품이라든지 학교 준비물이라든지,

이런 것들을 조금,

해주는 것이,

어떻겠냐라는 그런 측면에서,

예산을 조금,

조정해보자는 거지,

전면적으로 뭐 무상급식을,

우리나라가 19-92년부터 무상급식을 실시한 나라입니다 우리나라가,

무상급식을,

전혀 안하는 나라가 아니고,

무상급식은 하되,

그 정도를 감안해서,

예산 형편을 고려해서

사회자: 네,

Y: 우리가 집행을 하자,

이런 뜻입니다.

사회자 : 반론하시겠습니까↗

K : [예].

L: [저기],

사회자 : 반론을 먼[저 듣죠].

K: [아까!]

사회자: 네,

K: 수학여행 뭐,

학습준비물 얘기하시는데요,

그거는 지금,

서울시 같은 경우에는,

그 예산을 학교에다 지원을 해줘서 학교마다 학습!준비물=실이 다 있습니다,

그러니까 아이들이,

어 초등학교 입학했을 때,

크레파스,

뭐,

자,

이런 자질구레한 것들을,

학교에서 다 준비하고 관리하고 있구요,

수학여행 그,

얘기를 하시는데,

그 시교육청 예산에서,

어=

제가 학교 운영위원을 해봤습니다,

그랬을 때 그 못가는 아이들을 위해서,

다 지원을 해주고 있구요,

그런 부분을 얘기하는 게 아니라 저 같은 경우는,

지금 자-자꾸,

예산 얘기를 말씀을 하시는데,

지금 학교급식법개정안은 지금 3년 차,

K: 어-[3년 째],

J: [3년째],

K: 지금 국회에서 계류중입니다

그런 부분은 좀 개정을 해서,

국가에서,

예산을

시도에,

내려 주어야 한다고 생각을 합니다,

지금,

무상교육도 지금 문제가 되고 있는 상황이,

국가에서,

중앙정!부에서 예산을 내려줘야 할 상황인데,

무조건 시도교육청이라든가 전국 시도에서,

너희들이 알아서 해라,

이런 식으로 지금 옥죄고 있는 것이 저는 잘못이라고 생각을 하고 있구요,

그리고 이명박!정부 때부터 어--

봤을 때,

어,

부자증세라는 것들이 많이 없어졌습니다,

자,

법인세도 지금 인하 어=

인하 했지요,

법인세도 증가 시키고,

그리고,

어-어떻게 보면 부자증세,

그니까 어=

6억 이상 아파트 소유했을 때,

뭐-뭐하는 종합 소득세,

이런 부분이 있잖아요,

이런,

부자를 증세하고 서민은 감세하고,

이런 대안들을 자꾸 찾아야 하는데,

그런 방법!적인 것들은 하나도 고려를 안하고서,

사회자: 알겠[습니다.]

K: [자꾸만] 있는 상황에[서만],

       (중략)

토론자료

3) 대형마트 휴무제

등록일: 2015년 5월(토론 수업시간 자료)

부정1: 자꾸 의무휴무제 날짜를 언급! 하시는데,

　　　굳이 의무 휴무--

　　　그때보다는,

　　　일상생활에서 재래시장쪽으로 몰려야 한다고 생각하거든요,

　　　그럴 거면 자꾸 이거,

　　　대답 않고 넘어가시는데,

　　　더 이상의 근본적인,

　　　문제점의 해결책은 없으신가요↗

긍정1: 이거 계속 부차적으로--

　　　이거 계속 답변 드리는데,

　　　현대화 사업하고 있으나.

　　　어떤--

　　　재정적인 측면에서 문제가 있으니까,

　　　벽이 있으니까,

　　　그러니까 지금 못! 하고 있으나,

　　　순차적으로 이걸 하고 있거든요

긍정2: 덧붙이자면,

　　　아까 현대화 사업에 대해서,

정부의 재정을 이끌어내야 하는 부분에 대해서,

언급을 하셨잖아요,

그런데,

정부에서 잘못해서 일어난 일이 아닌데,

정부에서 전적으로 이걸,

지원해줘야 할 이유가 없! 다고 생각해요,

그리고,

일단 시장이 아까 말씀드린 것처럼,

총 300개가 넘는데,

이 시장을 현대화하기 위해서,

정부재정으로,

전적으로 그 사업을 지원한다면,

이것도 또한,

정부에서 주관하기도 어려울 거구요,

근데 그럴러면,

재래시장에서,

자체에서 준비된 자본이 있어야 하는데,

자본을 마련해야 하는데,

재래시장에서 매출을 늘려야 되는데,

그거에 앞서서,

대형마트를 규제--

규제해서,

재래시장의 매출이 향상한다면,

그 사업이 순차적으로 이뤄지지 않을까 생각합니다.

부정2: 실질적으로,

정부에서 도로나 재산을 깔아준다고 해서,

재래시장 쪽으로 몰리는 건 아니라고 생각하거든요

[실제 유통기한이라든가 그런 것이--]

긍정2: [그러면 그 말씀을 왜 하시는 거죠↗]

부정2: 어떻게 되어야 한다고 생각하신가요↗

긍정2: 그러면 이게=

약간 모순이 있는 게,

재래시장-근본적인 문제를 해결하라 뭐,

시설 문제다,

편의문제다 말씀을 하시는데,

@[@]

긍정1: [그러면]

유통시장의 근본적인 문제가 뭐라고 생각하세요↗

부정2: 유통기한의 불확실성이나 카드기 문제,

그런 것을 말씀드렸는데,

[현재 시설문제가 편의문제를--]

긍정1: [그거는 우리가--

그거는 아까 워낙--]

저기 죄송하지만,

우리 차례 아니에요↗

긍정2: 근데 전에 언급한 게,

아까 교통시설의 문제나 이런 것도 말씀하셨는데,

이게 어폐가 있는 게,

정부가 이런 걸,

근본적인 문제 이런 걸,

언급하시면서,

정부가 깔아준다고 얘기했는데,

사람들이 많이 올 거야↗

라고 물어보는 것 자체가,

자신의 의견을 모순 하는 게 아닌가요↗

부정2: 부차원에서만 노력을 말씀하시는데,

재래시장에서 상인들의 노력은 없나요↗

그것에 대해 조사하실 마음은 없나요↗

긍정2: 그래서 제가 아까 말씀드린 게,

정부차원에서만 해야 하는 게 아니고,

재래시장 자체에서도 자본이 있어야 하는데,

그 자본을 마련하기 위해서,

재래시장의 수입을 높이려면,

대형마트를 규제하면서 재래시장의 수익을 높여서,

그 자본으로,

대형마트의 현대화를 진행한다면,

더욱 더 재래시장이 발전하지 않을까,

하고 제가 말씀드렸습니다.

긍정1: [그래서 하면--],

부정2: [재래시장이--],

아,

죄송합니다,

재래시장이 마진을 높여,

좀 더 싼 값에 직접 키우는 걸 판다,

이런 이야기--

이렇게 해서 좋다,

그렇게 해서 자본을 축적하려면,

꽤 오랜 시간을 걸릴 텐데,

[그럼 그 오랜 시간을--],

긍정2: [그렇게 말씀하시면=],

아까 입론에서 말씀하신 게,

주차시설이 없고,

카드기가 없고,

상품이 부족하고,

유통기간이 지났다,

그런 걸 관리하려면 자본이 필요하잖아요,

부정2: 그러면,

그 긴- 긴 시간 동안,

자본축적 기간 동안 임시책으로,

대형마트는 계속 휴무를 해야 하나요↗

긍정2: 임시 책이 아니고 [그걸--],

부정2:   [임시책이죠],

긍정2: [아니],

임시책인데도 불구하고 그러면,

임시책이어서 안 한다면,

단지 저-여기에,

핸디캡을 주지 않고 여기에,

이번만 하려고 해도 상당히 불가하니까,

지금 임시 책이라도 만들어서,

유지하려고 하는 상황이잖아요,

그리고 지금,

아까 저- 유통기한 말씀하셔서 말씀드리는데,

실제로 어-대형마트에,

농수산물이나 이런 게 들어가면,

배송시간이나 이런 것 때문에,

신선도가 더 떨어진다고 해요,

그래서 재래시장에서 사는 게 오히려 사--

어-사는 사람들한테,

신선도를 더 유지하고,

더 맛있고 신선한 걸 팔수 있다는 증거거든요,

그럼에도 불구하고 지금 계속 어--

그 뭐야,

말해 봐,

그- 제-의무휴무제를 계속 하는 거에 대해서,

얘길 하시는데,

재래시장을 아까 우리 팀원이 말한 것처럼,

재래시장에서 먼저 자본을 구축할 여지가 있어야지 다,

상생구도를 이룰 수 있다고--

생각하거든요,

그리고 피해액도 사실,

대기업에서 일어난 피해여서,

(고개 젓는다)

긍정1: 그리고,

대형마트 의무휴무제가,

유통시장의 활성화뿐만 아니라,

그 어떤--

자본력을 바탕으로 하는 대형마트나,

기업형 슈퍼마켓의,

골목상권 장악을 막는 데 있다고 보거든요,

근데 지금,

기업형 슈퍼마켓의 경우에는 계속,

우후죽순으로 생겨나기 때문에,

어떤 골목 상권에서,

영세자영업자나 전통시장이 퇴=출! 되는 경향이 있어서,

시장 왜곡이 일어난다고도,

많이들 하거든요↗

규제를 해야 한다고 생각합니다.

부정1:　유통기한만 언급 했는데,

이제 뭐--

국산이나 중국산 이런 거,

언론에서 자주 뜨잖아요,

재래시장 쪽에서 그런 거,

속여서 판다,

근데 굳이 재래시장 그런 사람들을,

구제하는 거까지,

소비자들이 안전한 식품을 먹을 수 있는 권리를 침해하는 건,

아니라고 생각하거든요.

긍정1:　[그럼--]

긍정2:　[근데요],

긍정1:　죄송합니다,

긍정2:　원스톱 쇼핑과 시간대 선택 쇼핑,

그리고 주차 요금 등,

대형마트가 낳은 소비자 성향은 무시하고,

이런 건 어떻게 생각하시나요↗

부정1:　[무슨--]

부정2:　[질문],

한번만 다시 해주세요,

긍정2: 그 시간대 선택 쇼핑,

그리고 주차 요금 등,

대형 마트가 낳는 소비자 효용은 무시되었다고

생각-하시나요↗

[소비자--]

부정2: [효용이요]↗

부정1: [소비자 효]용이요↗

근데,

조사한 거에 따르면,

그 대형 마트,

또는,

기업형 슈퍼마켓의 규제 조치로 인한 불편은,

소비자가 어느 정도 감수해야 된다,

이런 설문에 그--

45%가 동의를 했고.

반대는 거의= 20% 초반이예요,

그면,

어느 정도 소비자도 이들--

이것을 감수할 필요가 있다는 거에,

인지를 하고 있다고 생각[하거든요].

부정2: [근데=],

아까 말씀 하셨--

주차 시설이 불편하다,

카드기가 없다,

그런 거는 미리 입론에서도 인정하는 바니까,

　　　　소비자가 그런 거는 인정하고,

　　　　재래시장을 이용한다고 생각합니다.

사회자:　네,

　　　　이제 자유토론 시간을 마치고요,

　　　　부정팀 최종 발언과,

　　　　긍정팀 최종 발언을 듣고 끝내도록 하겠습니다.

토론자료

4) 셧다운제 찬반론

등록일: 2014년 6월 (토론 수업자료)

긍정1: 그럼,

셧다운제 시간--

핸드폰 게임을 하는 것은,

게임중독의 일환으로 보지 않습니까↗

긍정2: 네,

분명히 일환이라고 해서--

셧다운제에 걸리는 동시에,

그 당시에 2011년입니다,

2011년이면 돌아보시면 아시겠지만,

그 당시에 지금처럼 스마트폰이나,

테블릿 피씨가,

보급이 되었다고 보십니까↗

부정1: 그건 [아닙니다].

긍정2:   [네, 그건] 아니죠,

그래서 그 법안을 발의할 당시에도,

지금 상태론 온라인 게임이 심각하지,

스마트폰이나 테블릿 피씨에 대해서,

규제를 할 만큼 심각한 상태는 아니다,

　　　　그래서 이것을,

　　　　2년 동안 지켜보면서,

　　　　우리가 이것을 좀 보완해나가자,

　　　　그런 식으로 발의를 했거든요,

　　　　그것에 대해서는 알고 계십니까↗

부정1:　네,

　　　　[그건 알고 있습니다].

부정2:　[저 질문 하나 하고] 싶은데요,

　　　　그- 2011년에 모바일 게임 산업이 약했다고 하시는데,

긍정1:　모바일 산업이 약했다고 한 적이 없고,

　　　　스마트폰이나 테블릿 피씨,

　　　　보급률 정도가,

　　　　지금 우리가,

　　　　고민할 만큼 심각하지 않다,

　　　　라고 했습니다.

부정2:　혹시 2G 폰=게임을 한 적 있으십니까↗

긍정1:　네,

　　　　좀,

부정2:　그 2G 폰 게임이,

　　　　남성들 사이에서 엄청나게 유행했던 적이 있거든요,

긍정1:　네,

부정2:　그때 엄청 중독이 심했었어요 핸드폰 게임에,

긍정1:　네,

부정2:　그거에 대해서는 어떻게 생각하세요↗

긍정1:　뭐,

　　　　방금도 말씀드렸다시피 그것 또한,

그 당시에,

스마트폰이나 테블릿 피씨가 보급되는 상태였고,

2G폰!도,

약간 좀--

이제 좀--

근까.

과도기적 상태라고 보시면 될 것 같아요,

아날로그적인 그런,

과도기적인 상태라고 보시면 될 것 같아서,

그 법이 발의될 당시에는,

고민할 그--

어떤,

초점이라고 해야 할지,

그런 것들이,

이루어지지 않았나 저는 생각을 하고 있습니다.

긍정2: 2년 동안 지켜보자는 의미에서,

그 2년 동안 시간을 준 것,

그걸 좀 말씀드린 겁니다 예.

부정1: 어,

우발적인 건 배제하고,

법안을 만들었다! 고 [말씀을 한--]

긍정1:   [배제가 아니라],

시간을 두고 지켜보자는 것이죠,

긍정2: 네,

우리 관심을 가지자는-가지는 것하고 전혀,

무관심한 것과는,

전혀 다르지 않습니까↗

본인이 생각하시기에도↗

부정1: [예, 그렇--]

부정2: [일단 법안]에도 문제가--

긍정1: 아,

법안에 배제가 된 것이 아니라,

관심을 두고 지켜보자는 의미의 그--

조항이 그- 있습니다.

긍정2: 제가 말씀드리자면,

법안 자체에,

이 제도는,

인터넷을 이용하는 피씨 온라인 게임과,

화면을 통해 접속하는 피씨 LPG 게임에 우선 적용된다,

스마트폰이나,

테블릿 피씨를 통한,

모바일 게임의 경우,

아직 청소년들이 모바일 기기를 많이 갖고 않아,

심각한 우려가 없다는 의견을 반영하여,

운영되지 않는다고,

이런 제도를 유예한다,

라고,

정의가 내려져 있거든요.

부정1: 그 의견을 누가 낸 겁니까↗

긍정2: 셧다운제 정의예요,

부정1: 정의예-정의를 [누가]--

긍정2:: ⠀⠀⠀⠀⠀⠀⠀⠀[셧다운]제를 만든 사람들이,

정의를 셧다운제를 만든 사람들이 내린 거니까,

셧다운제를 만든 전문가들이,

아직 그렇게 2년 전이니까,

아직 그렇게 어--

모바일이 아직 갖고 있지 않으니까,

심각한 우려가,

덜 느껴지니까,

우선적으로는 피씨 게임에 먼저,

해보고,

심각하면,

심각하다고 느껴지면,

2년 후에 다시 하겠다는,

뜻으로,

정의에 써 있어요.

부정2: 아니 저,

하나 여쭤보겠는데,

이게 원래 그니까,

게임중독을 막기 위해서,

만들어진 거잖아요,

그쵸╱ 일부분은,

근데 왜,

이게 왜,

0시부터 6시 게임시간 대에만,

이 시간 대에만 법률로 제재를 하느냐,

그니까,

게임을-게임에 중독되었는데,

내가 새벽12시 그니까,

새벽1시부터 2시까지 한다고 중독되는 게 아니라,

뭐,

오전,

가령 뭐,

5시에서 10시까지 해서,

더 많은 사용량이 있으면,

중독이 되는 거지,

왜,

이 법안에서는,

이 시간대를 규제하는지를 모르겠어요.

긍정1:   [그건 제--]

긍정2:   [아까도] 말씀드렸듯이,

중독뿐만 아니라,

청소년들의 수면권을 보장하기 위해서,

이 시간대를 [규제하는--]

부정2:   [수면권을] 보장해야 하는 이유가,

꼭 게임만 있어요↗

공부나,

다른 이유나,

고민해 봐야 합니다.

그니까,

왜 학생들이 늦게까지 게임을 하는지,

집에 와서,

잠깐 동안 이게,

엄청나게 수면에 지장을 받는 건가요↗

차라리 그러면은 라디오도 막고,

tv도 막아서,

그냥 숨 쉬는 것 빼고는,

[모두가 수면에] 지장을 주는 겁니다,

긍정팀: [@@@@]

부정2: 현실적으로 봤을 때 [추정하는--]

긍정1:   [그래서 어]

0시부터 6시까지만 규제를 하고 있는데,

그런 점에서 우리도 충분히 추론해 볼 수 있는게 뭐냐면,

법안에 대해서,

우리가 왜,

0시부터 6시까지를 규제를 하는지에 대해서,

분명히 나와 있지 않습니까↗

하지만 지금 생각해 보면,

이 법이,

적용되는 나잇대의 아이들을 생각해 보면 그니까,

이제 학교에 있고,

학원에 있고,

이런 시간을 제외한,

나머지 여섯시간--

현실적으루= 뭐,

요즘 학원이나 이런 걸 많이 다니는데,

여섯 시간,

세시 뭐,

이런 때 집에 와 있는데,

집에 와있어서,

그 아이들이,

여가생활로서 긴 시간 즐겨 보고,

그거 뭐--

그 시간부터 이 시간까지는 적어도 하지를 말아라,

이런 정도로 추정을 할 수 있을 것이라고,

봅니다,

적어도 그거에 대해서는,

동의를 하십니까↗

부정2: 다시 한 번 말씀해 주시겠습니까↗

긍정1: 현실적으로,

아이들에게 귀가시간,

학교,

학원,

이런 것까지 고려해 봤을 때,

그,

귀가시간부터 지금 제재가 되고 있는 0시까지,

아이들이 게임을 한다,

그래서,

적어도 이 시간에는 하지 말아라,

이런 식의 법안이라는,

것이죠,

저는 제 나름대로 이 시간에 대한 의미를,

그거에 대해선,

동의를 하십니까↗

어떻게 생각하십니까↗

부정2: 그 시간대를 넘기는 사람은,

견딜 수가 없을 겁니다,

보통 우리 학교에서 야간자율학습을 하면 10시에 끝납니다,

그럼 10시에,

와 가지고,

집에 오면 뭐,

11시일수도 있고,

10시 반일수도 있죠.

근데 그럼 컴퓨터를,

자기가 자율적으로 할 수 있는데 그 시간이 한 시간밖에 안 된다,

근데 이걸,

법적으로 막는다는 [게 전혀--]

긍정1:　　　　　　　　　　[네 ,그러면]

그것에 대해서 말씀드리고 싶은데,

현대 청소년,

인권법안이 발의된 거 알고--

학생인권조례라는 것에서,

그렇다면 거기에 지금,

청소년 야자가 의무입니까↗

부정2:　의무로 하는 학교가 있습니다 사립고등학교에서는.

긍정1:　네,

하지만,

야자는,

학생인권조례 안의 의미에서 생각해 보면,

저희는,

법안 자체로만 두고,

토론을 하는 것이기 때문에,

법안에 대해서,

정의를 내린 것을 보면,

야간자율학습은 절대 의무가 아닙니다,

의무가 아니라고 할 수 있습니다,

그럼 이 학생,

이 컴퓨터 게임을 만일에 자기가 여가시간이라고 생각하고,

또,

자기가 충분히 컴퓨터 게임을 스스로 절제할 수 있는,

그래서,

0시부터 6시까지는 공부를 하겠다,

그 대신에,

셧다운제를-셧다운제에 걸리지 않은 범위 내에서,

그냥 게임을 하겠다,

그럼 야간자율학습을 하지 않고,

집에 올 수 있는 거죠,

부정2: 근데,

야간자율학습을 하지 않는다고 해서,

다 집에 오는 것은 아니지 않습니까↗

학원을 가는 친구들도 있고,

부정1: 그런 친구들은,

학원이 끝나고 와서,

집에 와서,

이제 가장 쉽게 즐길 수 있는 놀이문화가,

바로 게임 아닙니까,

그럼 게임을 즐기려고 하는데,

뭐,

10시에 학원이 끝나서,

집에 오는데,

통학시간이,

학원까지 가는 시간이,

왔다갔다 하는 시간이 있어서,

10시 반에 들어왔다고 하면은,

그때부터 이제 게임 좀 하고 하면은,

한 한 시간 반 정도 하고,

셧다운제가 걸려버리니까,

그러면은,

청소년들이, 그런 가장 즐길 수 있는 놀이 문화,

가장 안전하게 접할 수 있는 놀이문화인데,

그런 문화를 너무 강압적으로 막는 거,

라는 생각은 안 드십니까╱

긍정1:   예,

그리고 말씀드리고 싶은 게,

먼저 말씀드리고 싶은 게 뭐냐면,

학원 역시도 학교 야간자율학습처럼,

자기 선택이고 또 아까 말씀하셨다시피,

부모님과의,

상호합의에 의해서,

학원을 다니지 않고 우리가 공부할 테니까,

그 시간에 나에게 자유를 달라,

그렇게 합의를 하면서 그 사람들 뭐,

아까 뭐,

이런 말씀하셨는데,

그쪽에서는 이미,

부모와 자녀 간에,

이미 충분한 소통이 이루어지고 있다고,

보신 거 아닙니까↗

그런 상--

그런 의미에서 약간,

그쪽에서 주장하는 것과,

약간 모순이라는 생각이 든다,

방금 말씀하신,

학원 때문에 게임을 못한다는 거,

그리고 또 1시간 반 정도밖에 게임을 못한다고 하는데,

그래서 저희가 과몰입을 막기 위해서,

이 시간을 정하는 거 아니겠습니까↗

1시간 반이나 되는 시간이 절대 짧은 시간이 아니라고 생각하거든요,

그 게임에 대한 경고문도 또한,

요즘,

1시간 이상 소모했습니다,

2시간 이상 소모했습니다,

시간적으로 알려주고 있는 것을 보면,

1시간 반이라는 것이 절대,

짧은 시간이 아니기 때문에,

과몰입을 막을 수 있는 중요한 법이 셧다운제라고,

저희는 생각이 되기 때문에,

저희는 찬성하는 것입니다.

부정1: 16세 이상의,

청소년들의,

게임 중독에 대해서는,

어떻게 생각하십니까↗

긍정1: 16세 이상,

이라고 하는 건,

우리가 사춘기,

2차 성징기 사춘기가 지나고 나서,

정신적으로 성숙이 되고 난,

후의 상태의 아이들!을 16세 이상이라고 정의를 하고,

이제 규제를 하는 것 같은데,

뭐--

긍정2: 계속 말씀드리지만,

나이가 중요한 것이 아니라,

반대 측에서도 주장하다시피,

부모와 자녀간의 소통이 중요한 것이 아니겠습니까↗

그렇다면,

아이와는,

뭐--

일단.(0.01)[상관이 없겠지만]

부정2:   [아까 말씀을] 하셨는데요,

학생들이 바로 재우는 게,

국가의 의무라고 하셨는데,

고등학생 때가,

아마 16세 이상이지 않습니까↗

(중략)

부정2:　죄송하지만 제가 여쭤보고 싶은 게 있는데,

　　　　일단,

　　　　무력에 대한 결과가 성공으로 이어진다는 것은,

　　　　동의하십니까↗

긍정2:　예.

부정2:　동의-동의하시죠↗

　　　　근데,

　　　　근까,

　　　　성인과,

　　　　청소년이,

　　　　게임을--

　　　　근까 프로게이머가,

　　　　자기의 직업을,

　　　　봉사하는 시간이,

　　　　그니까 학생들은 6시간이 부족해지는 겁니다,

　　　　그죠↗

　　　　그런데 이거는,

　　　　그니까,

　　　　청소년 프로그래머가 성공할 수 있는 거를,

　　　　성인들이 더,

　　　　오래-오랜 시간을 할 수 있으니까,

　　　　근까,

　　　　제가 말하고자 하는 것은 이건,

　　　　역차별이라는-역차별[이라는 거죠]

긍정2:　　　　　　　　　　　[역차별을 말씀]하셨는데,

　　　　6시간이었는데요,

0시에서 6시까지,

근데 지금 보시면,

복지가 잘되는 회사들이나 이런걸 보시면,

수면-잠자는 시간을 최소한으로 확보하더라도,

실적은 어마어마하게 올라갑니다,

그럼 이건 예는 어떻게 설명을 하[실 건지].

부정2:   [그건--],

[뭐=]

긍정1: [잠을]-잠을 충분히 자지--

더 효과적--

뭐지↗

성공할 수 있다고 저는 생각하거든요,

[잠을 자지--]

부정2: [그럼 국가효율--],

효율을 위해서,

잠을 재우자는 얘긴데,

그렇게 치면,

성인들도,

그 시간에 잠을 자게 만들어야죠,

긍정1: 그니까 [그게]-

부정2:   [그거는] 아니라고 [봅니다].

긍정1:   [제가] 계속 말씀드리는 게,

그러니까,

잠을 자야 하지 않느냐,

저희가 그런 의견이 있지 않느냐,

[그렇게 말씀을 하시는데--]

부정2: [그러면을 법을],

그니까,

법을,

완전히 청소년이 아니라,

성인도 [포함해서],

긍정1:   [아니 성인은] 예외지,

성인은 자기 생각을 가지고 있어서,

만일 이 회사가 어떤 면에서 아니다 싶으면,

나오면 되는 거고,

청소년은 그렇지 못하니까 이런 법으로 보호를 하는 거고.

부정2: 어떤 면에서 많이--

다를 거라 [보시는지].

긍정1:   [그러니까] 독재자,

내가 충분히 잠을 못자고 충분히 못 쉬기 때문에,

내가 이 회사에서는 더 이상 일할 수 없다,

그러면은 성인이라면,

거기서 나가면 되죠,

학생이라면 그렇지 못한다는 거죠,

부정2: 그럼 성인이--

부정1: 프로그래머 자꾸 얘기하시는데,

아까 학우께서,

이-셧다운 제를 소수를 위해서 만들어--

법을 만들어야 하는지,

말씀하셨는데,

그럼,

프로게이머도,

학생 100명 중에 100명이 다 아니지 않습니까↗

소수 아닙니까↗

우리가 왜,

거기에 대해서 배려를 해야 합니까↗

궁정남1: 저는 근데,

아까 학우도,

만약 셧다운제 실시해서,

100명 중에 1명이라도,

[건진다면 그걸로--]

긍정2: [근데 그것 때문에 저희]가 이 질문을 받았기 때문에 말을 드린 [₁거지₁]

[₁소수를₁] 받았기 때문에,

부정1: [₁근데 저희도--₁]

긍정2: 소수를 보호하는 거죠,

부정1: 일단 프로그래머를 들고 나오시길래,

그럼 저희도,

프로그래머에 그게,

100명 중에 모두가 다,

아닙니다,

100명 중에 한두 명↗

많아야 10명↗

그 정도인데,

꼭 개네들만,

배려하자고 셧다운제를 주장하는 건,

그건 모순이라고 생각합니다.

긍정1: 그럼,

방금 말씀하신 게,

6시간을 소요한다고 하셨는데,

어린 학생들이,

뭐,

프로게임머를 준비할 때↗

성인이 프로그래머 준비하는 데 방금,

셧다운제의 영향으로 0시부터 6시까지,

6시 간을 손해본다고 하셨는데,

그럼,

학생이 학교에 있는 시간 역시도,

고려를 해야 하는 것 아닙니까↗

어떻게 6시간만,

손해를 본다고 생각하십니까↗

그럼 아예 학교를 다니지 말아야 하죠.

부정2: 그럼--

다시 한 번 말씀해 주시겠습니까↗

긍정1: 네,

방금 학우께서 말씀하시는 게,

청소년과,

성인이,

프로그래머를 준비할 때,

청소년이 6시간을 손해를 본다고 말씀하셨는데,

아시죠↗

6시간을 써야 한다고 말씀하셨는데,

이 6시간이라는 것은,

셧다운제제 시행이 되는 0시에서 6시까지 가지고,

그래서,

셧다운제 때문에 피해를 본다,

그렇게 말씀하신 것 같은데,

6시간이라는 시간은↗

그러면,

이 학생들이,

학교에,

의무교육 아닙니까 지금,

그러면은 의무교육으로서,

학교에 있는 시간 역시도,

이 성인들이,

자기 직장을 다니지 않고,

뭐-뭐--

손해를 절대 보지 않고,

게임을 하는 시간만 비교해 보았을 때,

그러면,

학교의 의무교육 역시도,

문제가 있다고 생각하시는 겁니까↗

부정2: 아뇨,

의무교육을 해야 하는데,

긍정1: 그럼,

그 시간 역시도,

차별이 아니겠습니까↗

프로그래머를 준비하는 학생들에게는 [차별이 아니겠습니까↗]

긍정2:   [그럼 학교를 때려치워야죠],

[그렇게 말하면].

부정2: [그러면 뭐--]

그렇다면 대다수가 중퇴나 고졸,
긍정1: 근데 이런 선택을 하는 것도,
방안도 있다고 생각하십--
방안 아니겠습니까↗
[그려면 역시--]
부정2: [그렇게 나가도],
못하는 거 아닙니까↘
긍정1: 그러면,
성인도 자지 않고 24시간 게임만 한다고 생각하십니까↗
부정2: 아니요,
긍정1: 예,
부정2: 그러나,
그 시간 대에,
그니까,
꼭 이게 잠을 자는 패턴이,
0시부터 6시까지 자야 한다고 생각하는 게 잘못이신 건데,
그니까--
[어-우선에--]

(중략)

부정1: 아 그래 그것도 그렇지만,
지금,
우리가 프로게임하면 떠오르는 게임,
롤,
흔히 아시죠,

롤로써 예를 들겠습니다.

롤에,

프로게이머로서,

대회에 참가할 수 있는 나이제한에 대해서 혹시 알고 계십니까↗

롤 챔피언스에⤴

긍정2:   잘 모릅니다.

부정1:   예,

16세 이상입니다,

그러면,

이 학생들이,

섯다운제에 걸리지 않아서,

나가서 이 시간들을,

유용하게 사용할 수 있는,

권리가 있는 학생들을 상대로 우리가,

프로게이머 뭐 하고 있는데,

그것에 대해서 뭐,

어떻게 [생각하십니까]↗

긍정1:   [그거는] 게임의 문제지,

그렇게 그-

부정1:   그- 국제대회,

한 청소년이 참가했다가,

참가했다가,

준결승전에서 섯다운제에 걸리는 바람에,

기권패 한 것은,

혹시 알고 있습니까↗

긍정1:   네,

　　　　　예선전이라고 알고 있거든요,

　　　　　[준결승전이 아니라].

부정1: [준결승입니다]

긍정1: 예선전입니다,

　　　　　예선전이라서 국내에서 치러진 것으로 알고 있습니다,

　　　　　온라인 상으로 그 이상 올라가면,

　　　　　파리에 직접 가는 걸로 알고 있습니다,

　　　　　그건 예선전입니다.

　　　　　(중략)

긍정2: [아예 없진] 않죠 하지만,

　　　　　섯다운제를,

　　　　　시행한 취지가,

　　　　　어차피 다 같은 [취지일 텐데],

부정2: 　　　　　　　　　[처음 두 나]라에서 실패를 했으니까,

　　　　　우리가 그,

　　　　　두 나라의 상황을 보고,

　　　　　보완을 해서 한다면,

　　　　　나아질 거라고 생각하지는 않습니까↗

부정1: 나아질 거라는 생각을 하는데,

　　　　　확신-확신이 없어서 [그러면은 저희는--]

긍정2: 　　　　　　　　　　　[그 모든 걸],

　　　　　다 확신만,

　　　　　가지고 할 순 없진 않습니까↗

부정2: 그럼,

실효성이 얼마나 크다고 생각하십니까↗

아님 구체적인 자료나 뭐,

이런 것이 있으면--

있습니까↗

긍정2: 현재 실효성에 관해서는,

저희도,

솔직히 말하면 실효성을 검토하는--

검토-이런-방금 토론 전에 언급하셨듯이,

부모님의 주민등록번호를 유용한다든지,

이런 건 범법을 하는 경우이지,

이것을 직접적으로,

실효성을 논할 만한,

그런 것은 아니라고 생각을 하구요,

주민등록증 도용같은 [경우는--]

부정2:   [그렇지만] 범법이 많으면,

긍정2: [예],

부정2: [실효]성이 떨어지지 않겠습니까↗

그럼,

그런 법안이,

[₁존재할₁] 필[₂요가 있겠습니까↗₂]

긍정2: [₁그럼₁]   [₂그럼 모든--₂]

그럼 살인하지 말라,

그것도 뭐,

실효성이 떨어지는 것 아닙니까,

살인이 일어나고 있지 않습니까↗

뭐-그런--

일반화는 아니라고 보는데요,

부정1:　근데 어렸을 적에,

　　　　부모님 주민등록번호로,

　　　　게임 아이디를 만들어본 적이 없는 사람은,

　　　　많이 없을 것 같습니다.

　　　　사기는 예,

　　　　[소수자죠].

긍정1:　[지금],

　　　　말씀하신 게 중요한,

　　　　것인데요,

　　　　그때는 셧다운제나,

　　　　뭐 게임이 나쁘다,

　　　　이런 뭐―

　　　　이런 걸 우리가 법안으로 남길--

　　　　얘길 한 적이 있습니까↗

　　　　사회적인 화두가 된 적이 있습니까↗

부정2:　그럼 게임을,

　　　　나쁘다고 보십니까↗

긍정1:　아니,

　　　　게임을 나쁘다고 보는 것이 아니라,

부정2:　방금 말씀하신 게 [게임--]

긍정1:　　　　　　　　　　[아니 그니까],

　　　　그런 사회적인 화두가,

　　　　떠오르는 것을,

　　　　그 당시 때,

　　　　체감한 적이 있느냐,

그것을 물어본 것입니다.

제 의견이 들어가는 것이 아니라,

그래서 이런 것들을,

좀더,

그 부모님의,

주민등록번호를 도용하는 것이,

잘못된 것이고,

제 나이에 맞지 않은,

게임을 하는 것 그리고 그것에 과몰입을 하는 건,

충분히 잘못된 것이다,

이것에 대해서,

사회적으로 같이 고민해 볼만한--

방금 말씀하신 것처럼,

그런 문제를,

해결할 좋은,

법안이,

섯다운제라고,

저흰 생각을 해서 찬성을 하는 것입니다.

사회자: 네,

시간이 다 된 관계로 여기서,

토론을 마쳐야 할 것 같구요,

오락프로그램

1) MBC 라디오스타

방송일: 2013년 5월 8일

K: 자,

라스 단골 손님들 한번 모셔볼까요.

Y: 신화 15주년 특집,

으로 알고 왔겠지만,

사실은,

오래 해먹었다 아이가=

고마해라,

오래된 녀석들 특집.

S: 야,

개콘 신인 같았어요

엠씨들 [@@@]

S: 자,

정말 애쓰셨습니다 오늘,

어려보일라고 머리 염색도 하시고,

Y: 응

S: 하지만 더 늙어보이는,

국내 최장수,

아이돌 그룹=

이라고 쓰고,

우리는 아이돌 묵은지라고 부른다,

K:	네,

[그렇]죠,

S:	[그룹],

신화입니다.

Y:	예=

K:	어서 오세요.

엠씨들	[박수]

초대자	안녕하세요=

우리는=

OO입니다.

J:	안녕하세요.

K:	야,

자,

OO하면 인제,

K이죠,

바로 OO 저격수가 KH인데,

J:	아

M:	[어]

K:	[지]금 남미 투어중입니다.

Y:	그[렇습니다]

J:	　[덕분에요]

Y:	여러분,

남미투어 갈일 없죠↗

J:	남미쪽은,

```
            아직까지는.
Y:          아직까지는↗
J:          아직까지는,
            이번 앨범이,
            남미 갈 수 있는 기휩니다.
엠씨:        [@@@@]
S:          남미 티켓입니까↗
J:          [남미용--]
K:          [요거 남]미용[이에요↗]
S:                        [오우]
J:          근데 KH씨가 빠졌는데,
K:          네,
            일단 노린 건가요↗
J:          약간 너무 좀,
            없어 보이는 느낌 들어요.
Y:          아,
            그래서,
            KH의 빈자리 때문에,
            저희가 이미 한 달 전에 스파이를 하나 심어놨습니다.
A:          [아],
            저희 [중에].
M:              [아↗]
J:              [저희] 중[에↗]
K:                          [예]예.
Y:          한달 전에,
            한달 전에,
```

자,

엑스맨,

일로 오세요.

(H 의자들고 자리 옮기는 중)

A: [어／]

M: [야].

K: [이 자리에 있으면],

J: [아, 뭐야, 배신자]

아,

저희끼리,

방송이 있거든요,

OO방송이라고 있는데,

거기서 뭐 따로 연습을 하더라고,

E: 맞아.

J: 숨기더라고,

[미치겠다],

E: [아 맞다].

J: 아 활동 못하겠[네 우리].

K: [그러니까],

근데 H씨가 이쪽으로 오니까,

갑자기,

E씨가 끝자리가 되네,

어=

[희한하네].

M: [저기 일년] 전엔 제가 끝자리였죠.

Y: [으응].

S: [예].

Y: 이 자리에 E같은 캐릭턴 처음이에요.

모두   [@@@@]

Y: 이게 뭔가 모자란 분들이,

오늘 E이 뭔가,

불길한 [예감이 든다=]

K: [약간 모자란] 분위기=

S: 쌤 해밍턴이 앉았던 자리에요.

모두   [@@@@]

H: 사실 이거를 제가,

S: 응,

H: 오늘 좀 엠씨를 하라는 얘기를 듣구,

K: 네,

H: 아,

너무 걱정이 좀 많이 되더라구요,

그래서,

우리 J씨한테,

K: 응,

H: 예능,

아버지잖아요,

[₁저희 멤버들 [₂안에서는₂]₁]

엠씨들   [₁@@@₁]

J: [₂아버지-₂] 아버지,

저희 아버지 찰리박이에요.

모두   [@@@]

J: 그래서,

아,

저는 진짜 배신감 느껴요,

왜냐면은,

H: 보통 상의를 하는데,

Y: J씨는,

J: [예].

Y: [인]제 엠비씨랑 좀,

인연이 안 좋아서.

H: [₁예₁]

모두   [₁@@₁]   [₂@₂]

J: [₁사실은₁]   [₂제가₂],

Y: [₁또 여기₁] 안 [₂나올까봐₂].

J: 군대,

아뇨,

군대 문제 때문에요,

약간 그런 게 있었어요,

[네, 개인적인 부분이] 좀 있었어요.

K: [여기 H씨],

J: 그=걸 또,

갑자기 지금 말씀하시구,

[엠비씨 내가 엠비씨 얼마나 좋아]하는데.

모두   [@@@}

K: 자,

H씨가 이제 자리만 바뀐게 아니라,

인제 일 년 전과 자리 변화가 있어요,

Y: 네,

K: 아,

일 년 간 멤버들의 인기,

경제 사정을 인제 과학적으로 분석해서,

자리배치를 다시 했습니다.

S: 오오[=]

K: [우리] H씨가,

H: 그렇죠,

제가 조사를 했죠.

K: 예,

조사한 거,

저,

발표해 [주시죠].

H: [예, 우선] 뭐,

최하위인,

E!씨를 하도록 하겠습니다.

J: 왜- [왜 최하위를--]

M: [아, 경-경제순위]구나.

H: 한때 명실공히,

OO 내 최고의 갑부였으나,

K: 네,

H: 타 멤버들과는 달리,

개인활동이 전무,

모두: 아=

H: 1년 내내 신화방송 촬영 이외에는,

집에서 강아지 곰돌이만 키우며,

사료 값만 축냄,

모두: 아=

H: 요런 이유에서 [E씨가],

Y: [아니아니],

개인활동 왜 안 한거에요↗

벌어논 게 충분히 있었! 다는,

뜻인가요↗

E: 많이= 번것! 도 사실-사실인데,

제가 많이 쓰지를 않아요,

[사실].

엠씨: [아=]

D: [진짜] 안써요.

J: 맞아요.

D: 옷두,

인터넷 쇼핑으루,

최저! 가 [찾아가지고],

Y: [검색해서↗]

K: 그래요↗

Y: 요즘 OO,

협찬 잘 됩니까↗

J: 어,

그,

물밀듯이 [들어와요],

엠씨: [@@]

J: [부탁할 거 있으면] 말씀하세요.

엠씨: [@@@@]

H: J씨는 오늘,

가죽! [자켓을].

J:　　　　　　[아니],

개인적으로 좋아하는 건데,

H:　비싸 보여요= [자켓이]

J:　　　　　　　　　[오늘따라] 좀,

신경 좀 쓸려구,

라스니까.

Y:　오늘,

깔 맞춘 겁니까↗

J:　예예,

[머리 색깔]하고,

엠씨:　[@@@]

Y:　신화의 리더,

E,

작년에,

신화가,

활발히 활동을 했는데,

솔직히 얘기를 해주세요,

흑잡니까 적잡니까↗

E:　어,

많이 흑잡니다.

K:　[많이 흑자]에요↗

Y:　[흑자에요↗]

K:　오=

E:　예전처럼 좀 저희가,

좀 더 공격적으로 방송활동 좀 많이 하고,

사실은 그런 거,

좀 많이 안했었거든요,

개인활동에 비중 많이 주다보니까.

근데 다 그렇게 열심히 하고,

이제 해외콘서트도 많이 하고 하다 보니까(0.01),

(고개를 끄덕이면서)확실히,

[많이 흑자]

Y: [근까 멤버들] 가져갈 거 다 가져가고,

회사가 남긴 거 흑자란 얘기죠↗

E: 사실 회사에는 많이,

남겨두지 않아요.

Y: [아, 다-다들--]

K: [아, 개인이 가져]가고↗

Y: 그러면 흑자지,

그죠↗

K: 그렇죠,

예.

H: 제가,

뒷조사를 또 해봤는데요,

우리 E씨가,

지난 1년간,

아주 여장에 푹 빠졌다는,

정보가 있죠=

S: 치마도 [입고=]

H: [심심하]면 치마를 입고 여장을 하고 그러는데,

특별히 선호하는 스타킹 색깔이 있다고.

K: 아[=]

E: [무]슨 소리야

모두: [@@@]

H: 조사,

       여기가 [있어요=]

Y: [아니 이런]게,

       하다하다 끝까지 가는 게 이런 걸로 가거든요↗

모두: [₁[₂@@₂]@₁]

S: [₂네, 끝까지--₂]

K: [₂그래₂]

S: 더 끝에는 이제,

       하이힐까지도 가능.

J: 즐겨신어요,

       285짜리로.

모두: [@@@]

E: 아,

       예전에,

       우리 그,

       [OO]방송하면서,

J: [방송]

K: 예,

E: 했던 건데,

       자의로 했던 건 아니고 그때도 M이 좀= 꼬셔서,

       어쩔 수 없이 제가 말려들어갔던--

D: M가,

       [₁그런 걸₁][₂잘해요₂]

M: [₁무슨 소리₁][₂야₂]

J: [₂멤버를₂]분리를--,

        아,

        저,

        오늘,

        좀 보자,

        그 아까,

        말씀하셨잖아요,

        그,

        Y씨,

        저기,

        [의상을 보고],

M: [아 스타일이--]

Y: 아,

        [왜요↗]

J: [말하고] [싶다고]

M: [팀에서],

        리더는 E씨고 저는 패션리더거든요.

모두   [₁@[₂@₂]   [₃@@₃]₁]

S: [₂자기 입으로₂] [₃저렇게 얘기하기가 쉽지 않은데=₃]

J: [₃자기 입으로 패션리더라고₃] 하기 정말 힘들거든요.

Y: 패션리더,

        [왜요↗]

M: [아],

        Y씨는 오늘 스타일이,

        딱 보니까,

음,

간지↗

모두: 아아아=

D: 이거[하려구↗]

J: [이거]하려구,

딱 들어오면서 한다구 했었는데,

타이밍을 놓쳐갖고.

S: 이걸,

못 만들어가지고 자기가@@

Y: M은 수다 떨지 않아요,

예전에,

옷가게에서 저랑 만났잖아요,

M: 한 번 만났었어요.

Y: 근데 제가 바지를,

이케 입고,

이케 거울을 보고 있는데,

대화가 전혀 없다가,

정말 거울앞에서 이케 서있는데,

가면서,

형,

간지=

모두: [@@@@]

Y: M씨 나가고 그 가게 주인이,

아무것도 안사고 그냥 나갔다구.

모두: [₁@@[₂@₂]₁]

Y: [₂아니₂] 저 사람은 아무것도 안 사구,

(손가락으로 간지 흉내)

모두　　[₁@[₂@₂]₁]

K:　　　[₂자₂],

그래,

E씨,

그,

좋아하는 색깔이 뭐에요↗

S:　　　뭐 커피색,

뭐[=]

E:　　　　[저]는 까만색,

좋아해요.

엠씨:　 까만색=

Y:　　　검은색=

스타킹은 확실히 검은색인것 같아.

모두　　@@

D:　　　아니↗

근데 E씨가 다리가 진짜 예뻐요.

Y:　　　어= 맞[아요].

D:　　　　　[H]도 예뻐요 [H도].

H:　　　　　　　　　[잘-잘 어]울리더라구요.

E:　　　근데 H 다리보다 제 다리가 좀 더 예뻐요.

모두　　[@@@@]

K:　　　자,

4위가,

M씹니다,

작년 꼴지에서 인제 한단계가 상승했어요.

Y: 올라왔어요.

K: 왜 상승했냐면,

         M! 쏠로,

         10주년 콘서트가 성공을 했고,

엠씨: [음=]

Y: [아 그]래요↗

K: 암암리에 판매중이던,

         모자사업이 대박났다며,

         에,

         본인이 떠들고 다닌다고,

M: 예,

         전,

         제 립서비스를 제가 해요.

모두   @@[@@]

J: [홍보대사].

E: 저는,

         M씨가,

         그,

         처음으로,

         모자를,

         갖고 왔어요 저희가 콘서트할 때,

J: 네[네]

E: [그]래서,

         어 이거 되게 예쁘다 이거 나,

         써도 돼 그니까,

         써도 된대요,

그래서 마지막 곡 할 때 쓰고 올라갔었거든요,

M: 맞아요 맞아요.

E: 근데 하다가,

인제 M한테,

나 이거,

팬들한테 던져도 돼↗

근까,

안된다구,

모두   [@@@]

H: 아니 그거 [던질 수 있는--]

J: [시예-, 신상이]라 나온지 [얼마--]

H: [왜, 팬서비]스인데 왜,

[왜 그걸 못 던지게 해요↗]

M: [그거는, 그거는],

샘플이었기 때문에.

모두-   아 [=]

      [정식]으로 나온 걸 던져줘야지,

H: 그 [생각까지 한 거에요↗]

M: [E씨가 던질라]고 하는 딱 그게,

보이는 거에요,

제가 손목을 딱 잡았거든요,

마이크 잡고 [딱--]

H: [야 샘]플이야 이거.

모두   [@@@]

Y: 그리고 공동 4위,

    J.

J:　　　아,

　　　　저 공동3위 아니에요↗

Y:　　　아니,

　　　　공동 4위에요,

　　　　[E와 마찬가지로]

S:　　　[실망하셨어요↗]

J:　　　3원 줄 알고 [좋았다가]

Y:　　　(왼쪽 가리키며)[일로] 3위가 아니고,

　　　　(오른쪽으로 손짓하며) [일로 4위].

S:　　　　　　　　　　　　　[4위 4위]

Y:　　　E씨와 마찬가지로 개인활동은 없었지만 OO방송에서의 [탁월한 예능감으로],

J:　　　　　　　　　　　　　　　　　　　　　　　　　　[그보다 많이했는데],

Y:　　　각종 예능서 러브콜이 빗발치고 있습니다,

K:　　　음=

Y:　　　잠재적 능력을 인정해,

　　　　[4위].

J:　　　[아유]

Y:　　　근까 실질적으로 번 건 없는데,

　　　　[미래가] 있어,

S:　　　[장래가--].

J:　　　미래가 보인다 이거죠↗

Y:　　　어,

　　　　[예=,미래가치]

J:　　　[어우 그런 얘기가] 더 좋아요.

K:　　　진짜 잘하더라구요.

D:　　　어우 너무 잘해요.

K: 예,

        그 무도에서 그렇게 하지 그랬어요.

J: 무대에서도 글케 해요,

        아,

        무대를 못 보신 거 아니에요↗

모두: [@@@]

M: 무도=

J: 아,

        [무도=]

M: [무한도전],

J: 아,

        무도에서 잘,

        아 무도에서 잘했는데 그때,

        열심힌 했는데,

        막바지에 제가,

Y: 할 때는 [잘했어요=]

J: [개인적인],

        좀 그런 거였는데,

        그걸,

        카메라 앞에서 절대 보이면 안되는 건데 제가 약간.

        [해버려]

K: [아=]

J: 그때 사춘기가 와 가지고,

        그,

        사랑의 아픔이 있었고,

        군대 가는 좀,

K: 네.

J: 그런 상황도 있었고,

        또 가장이다 보니까,

        좀,

        약간 스트레스를 받아서 그런지 좀,

        왜 자꾸 웃으세요 그렇게↗

Y: 이렇게,

        훌륭하게 복귀해서,

        흐뭇해서 그런 거에요.

J: 아,

        그래요,

        감사합니다.

엠씨   [@@@]

S: 제영재 피디가 집앞에서 기다렸어요↗

J: 네↗

        당시 무도 피디- 안 나와서,

S: 안 나와서=

J: 좀 늦게 나,

        늦잠 잤어요,

모두: [@@@]

H: 쑥스러워서 그런거 아니에요↗

        나가기 쑥스럽고.

J: 약간 그런 것도,

K: 어,

S: 준비 [다 해놓고],

J: [엠씨형들은],

K: 네.

J: 오랫동안 같이 했었잖아요,

        멤번데 저는,

        늦게 합류를 좀 했고,

K: 아=

        [쑥스러워서],

J: [막내이다 보]니까 좀,

S: 늦게 합류해서 나가는 것도 늦게↗

J: 음=

모두   [@@@]

S: J씨가,

        다른 활동도 하고 있습니다 지금,

        [연예]계 대표 효자로 활동 중이신데,

J: [뭐야↗]

        활동이에요↗

S: 아버님께 무려,

        머리카락 3000모를 심어주셨다,

K: [아],

Y: [아],

K: 삼천모,

        대단한데요.

J: 근데,

        저는,

        자랑할 그게 아니어서 얘기를 안했었거든요,

        약간씩 아버지가 스트레스를 많이 받으시고 하다 보니까,

        좀 그런게 있어서 좀.(0.01) [그게--]

S: [그게] 한모당 얼마에요↗

D: 근데 사실 그거는 뭐,

금액으로 따지면 별거 아닌거구요,

평소에,

되게 아버님한테 잘해요,

어떻게 저렇게까지 잘하고 이해를 할까,

해서,

반성해요 J를 보면요 가끔.

Y: 자,

그럼 [반대]로,

J: [네],

Y: OO 최고의 불효자는 누굽니까↗

K: [불효자로 활동하는--],

J: [아, 저희 멤버는][불효자는]

M: [불효자@]

K: 불효자로 활동하는 사람은 [없어요↗]

J: [우리 라스],

식구 중에서,

가장 불효자는 누굽니까↗

S: 제가 좀 불효자죠.

모두 [@@@]

J: 잘하라고=

S: 저희 아버지가 보험하시는데,

J: 아 그래↗

S: 몇 번을 제가 혼내고,

J: 아버지 이건 좋지 [않아요],

S: [좋지] 않은 표정으로 들어드렸어요.

모두   [@@@]

Y: 됐죠↗

S: 아 [됐어요].

M: [됐죠↗ 됐]죠↗

J: 저희는 진짜 없거든요,

       [저희 멤]버들은.

S: [불효자],

K: [여기서--]

Y: [집에서],

       아버지 걸어가실 때 다리 걸었던 분 없어요↗

S: 아버지 얼굴에 잘 때 낙서한 분↗

Y: 그런 분 없어요↗

K: 다 효자는 [아니잖아요].

D: [불효자는] 없는 것 같아요.

J: 네,

       [불효자는 없는데, 듣는] 얘기로는 요즘에,

S: [불효자는 없구나]

J: 어머니랑 사이가 안 좋다고 그래갖고.

모두   [₁@[₂@@₂]₁]

H: [₂무슨 얘기에요↗₂]

J: 분명하게 얘기해요 [여기서].

M: [아=] 농담으로 한 얘기[를=],

Y: [M]

J: 아,

       농담이었어요↗

근까,

요즘 저희 매니저가,

야 우리 OO 활동했으니까,

뭐 어머니랑,

나가는 프로가 있는데,

K: 네.

J: 나갈 사람,

그러다가 갑자기,

M: 핑계를 [핑계를 댔죠]

J: [너무 귀엽−귀엽게],

야,

나 요즘 엄마랑 안 좋아.

모두 [₁@[₂@@₂]₁]

J: [₂이게 무슨--₂]

모두 [₁@[₂@@₂]₁]

J: [₂약간₂] 그런 느낌,

[₃불효자는 없어요₃].

D: [₃아니 근데 저희는₃],

솔직히 말하면은,

이 셋은 가족들하구 부모님한테,

[너무] 잘해요,

Y: [응=]

D: 마치 미국사[람들−아니 미국사람]들이 아니구나.

Y: [D는 잘해요↗]

S: 미국 사람이 잘해요↗

모두 [₁@@[₂@₂]₁]

Y: [2효도는 미국이지2]

S: 효도는 미국이지,

모두   [1@@[2@2]1]

S: 효도는 미국이야,

        효의 본고지

J: 아,

        [예],

S: [아메]리카

모두   [1@[2@@2]1]

Y: [2효도는 미국이지2]

D: 야,

K: [효도는--]

D: [내 얘기] 좀@,

        내 얘기 좀 들어봐.

국   [효도는 미국이지].

Y: [아메리칸 드림이 예],

        효도죠.

M: 잡혔어 [잡혔어].

D: [아니=] 들어봐요,

S: [1어=1]

D: [1아니 우1]리가 얼핏 생각하기에,

D: [2미국 사람2]들은 왠지,

S: [2잘살어2]

D: 휴가도 일년-일년에 막,

        [방학처럼],

Y: [서방예의지]국 몰라요↗

모두   [₁@@[₂@₂]₁]

D   [₂2개월을--₂]

J: [₂동방이지-동방₂]

D: 끊이지 않고 가족들을 위해서,

　　　[막 시간을 많이 쏟고] 이런 느낌 있잖아요

J: [예의이면 E지].

K: [아니 그게 이게--],

Y: [아니 미국에서 절 배]우고 왔잖아요.

D: 아뇨,

　　　물론 한국사람들,

　　　예의도 좋고,

　　　효를 하지만,

　　　뭔가,

　　　일에 열심히 하는걸 이해해주길 바라잖아요 [가족에]게.

K: [네=]

D: 근데 전혀 안 그러고 가족에게 시간! 을 많이 쏟으니까,

Y: 어[어],

D: [그] 모습이 참,

　　　본받을 점인 [것같아요].

J: [맞아요].

S: 자,

　　　그리고 다음,

　　　2위입니다,

　　　A씨,

　　　요거는 저,

　　　본인보다는,

역시 T의 성공입니다.

모두: 네.

S: T을 위해서라면 안 나가는 방송이 없죠,

A: 그죠.

S: 뮤직비디오 틀어준다고 하면은,

다 나간다고 합니다.

A: 아니 그-

그거 어떻게 조사--

어떻게 조사하셨어요↗

Y: 역시 제작자야,

[제작자는=무조건] 나가야 돼.

S: [아니 이거 비밀리에--]

아니 근데 이거,

대단한 노력인 것 같아요.

A: 솔직히 이 방송이 나가면 T이 안봤으면 좋겠어요,

네,

저는 솔직히,

T한테 거짓말을 시키고 하거든요.

K: 아,

어떤 식으로요↗

A: 제 스케줄로 들어 !왔기 때문에 나가는거다,

D: 아,

멋지다.

S: T를 위해서 어디까지 나가봤어요↗

Y: 제가 듣기로는 A가,

진품명품! [에] 나갔다고.

S: [정말↗]
Y: 진품명품에 안 어울리는 이름이잖아요,
      진품명품에,
      A씹니다.
모두   [₁@@[₂@₂]₁]
A: [₂정말₂],
      그날은,
      하나도 못 맞혔어요.
J: T를 정말 생각[하니까],
Y: [그니까].
K: 진품명품,
      나가봤고.
A: 일대백도 나갔었구요,
K: 일대백.
A: 변호,
      일케,
      하는 거,
      있잖아요,
      [나갔었]어요.
K: [어=]
Y: 그니까,
      이 가수를 위해서[=]
J: [그래]서,
      A씨가 이번에 OO활동할 때,
      개인적으로도 많이, 나가줬으면 좋겠습니다.
모두   @@@@

Y: 근까,

T를 위해서 나갔다가,

OO를 [위해서].

J: [지금은] OO를 위해서.

더 중요한 거니까,

H: 네,

그리고 또,

소문이 있더라구요,

K: 네[=].

H: [T]에 L씨가,

A: 예,

H: 여자아이돌들한테,

그렇게 대시를 받는다는,

S: [어=]

H: [소문]이 있는데,

Y: 이런 것은 또 [커바해줘야 해].

H: [사실입니까↗]

S: 입술이 이만해서 그런가↗

모두   @@@

A: 사실,

이제 회식 때,

한번 물어봤었어요 진지하게,

잘 나가는,

아이돌 그룹한테 대시를 받은 적이 있냐,

근데,

있다고 저도 들었어요.

K: 어=

A: 그래서,

        자기도,

        막 밝히지를 못하겠다,

        근데,

        아 누굴까,

        저도 정말 궁금한 거에요,

Y: 잘 나가는,

        여자 아이돌,

A: 예,

Y: S,

        뭐 Y쪽인가요↗

A: 제가 듣기로는 J였어요.

Y: 어↗J[=]

H: [어]↗

        그럼 확 주는데.

S: 확 주는데,

        그럼.

Y: J,

        M,

A: S양[이라고].

Y: [S양],

        어↑H↗H↗

D: J↗

H: J도 [있구].

S: [Y],

Y/

아 Y

모두   [₁@@[₂@₂]₁]

M: [₂시집₂] 갔잖아=

A: 저도,

너무 궁금하잖아요,

근데,

결국에는 안가르쳐 줬어요.

H: 근데,

대시는 받은 거고,

사귀는 건 아니구요/

A: 예,

사귀는 건 아니구요,

J: 우리 H씨는,

아이돌 그룹한테 대시 받거나,

H: 왜 갑자기,

저한테 질문을 해요=

[없어요].

A: [정말] 맹세하고,

15년 동안,

[한=명도]/

J: [아이돌한--]

Y: 아는 것 같은데요,

[지금=]

D: [에이],

[있는데=]

Y:　　[한명]도 [없대 한명도],

S:　　　　　　　[대시를 한 적이]없다,

H:　　없다.

S:　　[없다↗]

K:　　[저-진짜-] [좀--]

M:　　　　　　[에이=]

D:　　　　　　[가슴]에 손을 얹고,

　　　　[하나 둘 셋].

모두:　[하나 둘 셋]

H:　　아니,

　　　　없다니까=

Y:　　진짜 [없나 봐].

K:　　　　[자, 그럼,] 작가한테,

　　　　저,

　　　　대시 받은 적 있어요↗

모두　@@@

J:　　봤어,

　　　　봤어,

A:　　저 봤어요.

K:　　예↗ 작가[한테],

J:　　　　　　[볼만-] 볼만해,

K:　　있다 없다↗

S:　　고령의 작가한테,

　　　　대시 받은 적 있다 없다↗

모두:　[₁[₂@@@₂]₁]

J:　　[₂아니 아니에요₂]

H: 대시 아닙니다,

      대시 아니구요 그냥=

      아끼는 마음이죠,

      [대시는 사귀잔]데요=

K: [아닌 것 같은데].

S: 고령의 작가에게 스토킹 받은 적,

      [있다 없다]↗

H: [아뇨 없어] [₁[₂요=₂]₁]

모두   [₃[₂@₂]@@@₃]

H: 내가 공격을 해야 [되는데].

Y: [자=]

H: 1위도 그럼 제가 할까요↗

S: 예.

H: 자,

      대망의 1위는,

      어,

      1년 만에 거지라인에서 1위로,

모두: [와=]

Y: [아, 그러네].

H: 김배우,

      [D섭]니다.

Y: 맞[아 맞아].

H: 영화 연가시가 450만,

엠씨   오우=

      (중략)

K: 음

Y: 조치를 [못하고].

M: [네 못만]났을 수도.

K: 아 그래요↗

M: 예,

         예.

Y: 다행이다..

M: 딱 한시간 차이었대요,

         한시간만 늦었으면,

Y: [아=]

K: [아 그]래요.

M: 예,

         그래서.

         예,

         좀.

         H씨가 그 때 그런 얘기를 하더라구요,

         왜,

         생각을 못하고 있었다가 이제,

         어느덧,

         연세가 이제 그동안 많이 드셨고,

         건강도 챙겨야겠다란 생각이,

         더 이제,

         들게 만드는,

         어떤 계기가 된 것 같애요 [H씨도],

K: [근데 저],

         이런 상황에서도 뭐,

　　　　M씨가 힘든 티를,

　　　　내지를 않았다면서요↗

H:　　　근까,

　　　　그 때가 저,

　　　　한참 이제 저희 앨범,

　　　　준비할 때였어요.

K:　　　네=

H:　　　그래서,

　　　　음악적으로,

　　　　뭔가 M씨가 할 일이 되게 많았는데,

　　　　사실,

　　　　그런 일,

　　　　생기면,

　　　　사실 정신적으로 많이 힘들잖아요.

　　　　그래서,

　　　　좀 놓-놓거나,

　　　　아님 사실,

　　　　그렇게 했-,

　　　　그렇다고 하더라도 이해를 했을 거에요.

　　　　근데 불구하구 되게 좀,

　　　　뭐,

　　　　티 많이 안 내구,

　　　　개의치 않구 좀 이케 좀,

　　　　작업 같은 거 열심히 하구,

K:　　　음=

H:　　　네,

해줘서 너무,

좀,

되게 대견하구,

좀 되게 뿌듯하고,

되게 고마웠! 었어요.

Y: 이 방송이 마침 5월 8일,

어버이날 나가거든요.

모두: [아=]

Y: M씨 아버님께 영상편지.

보고계실 텐데.

M: 어,

아버지.

어=,

항상 건강하시구요.

어-저희 아버지 뿐만 아니라,

저희 OO,

예,

아버님들 어머님들,

어,

항상 건강하시는 거에 더불어서,

저희가 그 건강을 책임질 수 있도록,

저희,

자식된 도리,

앞으로도 쭉,

계속 열심히 하겠습니다.

어,

　　너무너무 사랑하구요.

　　어,

　　항상,

　　힘내세요,

　　파이팅.

K:　아,

　　E씨.

　　리더로서,

　　또 신컴,

　　대표로서 OO의 최종 목표는 뭡니까↗

E:　그냥 뭐,

　　거창한 건 없는 것 같구요.

　　그냥 지금처럼 계속,

　　그냥,

　　가요계 중심에서 활발히 활동하고 싶은 게 목표고,

　　또 이제,

　　요번에 나오신 조용필 선배님 보면서,

　　세월이 많이 흘러도,

　　어!떤,

　　추세에 맞는 음악을 하더라도,

　　아 역시 조용필 선배구나,

Y:　아=

E:　그런 말이 나올 수 있도록,

　　되는 게,

　　목푠거 같아요.

Y:　아,

그런데,

현존,

제일 오래한 아이돌 그룹이라는 게,

되게 멋진 일인 것 같애요,

[다 해]체되고,

J: [진짜],

Y: 지금 없잖아요,

네,

그렇죠╱

K: 대한민국 최장수 아이돌 그룹 OO.

자,

이미 기록은 시작됐구,

이제 여러분들의 매일 매일이,

기록이 될 겁니다.

J: 네.

D: [감사합니다].

K: [제발],

별 일 없이,

제발,

사고 없이,

Y: 그래.

K: 제발 오래오래,

매년 여러분을 볼 수 있기를 바랍니다,

자,

속풀이 송 들으면서 여기서 인사드리겠습니다,

여러분,

다음주에 만나요.

제발=

오락프로그램(인터뷰)

2) MBC 무릎팍도사 ①

방영일: 2008년 5월 14일

S: 여기가,

   무릎이 닿기도 전에,

   모든 걸 꿰뚫어본다는.

A: 무릎무릎무릎팍

(제작진들 S에게 악수하러 접근)

K: @@

   피디분들 왜그러세요↗

   아,

   진정하시고,

   카메라가 안 잡히잖아,

   여기를 막아두면,

   막으면,

   안돼요,

피디: 나 피디야.

K: 나가세요 [나가],

Y: [내가] Y야,

   나 Y.

K: 야=

(제작진들이 나가고)

K: 천기누설 무릎팍,

       야=

       제가 무릎팍 도사.

(악수한다)

S: 아=

K: 예 예,

       예=

       안녕하세요,

       [예].

Y   [제가] 건방진 도사 Y 니다.

S: 예,

       많이 보고 있습니다

K: 여기서 제가 또,

S   예,

K: (출연자 번쩍 들고)

S: 예에에↗

K: (방석에 앉히면서) 조심하십시오 조심히

K: 대한민국 모든 남성들의 첫사랑!

       순수함과 섹시함이 교차하는 매력적인 여배우,

       멜로의 여왕,

       그녀가 왔다.

(중략)

K: 연예인 친구를 만나보고 싶다,

어,

S,

무릎팍도사를 보고,

계십니다,

자 지금부터 @@

자,

그녀의 첫 스포트라이트,

혜성처럼 등장한,

연예계의 신데렐라! 배우가 되야 되겠다,

내가 그 끼를 언제,

처음 발견하셨죠╱

S: 중학교때╱

K: 나는 배우가 되겠다,

확신을 가지고 중학교때부터,

확신을 하셨어요╱

S: 아니,

그런 건 아니구요,

전 되게 내성적이구,

저는 뭐,

누구 앞에서 뭐 정말,

춤을 춘다거나 노래를 한다거나,

연기를 한다! 거,

나는 원래 어울리지 않는 성격이었는데.

내적으로 제 가슴속에는 뭔가가 참 많이,

꿈틀꿈틀거린다 라는 걸,

느꼈던 거 같애요,

K: 예

S: 연기를 하면 뭐,

       표현되지 않는 어떤 것들을,

       끄집어 낼 수 있을 것만 같은 느낌↗

K: 경상도 출신[이시더]라구요↗

S: [음=],

       전 대구.

K: 예,

       어떻게 여자분들은 거짓! 말처럼 사투리를 고치는지 이해가 안돼요

S: 아니 전 이렇게 못 고치는게 [이해가 안돼요],

K: [@@@]

       저,

       표준어 쓰잖아요,

       사투리 많이,

       티가 나요↗

       아니 그런데 어떻게 사투리를,

       완벽하게 고쳤을까요↗

S: 고3때까지 대구에! 서 살다가,

K: 예,

S: 대학교 1학년 올라오면서,

       이제 1년 동안 많이 배웠어요,

K: 사투리는 좀 쓸 줄 아는교↗

S: 맞나=

       응,

       12시에 만나,

K: S아 밥 묵었나↗

S: 밥 먹었다,

      이렇게 되는 거죠.

K: 와 그래도 이렇! 게 완벽하게,

      아니 저 같은 경우에는,

      언어적으로는 사투리가 다 고쳐졌어요.

S: 네↗[@@]

K: [그런데 아니아니] 그 톤이 남아있는거지,

      저는,

      정확하게 표준어를 의– 의거해서,

      단어를 표 안 나게,

Y: 뭐 안 나게↗

      티 [안 나게↗]

A: [형님],

      글이나 다시 배우고 오십쇼.

모두 [@@@]

K: 좋습니다,

      그럼 첫 드라마! 가 주연,

      맛있는 청혼! 에서 주연으로,

      거의 조연! 이 없이 바로 주인공이 된 기분은 어떻습니까↗

      좀 [불안]할까요↗

S: [어=],

      그땐 굉장히 많이 불안했었어요,

      내가 아무것도 모르고,

      드라마 제작 환경도 자체도 모르고,

      연기에 대해서도 잘 모른 상태에서,

K: 예,

S:	그냥 단지 가능성만 믿고 감독님이 캐스팅을 해주셨는데,

근데 그때,

내가 생각한 것처럼이 아니더라구요,

근까 내가 하는 그 연기가 내가 과연,

잘 할수 있!을까 하는 것도 너무 고민스러웠고,

하면서,

근까 데뷔 3년 동안이,

그때가 가장 힘들었던 시긴 것 같아요.

K:	그럼 그 예전! 에는 어땠어요,

하루일과가↗

S:	고등학교 3학년 졸업하고 대학교!로 올라오면서,

서울에서 이제,

혼자 지냈었는데,

제가 또,

지방출신이라 굉장히 그,

서울이 낯설어요,

저한테는,

대구는 시내가 하나 있잖아요,

근데 서울은 시내가 너무 많잖아요.

K:	네,

그럼 시내에서 혼자 많이 돌아다녔겠네요,

혼-혼자 사니까 뭐,

귀가에,

제약이 없으니까.

S:	그렇죠 그냥 뭐,

또 저희 학교가 명동에 있었어서,

K: 네,

     친구들과 밤새서 술도 먹고╱

     이게 연기자의 한이다 해가지고 뭐,

     [많은 분들이--]

S: [그때 이제],

     똑같은 꿈을 가지고 있는 친구들이었잖아요,

     그래서,

     난 뭐 이런 감독이 될 거야,

K: 학교 동기 중에 유명해─유명해지신 분 있습니까╱

     [얘기하면 우리가 알만한--]

S: [어, 동기 중에 H]씨.

K: 오,

     H씨가 진짜 실물로 보면 이쁘다면서요╱

S: 응

K: 예술이라 그러던데,

     근데 실제 고등학교때 뭐,

     최고의 뭐,

     얼짱이 뭐,

     [H씨였다╱]

S: [음=예뻐─예뻐요],

     예쁘게 생겼었어요 학교 다닐 때두.

K: 저 실물을 본적이 없어 가지구요,

S: 나중에 한번 초대해서 보세요

K: 예,

     한번 또─예=,

     그 얘기를 왜 여기서 하냐 지금╱

모두   @@@

K: 야= 예민하시다,

저희들은 말이죠,

S씨가 정식,

연기자가,

되기 전에,

일일 계획표를 적잖아요,

그 원본을 저희들이,

입수했거든요.

S: 어머 정말요↗

Y: 어=

S: 어떻게↗

K: 자,

이게,

본인의 자필 계획서 맞습니까↗

S: 어,

맞아요.

Y   글씨 잘 쓰시네.

K: 매니저분이 아주 힘겹게,

S씨 몰래,

이것을 손에 쥐게 되고,

S: 죽었어.

모두   @@@

Y   매니저랑 안 친하세요↗

S: 아니 친하니까 이런=

얘기 하는거죠.

K: 그러니까 친하니까 죽일 수 있는 거지.

모두   @@

K: 우리가 분석을 한번 해보면요,

        일찍 자고 일찍 일어나기,

        밤늦게 돌아다니기 말자,

        이게,

        이게,

        서울 와가지고 이제,

        삼개월 지친 듯이 돌아다닌 거야,

        남는 게 없거든,

        이 바닥 뒤져서,

        자,

        이제 S야,

        밤늦게 돌아다니지 말자,

        위험하다,

        위험하다,

        괄호열고,

        심각하게,

        하루에,

        두 시간 이상 수영을 하자,

S: 음=

K: 수영 좋아하셨어요↗

        [이] [몸매--]

S: [예=] [저 수영] 좋아해요.

K: 살을 빼기 위해가 [아니라],

S: [예예예],

K: 이때는↗

S: 지금도 데뷔 초 보면은 와,

       장난 아니었어요.

K: 자,

       함께 보시죠,

       아,

       이때는,

       볼살이 추욱 축 와=

S::   @@

K: 밤늦게 돌아다니면서 야식 먹으면 살이 찌는 거죠,

       그쵸↗

       자,

       그래서 말이죠,

       수영장,

       수영장,

       매일 갔네요,

       수영장,

       희숙이 언니 만남,

       수영장,

       본 콜렉터 비디오 봄,

       수영장,

       비천무 봄,

       수영장,

       명동으로 놀러,

       시내로 갔다는 거죠,

       수영장,

와=

국화꽃향기 책 읽음,

수영장,

학교,

사람들 만남,

친구 만남,

학교사람들 만남,

남=친구 만남↗

모두 [@@]

K: 학교사람도 친구일 텐데,

이 학교사람 친구랑 이 친구는,

무슨 차이 납니까↗

이봐라

Y 비디오는 다 누구랑 본거야

모두 [@@]

S: 내가 봐도 너무 신기하다,

너무 오래 전 얘기라,

K: 예,

8월 달로 넘어갑니다,

여러분은 2000년,

7,8월경에,

S씨의,

계획표를 보고 계십니다,

무릎팍도사입니다,

자,

8월달로 넘어갑니다,

8월 계획을 보면요,

매일 수영으로 체력 단력하기,

동아리 나가면서 학교에서 공부,

육번,

놀러가기,

학교에서 공부,

괄호치고,

동아리 마치고 몇몇 남아,

1학기 때 배운 거 복습하기,

절대 노는 거 아님,

S: 이거 [절대 아닌--]

K: [부모님께] 보여주기 위한 용이였나요↗

절대로 노는 것이 아님,

자기가 자기에게인데,

본인이 본인에게,

절대로 노는 거 아니야,

절대로 노는 거 아님=

S: 아,

새롭다.

K: 새롭네,

이거,

보니까,

이거 또 소중한 추억이 될 거 같은데요,

예,

[저희들이],

S: [아 이게],

K: 다시 돌려드리도록 하겠습니다.

S: 예=

와,

정말 이게,

8년 전에 썼던,

K: 그죠,

그러면,

이제 연기자 경력이 한 6,7년 돼가고 있습니다,

[그죠↗]

S: [6, 7]년= 넘었죠.

K: 예,

촬영 없을 때는 뭐하고 지내요↗

S: 그냥 뭐,

특별하게 저는,

뭐 하지 않구요,

K: 예,

S: 집에 있구요,

집에 있는 거 좋아하구,

뭐,

영화보구↗

맛있는 거 먹으러 다니고↗

(잠시 침묵이 흐르자 엠씨들 @@)

K: 저 멍때리세요↗

모두 [₁@@[₂@₂]₁]

K   [₂말씀하시다₂],

방송하시다 멍 때리시면 안돼요.

S: 아니 편하게 하라 그래서

K: 조금 더 편하면 코도 고시겠어요.

자 그러면서,

연애소설,

야,

클래식,

클래식 영화 야=,

그거 진짜 좋았어요

S: 네,

많은 분들이 되게.

K: 그러면서 이제,

내 머릿속에 지우개라는,

명실상부한,

멜로의 끝을 보여줍니다,

내 머릿속의 지우개는 정말 연기 죽였어 그죠↗

S: 그래요↗

K: 야,

S씨랑 나랑 공통점이 너무나도 많았어요,

S: 어떤↗

K: 그 쪽은 머리속에 지우개였잖아요,

S: 네

K: 저는 제 위속의 지우개여가지고요,

밥 먹어도 자꾸 까먹어요.

(썰렁한 분위기 CG)

K: @@@.

옛날엔 재밌었는데,

S: 너무 많이 [쓰니까],

K: [네 너무] 치니까 재미없네요,

        잔인한 스테프들,

        @@@

        그렇습니다,

        청순가련의 대명사하면 S! 씨가 바로 떠오릅니다,

        그런 게,

        많이 부담스러운가요↗

S: 요즘은 또 그렇게 안 봐주시는거 같애요,

        작업의 정석을 통해서,

        다른 코믹스러움을 보여드렸고,

        항-항상,

        슬픔의 감동을,

        관객들에게 보여드렸다면,

        웃음의 감동을 보여드릴 수 있을 거 같은 거에요,

        그래서,

        고민을 많이 했-했는데,

        반대가 많았어요,

        안 하니만 못하는게 되지 [않느냐=].

K: [그냥 멜로여]왕으로만 그냥 가는 게 낫지 않느냐↗

S: 네,

        그래서,

        그 우려!가 저한테 더 힘이 됐던 거 같애요,

        아 나도 왜,

        이런 거 할수 있어,

        [라는] 거를,

S: [아=]

K: 그렇죠,

그리고 이후에 연애시대,

외출을 통해!서 불륜!녀 연기를하고,

이혼녀 연기를,

S: 음=

K: 어린 나이에,

그 당시로는 25,

정도밖에 되지 않는 나이에,

그런 감정을 이해하기에 어렵지 않습니까↗

S: 그렇죠,

이혼도 하지 않았고,

유산의 경험도 없고,

K: 결혼도 하지 않았! [던],

S: [아=],

그게 참 설명하기가 너무 어려운 게,

근까 이혼녀 역할이라고 해서,

어렵게 생각하지 않는 거 같애요,

그냥,

주위분들한테 결혼생활하면 어때라던가,

엄마한테라도 그런 얘기 할 수 있잖아요,

결혼을 하다가 이혼을 하면 어떨 거 같애라든가,

간접! 적인,

그런 얘기를 들으면서,

그냥,

제가 만들어 나가는 거 같애요,

어떤 것도,

정답은 없잖아요,

이혼녀는 꼭이래야만 하고,

K: 그럼 27에,

좀 어려운 질문일지 모르겠지만,

불륜,

이혼,

어떤 이미지로 돼있습니까↗머리에.

S: 세상에,

정말 정답도 없고,

사랑이라는 게,

뭐 불륜,

그 속에 진실과 진성이 있다면,

어떤 것도,

정말 무조건,

몰매를 맞아야 되는 건가,

좀 위험한 발언일수도 있지만,

근까,

연기를 하다보면 어떤 것도 있을 수 있는 상황이 돼 버리는 거 같애요,

그래서 좀 세상을 바라보는 시각이 조금 더 넓어지는 것 같애요.

K: B씨,

사람 어때요↗

S: 굉장히 음,

완벽주의자!이신[거 같]아요

K: [음=]

S: [근까-],

K: [남자]친구로는 조금 좀 부담스럽겠다,

너무 완벽주의자라 [그쵸↗]

S: [음음음]

K: 근데 그 여자분들은 꾸중할 게 있어야 재미를 느끼거든요.

S: 맞아[요]

K: [막] 허겁지겁 먹으면은,

어 아내가 그걸 또,

그만 먹어라 소 된다,

막 이렇게도 하구요,

S: 그렇게 많이 하세요↗

K: 그런 소리 많이 듣죠 이제,

많이 먹으면,

S: 그,

코를 많이 고시잖아요↗

[그럼 어떡해--]

K: [저 코고는 거 어떻]게 아세요↗

[음↗]

S: [방송--]

K: 어↗

S: 방송에서 많이 나왔잖아요,

K: 내가 코고는 게↗

S: 많이 나왔잖아요,

좀 심하게 많이 [나왔잖아요]

Y: [좋아하는] 일박이일에서 많이 나왔잖아요,

모두   [₁@@[₂@₂]₁]

K: [₂예예예예₂]

S: 그 옆에서 주무시는,

       와이프는 어떡해요↗

K: 그게 또 천상연분은 따로 있어요 그게,

       그게 멜로디로 들리고,

       그게 없으면 또 못잡니다,

S: 그게 자기 생각이다

모두   [@@@]

K: 아,

       좀 말이 짧다↗

Y: 여배우들의 공통점이 있네요,

       아=

       살짝살짝 반말하는 거.

K: 예,

       H씨가 무릎팍도사 나왔을 때 봤습니까↗

S: 한 몇 장면 봤어요,

       제가 다 보지는 못했구.

K: 아,

       보다가 재미없어서 돌려버렸구나,

S: 아,

       그건 [아니구요],

K: [니가] H야,

       확 돌려버렸구나,

       [내가 S인데],

S: [아니 왔다갔다가],

       왔다갔다 하다가,

K: 왜 유독 H씨편만 집중이 안됐을까요↗

S: 아,
　　 거기까지,

K: 아=[오=]

Y: 　　[오=]

A: 아=

K: 걸렸구나.

Y: [걸렸어].

A: [됐어].

K: 자,
　　 일단,
　　 내일 기삿거리 잡아냈어,

A: 오호=

K: H씨,
　　 됐어됐어,

S: [H씨는--],

K: [중간에 그냥] 멍을 때려버리시네,
　　 [야=]

S: [H]씨는 그,
　　 굉징히 그! 만의 매력이 있어요,

K: 히야=,
　　 포장 들어갑니다,
　　 그래서요↗

A: 포장 들[어갑--]

K: 　　　[본인]이 생각하는 라이벌! 이라고 하는 사람이 있어요↗
　　 H씨가 라이벌 안에 들어가 있습니까 없습니까.

S: 없어요.

A: 음[=]

Y: [아=]

K: [@@@],

      라이벌조차 안 된다↗

모두   [@@]

A: 음= 야=

Y: [오=]

      [그]분! [은]

K: [알]겠습니다 발언기회 드릴게요,

      잠시만 기다리시구요,

      (중략)

K: 여자! 배우분들 있잖아요,

      드레스! 코드,

      뭐,

      베스트,

      워스트,

      이런 게 화제가 되고 있잖아요,

S: 그,

      드레스가 우리나라는 까지 많은,

      드레스들이 이렇게,

      우리나라에 들어오지 않아요.

      뭐 그니까,

      홍콩이나 일본 같은 경우에는 드레스들이 워낙,

      좋- 예쁘고 좋은 드레스들이 많이 가는데,

K: 그럼 매 시상식 때마다 드레스로 쟁탈전이 벌어지겠네요 [어떻게 보면],

S: [그럼요],

      어쩔 수밖에 없죠,

      예쁜 드레스는 한정이 되있으니까,

      저희가 피팅을 해요,

K: 몇 벌을 두고↗

S: 예,

      어울리는 것들을 두고 초이스를 하게 되는데,

K: 예

S: 마지막까지도 고심인 것이죠,

      과연,

      내가 이것을 입을 것인가 저것을 입을 것인가,

K: 저희들이 시작하자마자 인간성 테스트를 먼저 하고 시작을 하도록 하겠습니다,

황금어장에,

군대 선배가 있습니까↗

H: 아,

네.

S: 아,

정[말요↗]

K: [누가],

있습니까↷

H: D형.

K: 아,

작가죠.

S: 아,

D 작[가님]↗

H: [여기] 계시나요↗

K: 아,

어디,

숨어있습니다마는,

　　　　　애기를 듣고 보니까 그,

　　　　　추격자 이후에 연락이 안된다는↗

H:　　　네↗

K:　　　워낙 편하다 보니까,

　　　　　예↗

H:　　　그럴 리 없어요,

　　　　　아,

　　　　　그럴 리 없는데.

K:　　　S본부에서 한번 그 또,

　　　　　우리,

　　　　　처!음이죠↗

H:　　　네.

K:　　　그때 마지막으로 [했던],

H:　　　　　　　　　　　[네],

　　　　　2006년도쯤이었던거 같애요.

K:　　　예,

　　　　　그때 겸손!하시고,

　　　　　방송에도 적극적이시고,

　　　　　[예=]

H:　　　[네]예

K:　　　영어를 잘 쓰시더라고,

　　　　　얼마 전에 만났는데,

　　　　　I go,

　　　　　K씨,

　　　　　이렇게

H:　　　언제요↗

엠씨   [₁[₂@@@₂]₁]

K: [₂아닙니다,

        농담입니다₂]

H: 정신이 [없어요]

K: [본인은] 잘 모를 거에요.

모두   [@@@]

K: 요렇게 [웃죠 뭐=]

H: [아예,네네]

K: 홍보 때문에 나오신 겁니까↗

H: 아,

        오늘요↗

        아,

        그때요↗

엠씨   [@@@]

K: 잠시 뒤에 뭐,

        자세히 얘기 하보구요,

        예,

        그런데 왜 많은 프로그램들중에 무릎팍을 선택하셨습니까↗

H: 제일 핫하다고 얘기를 들어서요,

엠씨   [@@@]

H: 이왕 나갈 거면,

K: 아아,

H: 제일 핫한 데 나가는 게,

K: 아[아=]

H: [날]것이다,

        라는 얘기를 들었어요.

K: 오늘 여러분들 그,

      H,

      라는 배우에 대해서 궁금하신 분들도 많을 거고,

      여러분 잘 아시겠지만 H씨 하시면은 대한민국을 상징하는 영화배우시고,

      근데 이제 그 유명한 아버님보다 상을 먼저,

      연기쪽으로 받으시고,

      연기파,

      뭐,

      연기 잘하는 배우,

      추격자의 상징적인 주인공,

      제가 사실은 또,

      그 반대로,

      H씨에 대해서 저희가 인물파악을 많이 들어갔는데요,

H: 정말요↗

K: 네,

      어느 정도냐면 중앙대 나오셨죠↗

H: 네.

K: 피아노 칠 줄 아십니까↗

H: 네.

K: 이건 안 여쭤봤지만,

      사랑해! 라는 영화도 관심 있게 봤구요,

H: 사랑해요↗

K: 네.

H: 사랑해란 작품은 제가,

      찍어보지도 못했는데,

      [제가 또--]

K: [외국배우랑].

H: 아,

      두 번째 사랑.

S: 아,

      틀[렸다, 틀렸다],

K: [아, 두번째 사랑],

S: 틀[렸다].

K: [아, 예]

K: 오랜만에 나왔는데,

      뭐,

      유머는 여전하네요,

H: 아,

      감사합니다,

K: 아 두 번째 사랑,

      여자친구한테 오늘 무릎팍도사 나온다고 얘기 했어요↗

H: 그럼요.

K: 만나서↗

H: 여기 녹화들어가기 전에 전화통화 했어요.

K: 전화했어요↗

H: 네.

K: 뭐라 그러던가요.

H: 그냥 잘 하라고.

K: 어,

A: 사귄 지 얼마나 됐습니까↗

H: 저는 한 9개월 정도 된 거 같아요,

K: 매일 보고 싶어요↗

H: 그렇죠,

K: [네/]

H: [네].

K: 공기 입니까/

       산소,

H: 산소/

       [네].

K: [없으]면 막 죽겠어요/

H: 그렇죠 예.

K: 지금도 보고 싶어요/

       보고 싶어도 보고 싶고,

       보고 있는데도 보고 싶고/

H: 다 똑같은 마음 아니겠어요.

K: 아,

       [예=]

S: [잘 피]해가시네요.

K: 첫사랑입니까,

       첫사랑/

H: 어떤 의미에서는 첫사랑 일수도 있겠죠.

K: 우와 [@@@]

모두: [@@@]

K: 그나저나,

       사랑하는 여자친구,

       알콩달콩 사랑하기에도 바쁜 우리 H씨가,

       무슨 고민이 있어서 이 무릎팍도사를 자기발로 성큼성큼 방문해 주셨습니까/

H: 팬들하고 소통하는! 것이 참 어려운 것 같아요,

[이렇게--]

K: [아니 그게],

      팬들하고 소통하는 법을 모르겠다구요↗

H: 네,

K: 요즘처럼 온 오프라인이 잘 발달 되있고,

      21세기 인터넷시대에,

      [구체]적으로 무슨 계기가 있었던 거에요↗

H: [전],

H: 네,

      저는 그냥,

      배우가 영화를 열심히 찍으면,

      그걸로 충분할 것이다 라는 생각이 들었었는데,

S: 아,

H: 얼마 전에,

      장문의 이메일을 받았었어요,

      거기에,

      내용이,

      어떻게 사람이 그럴수가 있냐↗

      팬들을 어떻게 이렇게 무시하고,

S: 아=

H: 한번이라도 팬들을 한번 생각해 본 적이 있냐 라는,

      항의 이메일을 받았었어요,

      너무 억울해서.

K: 너무 억울하고,

H: 네,

      그래서 어떻게 수소문해서,

전화를 했어요.

K: 그 이메일을 보내신 분에게↗

팬 분에게↗

H: [네]

A: [진정]한 추격자네요,

모두 [@@@]

A: 바로 추격하시는데.

K: 아,

거 찾기가 쉽습니까↗

A: 어[려워요].

K: [어려운]데 그거,

H: 아무튼 바로,

전화를 드렸어요,

그래서,

막,

제가 막,

말도 안 되는 변명들을 늘어놨던 거 같애요,

그때 당시에는 화가 나서,

억울하기도 하고 해서 얘기를 했는데,

K: 네↗

H: 그 전화를 끊고 나서,

아,

이제는,

좀 달라져야겠다는 생각이 들어요,

대중의 관심을 먹고사는,

배우잖아요,

[배우가],

K: [아, 예,예],

H: 대중적인 것을 가질려면,

      배우도,

      어떤 그런 대중적인 마음을 가져야 된다는 생각이 들더라구요.

K: 평상시에 자주 의사소통이 안 됩니까↗

      앞으로,

      놀고 싶다고 저한테 전화하면,

      제가 수소문 해가지고,

H: 아 [@]

A: [아니] H씨말고,

      나나 좀,

      좀,

      많이 [챙겨주십쇼. 예↗],

K: [@@@]

A: 죽겠습니다 요새

K: [제가= 우리 A]를 너무 아껴서 그래요

S: [이 말 받으세요]

A: 와,

      너무 아끼네,

      진짜.

모두   @@@

      (중략)

K: 개봉-개봉작입니다 [이거].

S: [아=] 개봉했던거죠 [이거].

K: [네].

S: 그래서,

        보트타고 쭉 떠내려갔기 때문에 차기작으로 스키점프 영화를 택했다는 소문도,

        점프하실려구.

K: 점프는,

        그것도 밑으로 점프하는건데,

S: 한=참 내려오다 [밑으로 찔끔]

K: [그래서 밑으로 내려온다잖아].

S: 네,

        훈남,

        된장남,

        살인마 등,

        다양한 이미지가 모두 어울리는 배우,

        [H],

K: [와아]

S: 꽃미남 연예인2세보다,

        연기파 배우란 말에 더 목마른 남자 H,

        충무로도 모자라,

        할리우드,

        칸까지 추격하는 당신은 욕심쟁이,

        우후홋.

K: 멋쟁이 아버지를 둔,

        연예인 2세,

        우리 H씨의 성장기에 대해서,

        이제,

인물탐구를 해,

보도록,

하겠습니다,

아버지가,

아주 유명한,

탤런트고 연예인이면,

어릴 때,

H씨는 어떤 느낌입니까↗

H:　음,

어디를 가든,

식당을 가든,

어디를 놀러가든,

많은 사람들이,

되게,

반갑게 맞이해 주시고,

K:　네

H:　근데,

그것만큼,

불편한 것도 있어요.

K:　어떤 것이 불편합니까↗

　　[아버]지가 유명하다고 해서,

H:　[저의-]

저는,

어디 동네에서 뭔가 잘--

좀 튀어보이는 행동을 할 수가없어요.

S:　음

H: 다 절 주시하고 있어요,

근까 어딜 지나가도,

누구아들이야,

누구아들이야[라는]

K: [학교]에서도↗

H: 그렇죠,

그래서,

제가,

내성적이고,

의사표현을 못하고 하는 부분이,

어렸을 때 그런 환경에서,

생긴 게 아닐까,

하는 생각도 들었었어요,

근까 좀 위축이 된다고 그[러나요],

S: [위축]

K: 근데 이제 이,

배우! 라는 직업이,

또,

배역이 있지 않습니까↗

그러면,

배역에 따라서 주변의 좀,

반응이 좀,

확확 바뀌지 않습니까↗

H: 그렇죠,

제가 고등학교!때는,

한번 상처를 크게 받은 적이,

선생님중에,

학교 고등학교 선생님 중에,

K: 예,

H: 어떤,

배우에 대한 어떤 그런,

비하하는 발언을 하신 적이 있어요,

K: 아,

선[생님이↗]

H: [그니까--],

네,

저한테 제가,

학교 수업을 받다가.

뭐 졸수도 있잖아요,

뭔가를 잘못할 수도 있고,

실수를 할 수도 있고,

그런데,

저를 혼내지 않고,

아버지까지 끌여들여서,

니가,

그런,

집안에서 하니까 행실이 그렇다,

라고 얘기를 하는데,

굉장히 좀 충격을 받았어요.

K: 그때 아버님,

맡았던 배역이 뭔데요↗

H: 그때가 인제,

	서울의 달에서,
K:	예,
H:	빨간색 양말 신으시고,
K:	춤,
H:	네,
	춤 선생,
K:	그때 얘기 듣고 확 발끈했어요↗
H:	그냥,
	눈물이 핑 돌았어요,
	그때,
K:	아버님이 그,
	집에 가서 그런 얘기했어요↗
H:	못했죠,
	그런 얘기는,
K:	아,
	또,
	아버님이 또 상처가 되니까↗
H:	네
K:	부모님 속은 많이 썩였어요↗
H:	적당히,
	사고는 많이 쳤던 거 같애요,
	그런데,
	어머님께서 많이,
	좀 어머님께서 많이 가려주셨어요,
	제 잘못이나,
	사고들을.

K: 예를 들면 뭐,

         어떤 부분을 그러니까↗

H: 뭐,

         고등학교때,

         정학 두 번 당했구요,

         또 한 번은,

         멀리 스키장에서,

         불미스러운 일이 생겨가지고,

         또,

         어머니께서 오셔가지고 삼박사일동안,

         사죄를 드렸던,

         [근까 어머니께서--]

K: [뭐, 얼마나 큰 사고였]기에,

         삼박 사일동안 사죄를 드릴 정도면,

H: 네,

         근까 건드렸던 친구가,

         건드!리면 절대 안 됐던 그런 친구였던거 같애요

모두   *@@@*

K: 이건 뭐,

         어떻게 [해서 --]

S: [배경이],

H: 네,

         배경이 좀,

         만만찮은집!의 제자분이셔서,

K: 예=

S: 말을 먼저 건 거는↗

H: 그쪽에서,

[먼저].

S: [아, 그쪽]에서 먼저↗

H: 네,

뭘 쳐다보냐고,

[그래서],

S: [아-]

K: [예=]

H: 아니 좀,

쳐다봤다고,

모두 [@@@]

H: 슈퍼에서 이제,

장을 보잖아요,

콘도니까,

장바구니에다 침을 뱉더라구요,

S: 아이구아이구,

H: 그래가지고,

일대의 뭐,

소란이 있었죠,

엘리베이터 안에서,

K: 엘리베이터 안에서↗

H: 네

K: 그래서 결과는 어땠어요↗

H: 뭐,

주고받았는데,

하여튼,

그쪽에 좀,

치명적인 공격이 들어가서,

모두 [@@@]

K: 이쪽-이쪽으로↗

H: 네,

도망을 가고 싶었는데,

버스터미널에서 잡혔어요 스키장에.

K: 도망가다가@@

H: 애들 싸움에 형사가 오는 건,

전,

처음 봤어요.

K: 그래서 결국,

어머님이 오셔서,

다 해[결]↗

H: [네],

다 오셔서,

비상대책위원회 위원장이셨죠 거의,

K: 그 정도로 일이 커진 거에요↗

H: 네,

그래서 뭐,

합의금 물어주고.

뭐 그랬죠,

주위의 시선과,

어떤 또 그러한 사건과,

그런 거를 맞이하면서,

배우로서,

정말,

내가 더 잘 해야겠다,

라는 어떤 그러한 마음도 생겼던 거 같아요.

K: 고등학교 때부터↗

H: 네,

또 대학! 다닐 때는 제가 연극과를 들어갔는데,

K: 예,

입학할 때부터 KY아들이다 해가지고 뭐,

화제가 됐겠네요.

H: 아,

뭐 다,

알고 있었죠,

워낙,

학생수가,

적어서.

근데 뭘 하면은,

다 본전이에요,

뭐만 조금 뭘,

할려고 해도,

저한테는 그렇게 후한점수를 주지 않았던 거 같애요.

K: 음=,

처음에 시작한다 그럴 때,

아버지는 뭐,

연극영화학과,

이걸 간다고 그랬을 때는,

혹시 이녀석이,

자기 아버지가 유명하고 해서,

H: 예.

K: 그 후광을 입으려고 그러나.

H: 예.

K: 인생 편하게 살고 싶어서 그러나

H: 예.

K: 하나 노파심에 걱정할 수도 있는거죠

H: 네,

아버지한테 연극과를 들어가겠다고,

처음 말씀 드렸었는데,

그때,

한 십 초 간,

아무 말씀 안 하시더라구요.

이렇게 창밖을 쳐다보시더니,

그래,

니 하고싶은 거 해야지,

라고 말씀을 하시고,

그 다음부터는,

어떤,

제가 뭐,

단역으로 뭐,

영화에 나오고,

꼭,

극장 가서,

봐주시고,

그냥 칭찬만 많이 해 주셨던거 같애요,

잘해라 잘해라.

K: 그,

중앙대 연극영화과라는 데가,

굉장히 [어렵다고] 그러던데╱

H: [그렇죠],

그렇죠.

K: 어렵지 않았어요╱

H: 그게 고등학교 3학년 때였는데,

어머니가 저를,

그때 매니지먼트 사무실로 데려 가시더라구요.

K: 어머니가╱

H: 예.

K: 아버님이 아니고╱

H: 네,

여기서 연기를 배우래요.

그래서 시작을 했는데,

뭐 하나 조그맣게 상황극을 주더라구요,

굉장히 니가,

어떤 장애를 겪고 있는데,

정상인으로 돌아오는,

오 분짜리 뭘,

짜와라,

그러시는 거에요,

그래서 인제,

그 담날 가서,

그거를 이제,

보여드렸어요.

K: 네.

H: 난리가 난거죠,

       재 신동아니냐.

모두   @@@

K: 자기입으로,

S: [아이, 야]

H: [선생님]이고,

       뭐 거기 매니지 먼트 뭐,

       거기 소속된 배우가 다 와가지고 보면서,

       뭐 연락을 하면서,

       여기 지금,

       뭐 하나 지금 나왔다,

       다 와라 그래가지고.

       계속 그거를 일곱-일곱 여덟번을 했어요 그날,

       그래서 제가 그날,

       말도 안되는 자신감을 얻었던 거 같애요,

       그러면서,

       난 배우구나,

       그래,

       이제 끄집어내자,

       그래서,

       제가 막,

       움직이기 시[작했거든요].

K: [그때] 처음으로 자신감을 얻은 거에요↗

H: 네,

뭔가,

그런 부푼,

가슴과,

어떤 뭔가 말도 안되는,

자만심을 가지고 학교를 들어갔는데,

생각했던 거랑 너무나 틀린 거에요,

들어가서,

일학년 워크샵을 갔는데.

가가지고 연습하고 있으면 선배들이 와서 좀 봐줄게,

하고 이러면서 오잖아요,

아주,

굴욕적으로,

처참하게,

무자비하게 깨지기 시작했어요,

어떻게 넌,

서있지도 못하냐,

뭐 이렇게 구부정한 자세 넌 좀 이상하다,

대사를 해봐라,

왜 이렇게 대사가 딱딱하냐,

움직임이 부자연스럽냐,

뭐 좋은 얘기가 하나도 없는 거에요,

그러면서 제가 위축이 되면서,

아,

나는 진짜,

문제투성이구나,

어디 나가서,

이걸 연기하기가,

배우가 되기가 진짜 어렵구나하면서,

아,

이건 연극을 내가 당장 해야겠다,

K: 응.

H: 하면서,

선배! 형들한테 많이 물어봤어요,

K: 바로 데뷔하지 않았던 이유가↗

H: 네.

K: 그 심리적으로 봤을 때는,

아버님을 좀 믿는 부분이 없지않아= 있지 않=나,

이런 생각도 동시에 듭니다.

H: 그걸 굉장히 구체적으로 말씀해주셨어요,

지금 나가서,

맡을 역할은 없다,

이십대 초반에,

무슨,

역할을,

하겠냐,

천천히 해도 된다,

라는 거,

분명히 때가 올 것이다 기다려라,

기다려라는 말씀을 아버님께서,

굉장히 많-많이 말씀해주셨어요.

K: 아,

기다려라↗

H: 네,

      군대도 빨리 갔다오게 된 것도,

      주변에서 다 막 우르르 학교사람들이 50명 정도가,

      탤런트 시험을 본다는 거에요.

K: 예,

      동요되죠 동[요되죠].

H: [아씨=],

      나도 그럼 한번,

K: 그럼,

H: 봅시다,

      이래가지고 저도 갔었어요,

      그게 98년도였어요,

K: 아,

H: 대학교 2학년때,

K: 어디어디어디↗

H: MBC요.

K: 예.

H: 시험보러 갔는데.

      마지막 최종에 제가 끼어있는 거예요,

K: 우와,

S: 아=

H: 그래서 아,

      또 되는구나,

      아 이거 또,

      군대 미뤄야지.

모두   [@@@]

K: 최종이 몇 명입니까↗
      후보자가.

H: 25명↗

K: 25명이면,
      몇 명 뽑는 거에요↗

H: 거기서 한,
      열몇명을 뽑았던 거 같애요.

K: 그러면 한,
      50프로정도 확률이 [있었]던 [거]네요.

H: [네=]   [네]
      그래서 아버지한테,
      아버지한테 어렵게 말씀을 드렸어요,
      제가 그 탤런트 시험.
      MBC시험,
      볼려고,
      그럽니다,
      그랬더니,
      아버지께서 그거 왜,
      더 군대 갔다 와서 하지,
      그러지 않았냐,
      그래서 그럼 떨어지면,
      군대를 가라,
      그래서 저는,
      굉장히 자신있게,
      예,
      저 떨어지면,

바로 군대 좀 보내주십쇼,

그렇게 저,

굉장히 자신있게 얘기를 했어요,

K: 본인이 된다고 [봤어요↗]

S: [붙을줄] 알고↗

H: 네.

그랬는데,

어쨌든 떨어졌죠.

K: 떨어지고,

H: 예,

그래서,

아버지 찾아가서,

아버지,

그러면,

약속대로,

바로,

군대 가겠습니다,

한 거에요,

그리고선,

다음날 자고서,

일어났더니,

전화가 한통 오더라구요,

아버지 병무청인데,

어,

영장,

12월 30일로 나왔다,

모두   @@@

H: 그,

시간을 보니까,

한달 남은 거에요.

K: 그러면 이젠 뭐,

지인도 많이 만나야 되고 이제 뭐,

H: 한달 동안 바짝,

뭐,

K: 떠돌이도 발견하고 뭐 [그냥],

H: [그쵸] 뭐,

몹쓸짓−,

많이 한달--,

친구들하고 어울리면서.

술을 뭐

K: 몹쓸 짓이라뇨↗

H: 뭐 온 동네방네 소리지르고 다니면서 술먹고,

동네,

낙엽 모아놓은 거 다 파헤치고 뿌리고,

그러고서 다녔던 거죠.

S: 와,

상상이 안가네,

H씨.

H: 그리고,

정신없이,

군대서,

훈련소 끝나니까 내가,

아,

나 군대 왔구나 생각이 그때 들더라구요.

K: 오,

그러면서 이제,

국군홍보! 관리소로 입대를 하게 됩니다.

H: 네,

제 동기가,

개그맨 B씨.

K: 네,

수다맨.,

H: 네,

[네]

 K: [네=],

그리고 우리 황금-황금 어장의 최작가도

H: 저희 윗기수였어요,

K: 예

H: 12명 정도가 군생활을 하는데,

그니까 작가병,

라디오 방송병,

연기병,

[이렇게] 있어요.

K: [그러! 면],

최작가는 작가병이였어요↗

H: 네,

작가병

모두 [@@@]

S: 아,
  웃기다,
  작가병이라니.

K: 아,
  작가는 글을 써야[되니까],

S: [네],

K: 홍보를 하기 위해서는

S: 군대 가면 엠씨병,

H: B씨는,
  MC만 봤어요.

S: 아,
  MC병이셨어요╱

H: 네,
  이[년 동안].

K: [그럼=],
  H씨는╱

H: 저는 뭐,
  완전히 뭐,
  여기저기 다 끌려 다녔죠.

K: 네

H: B씨하고,
  같이 MC를 보기도 하고,
  라디오 녹음할 때,
  한 명 게스트가 비웠다,
  그러면 가 가지고,
  제가 가서 메꿔 주기도 하고,

FD도 엄청나게 많이 했어요.

K: 그렇지,

다했지 [그냥].

H: [네].

K: 스태프병이네요,

스태프병.

H: 그때,

HOT도 보고,

보아씨도 보고,

저와- 매니저랑 저랑,

연락해서,

어디쯤 오셨어요↗

모두   @@@

H: 나라에서 핸드폰을 줘요,

위문열차라는 거,

국군들을 위한,

나라에서 하는 그,

공연이기 때문에,

K: 예예,

[행사니까].

S: [최고의 행]사,

최고의 행사죠.

H: 그쵸.

그,

핸드폰,

나라에서 받은 핸드폰으로,

각 매니저한테,

이제,

오늘 몇 시까지,

원통으로 오시면 됩니다,

오시면,

시간 체크하고,

대기실에,

가수분들 계시면,

제가 이제 순서를,

처음에 리허설 한 번하고,

그 다음에 이제,

마이크 건너드렸죠,

준비하시라고,

[연예인들--]

K:　[군기 바]짝 들으셨습니까↗

연예인들 보면서 사진 좀,

한 장 찍읍시다,

그렇게↗

H:　그냥,

무대 옆에서,

그분들이,

공연하시는 것만 보는 것!만으로도.

아.

이거,

참,

좋다,

이런 생각 들었어요.

K: 그러면서 뭐,

B씨가 뭐,

동티모르,

파병!을 [갔다고 그]러더라고요

H: [네 그렇죠]

H: 원래는요,

제가 갈 자리가 아닌데.

제가 속았어요,

처음에는.

원래는 육각수의 J!씨가,

가야될 자리,

S: 아,

육각수,

오랜만에 들어보는 단언데요.

H: 네,

J씨가,

안 거에요.

엄청나게 고생한다는 그 사실을 알았던 거에요,

근데,

저는 몰랐어요.

어느날 내무!반에 있는데,

B형이 오더니,

호주 가자는 거에요 저한테.

야,

이거,

호주 갈 기회가 생겼다.

군 생활에 어떻게 너 호주갈 기회가 있을 거 같냐,

아,

그래요↗

그런데,

호주가기 전에,

동티모르라고 얘기도 안 해.

인도네시아에 잠깐 들러서,

거기서 뭐,

어떤 공연이 있고,

그러고 호주를 들렀다가 오는 코스다,

그래서,

오,

한 두달 반 코스면은,

아,

거기 갔다 오면은 상병은 꺾여 지겠구나,

[그랬죠].

엠씨 [@@@]

H: 그래서,

저는 이제,

당연히 비행기를 타고 가는-갈 줄 알았어요,

그런데 어느 날 갑자기 이제,

진해에 와서 3일 동안 예방접종을 하라는 거에요,

(중략)

K: 네,
   재밌네요,
   군,
   제대 이후에,
   제,
   위기의식을 느끼고,
   오디션을,
   본격적으로,
   보러 다니기,
   시작하는데요,
   시트콤출연,
   영화드라마 조연 등,
   시켜만 주십시오,
   뭐든지 하겠습니다.
   마인드였던거 같애요↗

H: 그럼요,
   정말,
   정말,
   어쩌면 지금보다 더, 바쁘게 살았어요.

K: 그러면 아버님에게는 좀,
   아버님 좀 도와주세요,
   좀,
   어떻게,
   물꼬를 터주세요.
   도움을 진정으로 요청할 수 있는 입장↗

H: 음,

　　　　　글쎄요,

　　　　　그냥,

　　　　　아무것도 아닌 놈이,

　　　　　대사 하나,

　　　　　표현할 줄 못하는 놈이,

　　　　　가서 아버지 좀 도와주세요 하는 거는,

　　　　　무모한 거잖아요,

K:　　　그런 이유 때문에,

　　　　　오히려 이름도 스스로 바꿔버린 겁니까↗

　　　　　KY아들이라는,

　　　　　뭔가 낙하산 이미지.

H:　　　그거는 제 이름 자체,

　　　　　김성훈이라는 이름 자체가 좀 심심하게 느껴졌던 거 같애요,

K:　　　H라는 이름은 어떻게 하게 된 겁니까↗

H:　　　그것도 좀,

　　　　　웃기게 시작-했-됐는데요.

　　　　　원래,

　　　　　그,

　　　　　배우 김성수!씨 있잖아요.

K:　　　네

H:　　　김성수씨가,

　　　　　쿨에 김성수씨가 있다고 해서,

　　　　　이름을 바꿀려고 했는데,

　　　　　그때 거기 감독님께서,

　　　　　이름 써라,

　　　　　쓰는 게 낫다,

해 가지고,

H란 이름이 남은 거죠,

그래서 저희 회사에서,

제가 이름을 바꾼다고 하니까 그래 니가 써라,

모두   [@@@]

H: 이름을 바꾸는 게 우선,

민감한 부분이고,

어쩌면 제가 부모님한테,

뭔가를 거스르는 게 아닌가,

라는 생각이 들어서,

K: 그럴 수도 있죠,

성!씨 자체를 바꿔버리니까.

H: 네네,

그래서 아버지한테,

먼저,

이름을 바꿔도,

괜찮!습니까↗

라고,

여쭤보니까,

오우,

그래,

너 바꿔라.

너,

바꿔서 하는 게,

너,

편할 것이다,

　　　　그러면 이름이,

　　　　정태성이라는 이름이 있고,

　　　　H라는 이름이 있고,

　　　　김성훈에서 조금,

　　　　성훈이라는 이름이 너무 익숙해서,

　　　　김을 금으로 바꾸자.

　　　　금성훈↗

모두　@@@

H:　　왠지,

　　　　중국,

K:　　금[성무]

H:　　　[에서],

　　　　아버지,

　　　　여기서 하나만,

　　　　골라주십쇼 하니까.

　　　　H가,

　　　　이름이 부르기도 쉽고,

　　　　너랑,

　　　　이미지랑 이런 것들이 잘 매치가 될 것 같다,

　　　　아버지께서 이렇게 말씀해 주시더라구요,

　　　　그,

　　　　잠복근무라는 영화부터,

　　　　H라는 이름을 쓰기 시작했어요.

S:　　잠복! 근무에도 나왔었군요.

H:　　네.

K:　　그,

K씨랑 같이

H: 네네.

K: [촬영하셨어요↗]

H: [나름대로] 큰--

나름대로 큰 역할이었던거 같기도 하고.

K: 인!정,

받을 수 있는 타이밍에,

오히려 독립영화,

장르로,

더욱더,

박차를 가하게 됩니다,

뭡니까↗

H: 네,

결정적인 것은,

프라하의 연인이라는 드라마를 끝나고,

그때,

인지도라는 것들이,

사람들이,

알아보기 시작하는 거에요,

어,

쟤,

뭐지↗

쟤,

귀엽더라,

그러면서 동시에 용서받지 못한자라는 영화가,

개봉을 했었어요,

독립영화가,

아주 저예산 영화로,

돈 한 푼 받지 않고,

일년 동안,

촬영한,

영화였는데.

그게 운 좋게,

극장에 걸리게 된 거에요,

그러면서,

드라마!쪽에서 굉장히,

섭외가 굉장히 많이 들어왔었어요,

근데,

저는 그때 당시에.

부끄러웠어요,

나는,

별로 한 것도 없고,

진짜,

D누나 앞에서 운전한 거 밖에 없고,

와 이렇게,

유명세가,

탄다라는 게,

믿어지지도 않았고,

내꺼같지도 않았어요,

K: 응.

H: 하지만,

       용서받지 못한 자로,

얻은,

어떤,

영화 관계자들이나,

기자분들의 관심은,

아,

이건 내가 조금 누려도 되겠다,

라는 생각이 들었어요 그래서,

그 다음 작품을,

어떤 주인공의 드라마로 가기보다는,

도리어 영화 쪽으로 가서,

개봉을 못할지언정,

영화배우로서,

차근차근히 올라가야지,

했던 생각이,

제일 많이 컸던 거 같애요.

K: 추격자 얘기를 안 할 수가,

없습니다 사실은 인제,

H: 네.

K: 독립! 영화를 계속해오다가 갑자기,

왜 추격자=라는 영화를 통해서 상업적인 영화로,

선택한,

특별한 계기가 있었을까요↗

H: 정확! 히는 상업적인 영화는 아니었어요.

K: 시작할 때는요↗

H: 네,

그렇게 많이,

예상하지도 않았었고,

그 다음에는 그전에는 제가,

히트라는 드라마를 찍었었어요,

또 예상치 못한,

완소김검이라든지,

뭐 그러한,

또 애칭까지 얻어가면서 또,

간지러워지기 시작한 거에요,

아휴,

이거,

내가 손발이 오그라 들면서,

K: 아아아,

왠지 내가,

나한테 안 어울리는 옷인데↗

H: 네,

왠지 그랬던 거 같아요,

아,

이거 빨리,

이미지를 버려야겠다,

중에,

추격자,

연쇄살인범,

역할이,

시나리오가 오게 됐던거죠,

김윤석,

선배!님에 대한 어떤,

그러한 배우에 대한,

개인적인 믿음과,

K: 와아,

[예=]

H: [그담에] 나홍진 감독님의,

J: 단편영화들을 보면서,

K: 아.

H: 그러면서,

이제 결정을 했죠,

무엇보다 시나리오가 너무너무 재밌었어요,

아직도 기억나는 게,

헬스장에서 러닝머신을 하면서,

시나리오를 보는데,

그게 너무 재밌어서 러닝머신을 끄고 거기 옆에 앉아 가지고,

읽었어요,

헬스크럽에서,

그 정도로,

힘이 있었던 시나리오가 아니었었나 하는 생각이 들어요.

(중략)

K: 그러면 그,

유명한 아버님,

후광을 놓고 그냥,

아무런 고통 없이,

H: 네.

K: 그늘 없이 살아왔을 거,

  같지만은,

  의외로 많은 고통과 그늘 속에서,

  맘고생을 많이 했던 부분이 없지 않아,

  있! [었겠네요]

H: [그러니까 그게],

  그때 당시는 몰-몰랐었어요,

  근데,

  지나고 보니까,

  아,

  아버지가 진짜 힘드셨을 텐데,

  아,

  아버지께서,

  꿋꿋이,

  자식들을 잘 키워내셨구나,

  또,

  영화 개봉하면,

  어머니한테,

  또 표라도 한 장,

  아님 같이 영화를 볼 수 있는 어떤,

  시간을 갖! 을려고 하구 있구요,

K: 또 어머! 님은 더군다나,

  처음으로 엔터테이먼트 회사를 또,

  직접 손을 잡고 가셨던 분이 어머니--

H: 그렇죠,

  그렇죠

K: 2008년 작년에,

그 KBS연기대상! 을 통해서,

아버님이,

처음으로,

H: 네.

K: 상을,

타셨더라구요,

H: 네

K: 그러면서 아버님! 이 수상소감을 보니

(자료방송)

K: 저희 큰애가,

아들이 둘 있는데,

트로피가 몇 개 있더라구요 저희집에,

그런데 이제 오늘,

제 면목이 좀 스는 거 같습니다,

오늘 당장 집에 가서,

잘 진열해 놓겠습니다.

K: 근데 이게,

어느=순간,

역전되는 느낌이 있거든요.

H: 아,

도리어 저는 요즘에 아버지께서 더,

왕성하게 활동하고 계신 거 같애요,

이제는,

걱정이 좀,

덜으셨는지,

그니까 옛날에,

집에 아버지랑 같이 살 때,

지금은 따로 살지만,

아침에 아버지,

아버지가 새벽에 나가셔요,

제 방문을 열어서,

저를 한참을,

좀 보세요,

그러면서 얼마나 많은 생각을 하셨을거에요,

그,

참,

쟤는,

언제,

언제 지,

밥벌이를 할까,

K: 어,

자기 앞가림을↗

H: 네,

앞가림을 언제 할까,

그러면서 수많은 아마,

그런 포즈가 있었어요,

하여튼 그 느낌이,

인기척이 탁,

아버지가 아침에,

아,

나가시는구나,

K: 그때 [일어나야 하는데],

H: [그렇죠 그렇죠],

K: 타이밍 놓치면 못 일어나잖아요.

H: 그렇죠 그렇죠,

        아버지가 저를,

        바라보는 느낌이,

        에너지가,

        이제,

        무언의 메시지 같은 게,

        어서 일어나서 나가라,

엠씨들 [@@@]

H: 뭐 하고 있니 여기 누워서,

        예,

        그래서 지금은 인제,

        제가 활동을 하고 있으니까,

        굉장히 가벼워지신 거,

        같애요,

K: 예.

H: 그래서 도리어 이런 모습이,

        아,

        효도가 아닌가,

        어떤 부분에서는,

        감사한 부분이죠.

K: 시청자에게 마지막으로,

        영화배우로서의 꿈을,

        제시해 주시기 바랍니다.

H: 배우는,

너무 어려운거 같애요,

하면 할수록,

매번의 불안감과,

예민함이 있는 거 같애요,

어떤 역할을 만나서,

사람을 이해하지 못하면서,

어떻게 캐릭터를,

이해를,

하겠냐는거죠,

K: 그[렇죠].

H: [사람]들 이해하는 그릇을,

계속 넓혀가는 그런,

사람이 됐으면 좋겠어요,

K: 고민해결을 위한 판,

들어와 주시기 바랍니다,

꽉꽉,

H씨와,

소통에 목말라하는 팬들을 위한,

연중행사,

소통데이,

1년에 딱 한번 떠난다는,

1박,

2일,

위문열차가 되겠습니다.

H: 아 예,

	좋은 거 같애요,
	좀 시간을 갖고,
K:	아.
H:	팬들하고 얘기를 좀 나누면,
S:	오=
H:	저에 대한 오해들이,
	풀리지 않을까라는 생각이 드네요.
K:	팬들만 원한다면
	본인 스케줄을 조정해서라도 1박2일간 소통데이를 갖고 싶다.
H:	네.
K:	건방진도사,
	어떤 프로그램이 준비되있습니까↗
S:	네,
	보시면 아시겠지만,
	엠씨로 B씨가,
	대기중이십니다,
	그리고 가장 빛나는 시간,
	H씨의 만담타임이,
K:	[예]
S:	[기]다리고있습니다,
H:	오우
K:	다양한 이미지 변신이 당연한배우,
	H,
	그동안 팬들에게 무심했던 과거는 잊고,
	대한민국 연기파,
	국가대표 배우로,

H야,

영원하라↗

참/고/문/헌/

- 강소영(2004), 『명사구 보문 구성의 문법화』, 한국문화사.
- 강소영(2005), 「구어담화에서의 '그래 가지고'의 의미」, 『한국어의미학』16, 1-21쪽.
- 강소영(2008), 「우측 어순변동구문의 실현양상과 의미기능 연구」, 『한국어의미학』20, 1-20쪽.
- 강소영(2008), 「어순도치구문의 담화기능 분석」, 『한국어의미학』26, 1-20쪽.
- 강소영(2012), 「해외거주 한국화교의 한국어 사용현황 연구」, 『어문연구』70, 5-28쪽.
- 강소영(2012), 『언어와 여성』, 지식과 교양.
- 강소영(2013), 「성별 어순도치구문의 담화전략의 차이 연구」, 『텍스트언어학회 봄철 학술대회 발표 자료집』(2013. 5. 3.).
- 강소영(2013), 「화제 첫머리에 분포하는 담화표지의 실제」, 『어문연구』79, 5-30쪽.
- 강소영(2014), 「한국어 구어담화에서 추가어의 담화기능 연구」, 『텍스트언어학』37집, 13-39 쪽.
- 강소영(2014), 「복합형 담화표지의 의미기능 연구」, 『한국어의미학』44, 313-344쪽.
- 구현정(1989), 「조건과 주제」, 『언어』14, 53-79쪽.
- 구현정(1999), 「범언어적으로 본 조건 범주의 문법화」, 『한국어의미학』4, 161-188쪽.

- 구현정(2011), 「관용 표현의 확장 기제」, 『담화와 인지』18-3, 1-22쪽.
- 국립국어연구원(1999), 『국어의 시대별 변천 연구4』, 국립국어연구원.
- 김 영(2011), 『중국조선족의 코드변환연구』, 숭실대 석사학위논문.
- 김경미(2008), 「1940년대 어문정책하 이광수의 이중어 글쓰기 연구」, 『한민족어문학』53, 41-74쪽.
- 김규현(2006), 「한국어 대화에서 나타나는 첨가어의 순차적 분석」, 『언어와 언어학』37, 21-48쪽.
- 김규현(2008), 「한국어 대화구조와 문법」, 『응용언어학』24-3, 31-62쪽.
- 김규훈(2007), 「성인화자의 말하기 평가 방법」, 『화법연구』11, 109-138쪽.
- 김미선(2012), 「토크쇼에서의 대화교대 양상」, 『어문논집』, 7-31쪽.
- 김미선(2012), 「'그런데'의 담화 기능 연구」, 『인문과학연구』34, 35-54쪽.
- 김미숙(1997), 「대화구조로 본 '아니'의 기능」, 『담화와 인지』4-2, 77-101쪽.
- 김선희(1991), 「여성어에 대한 고찰, 『목원대 논문집』19, 117-127쪽.
- 김선희(1995), 「담화표지의 의미 연구」, 『논문집』27, 1995, 5-26
- 김세은 · 정성은(2013), 「건강오락프로그램에서 유머의 사용

이 정보기억, 건강인식변화, 건강행위 실천의도에 미치는 영향」,
『한국방송학보』26-3, 52-93쪽.

· 김수진, 『신여성, 근대의 과잉』, 소명출판, 2009.

· 김순자(1999), 「대화의 맞장구 수행 형식과 기능」, 『텍스트언어
학』6, 45-69쪽.

· 김순자(2000), 「말차례 뺏기에 나타난 남녀 화자의 특징」, 『화법
연구』2, 61-92쪽.

· 김영철(1999), 「개화기 국어 어휘」, 『국어의 시대별 변천 연구』,
국립국어연구원, 115-162쪽.

· 김유진(2008), 「대화의 도치구문에 나타나는 강조표현에 대한
연구」, 『한국언어문화』37, 89-109쪽.

· 김유진(2009), 「대화의 도치 구문에 나타나는 첨가 기능의 효과
에 대한 연구」, 『언어연구』25-3, 511-527쪽.

· 김일웅(1986), 「생략의 유형」, 『국어학신연구』, 483-494쪽.

· 김정자(2002), 『재일 한국인 1세의 한국어, 일본어 혼용 실태에
대한 연구』, 태학사.

· 김종도 역(1987), 『인지문법의 토대』, 박이정.

· 김해련(2011), 『일제 강점기 조선어과 교과서와 조선인』, 역락.

· 김해연(1997), 「기능문법과 담화분석」, 『인문학연구』26, 17-39
쪽.

· 김해연(2001), 「대화, 사회행위, 그리고 문법」, 『인문학연구』33,
41-74쪽.

· 김해연(2003), 「한국어와 영어 대화상에서의 말차례 덧댄말의
형태와 기능」, 『담화인지언어학회 17회 학술대회 발표자료집』,

89-101쪽.

- 김해연(2004), 「대화상에서 어순변이형과 첨가어구문에 대한 상호작용적 접근」, 『인문학연구』 37, 97-113.
- 김해연(2008), 「개화기 영어 어휘의 차용과 번역의 문제에 대한 의미론적 고찰과 분석」, 『언 어』 33-3, 457-480쪽.
- 김형철(1994), 「개화기 신문의 어휘 연구-제국신문을 중심으로」, 『어문논집』 5 115-162쪽.
- 김형철(1997), 『개화기 국어 연구』, 경남대출판부.
- 노상래(2004), 『국민문학 소재 한국작가의 일본어 소설 연구』, 『한민족어문학』 40, 353-411쪽.
- 노양진, 나익주 역(1995), 『삶으로서의 은유』, 서광사.
- 노은희(2012), 「본격적인 화제 전환을 위한 담화 표지 연구」, 『화법연구』 20-2, 39-69쪽.
- 민현식(1994), 「개화기 국어 문체에 대한 종합적 연구(1)」, 『국어교육』 83. 113-152쪽.
- 민현식(1994), 「개화기 국어 문체에 대한 종합적 연구(2)」, 『국어교육』 84, 101-123쪽.
- 민현식(1995), 「국어의 여성어 연구」, 『아세아여성연구』 34, 7-64쪽.
- 민현식(2002), 「개화기 국어 변화의 계량적 이해」, 『한국어문학연구』 39, 47-80쪽.
- 민현식(2002), 「개화기 국어 어휘 연구 방법의 재검토」, 『동양학』 32, 257-289쪽.
- 박성현(1996), 『한국어 말차례 체계와 화제』, 서울대 박사학위

논문.

- 박성현(2008),『한국어 대화 화제와 말차례 체계』, 집문당.
- 박수현(2011),『한국어-중국어 이중언어사용 연구』, 영남대 석사학위 논문.
- 박영섭(2002),「개화기 국어 어휘 연구」,『한국어의미학』11, 161-176쪽.
- 박영섭(1997),『개화기 국어 어휘 자료집 1-5』, 서광학술자료사.
- 박용익(2001),『대화분석론』, 역락
- 박창균(1999),『대화분석을 적용한 말하기 교수-학습방법 연구』, 인천교육대 석사학위논문.
- 박형익(2004),「1910년대 출간된 신어 자료집의 분석」,『한국어학』22, 153-183쪽.
- 서려(2009),『개화기 신어의 기원과 특징』, 인하대학교 석사논문.
- 손정목(1996),『일제강점기 도시사회상 연구』, 일지사.
- 손희연, 서세영(2003),「한국화교 화자들의 이중언어 사용연구」,『사회언어학』6-1, 186-211쪽.
- 송 민(1988),「일본수신사의 신문명어휘 접촉」,『어문학논총』7, 51-65쪽.
- 송 민(1991),「개화기 어휘 개신에 대하여」,『어문학논총』11, 41-61쪽.
- 송 민(1994),「갑오경장기의 어휘」,『새국어생활』4-4, 54-73쪽.
- 송 민(1999),「신생한자어의 성립배경,『새국어생활』9-2, 155-160쪽.
- 송 민(2001),「개화기 신생한자어연구1」,『어문학논총』20,

33-77쪽.

- 송 민(2002), 「개화기 신생한자어연구2」, 『어문학논총』21, 53-95쪽.
- 송 민(2003), 「개화기 신생한자어연구3」, 『어문학논총』22, 1-34쪽
- 수유근대매체연구팀(2005), 『(매체로 본 근대여성 풍속사) 신여성』, 한겨레신문사.
- 신병주(2001), 「승정원일기의 자료적 가치에 관한 연구」, 『규장각』24, 1-22쪽.
- 신중진(2007), 『개화기 국어의 명사 어휘 연구』 태학사.
- 신지연(1998), 『국어 간투사의 위상연구』, 서울대 석사학위논문.
- 신지연(2001), 「국어 감탄사와 의미구조」, 『한국어의미학』8, 241-260쪽.
- 신칠범(2011), 『국어 감탄사의 담화표지 기능 연구』 한국교원대 석사학위논문,
- 신현숙(1989), 「담화대용표지의 의미 연구」, 『국어학』19, 427-451쪽.
- 안주호(1992), 「한국어 담화표지 분석」, 『말』17, 21-37쪽.
- 안주호(1992), 「한국어 담화표지 분석」, 『외국어로서의 한국어교육』17-1, 21-38쪽.
- 안주호(1997), 『한국어 명사의 문법화 현상 연구』, 한국문화사.
- 안주호(2012), 「감탄사 유래 담화표지의 의미기능 연구」, 『언어과학연구』61, 91-116쪽.
- 안한나(2005), 『재미교포 한국어 학습자의 정체성 지각에 관한 연구』, 연세대 석사학위 논문.

- 양영하(2006), 『한국어 대화의 순서교대 양상 연구』, 상명대 박사논문.
- 오승신(1995), 『국어의 간투사 연구』, 이화여대 박사학위논문.
- 왕새(2016), 『한국어 화제전환 담화표지 교육방안 연구』, 중앙대 석사학위논문.
- 유미진(2005), 「일본 근대 번역한자어의 생성과 수용연구」, 『일본언어문화』6, 75-93쪽.
- 이기갑(1996), 「한국어 첨가구문의 담화론적 해석」, 『국어학』27, 1-28쪽.
- 이대 한국문화연구원(2004), 『근대 계몽기 지식 개념의 수용과 그 변용』, 소명.
- 이대 한국문화연구원(2006), 『근대 계몽기 지식의 발견과 사유 지평의 확대』, 소명.
- 이석규, 김선희(1992), 「남성어, 여성어에 관한 연구」, 『어문학연구』2, 35-74쪽.
- 이성하(1998), 『문법화의 이해』, 한국문화사.
- 이원표(1999), 「토크쇼에서의 말 끼어들기」, 『담화와 인지』6-2, 23-59쪽.
- 이원표(2001), 『담화분석』, 한국문화사.
- 이원표 역(2004), 대중매체 담화분석, 한국문화사.
- 이지영(2005), 「한국어 화제전환 표현 연구」, 『국어교육』117, 521-548쪽.
- 이한규(1996), 「한국어 담화표지어 '그래'의 의미연구」, 『담화인지언어학』3, 1-26쪽.

- 이한규(2012), 「한국어 담화표지어 '아니'의 의미」, 『현대문법연구』67, 145-171쪽.
- 이한섭(1987), 「서유견문에 받아들여진 일본의 한자어에 대하여」, 『일본학』6, 85-107쪽.
- 이한섭(1990), 「개항 이후 한일 어휘 교섭의 일단면」, 『일본학보』24, 125-146쪽
- 이한섭(2010), 「개화기 일본신문명 어휘의 도입에 대하여」, 『일본학연구』30, 23-49쪽.
- 이혜란 외 공역(1995), 『2개언어 상용과 그 이론』, 한국문화사.
- 이호선(1984), 『한국TV연예오락발전방안연구』, 중앙대학교 석사학위논문.
- 임규홍(1996), 「국어 생략현상에 대한 연구」, 『국문학』57, 281-319쪽.
- 임규홍(1996), 「국어 담화 표지 '인자'에 대한 연구」, 『담화와 인지』2, 1-20쪽.
- 임규홍(2001), 「국어 담화의 끼어들기 유형에 대한 연구」, 『언어과학연구』20, 321-352쪽.
- 임규홍(2005), 「국어 담화표지 '자'에 대한 연구」, 『우리말글』34, 99-121쪽.
- 전영옥(2002), 「한국어 담화표지의 특징 연구」, 『화법연구』4, 113-145쪽.
- 전영옥(2003), 「한국어 억양단위」, 『담화와 인지』 10-1, 241-265쪽.
- 전영옥, 남길임(2005), 「구어와 문어의 접속표현 비교 연구」, 『한

말연구』17, 169-194쪽.

- 전태현, 이주행, 박경래(2005),「사회언어학적 관점에서 본 한국인과 중국조선족 언어사용 양 상」,『국제한국언어문화학회 학술발표대회논문집』, 85-105쪽.

- 정희자(1996),「영어 담화에서 초점형과 어순변형」,『언어과학』3, 227-257쪽.

- 조태린(1997),『일제시대의 언어정책과 언어운동에 관한 연구』, 연세대 석사학위논문.

- 차지현(2007),『한국어 대화의 말 끼어들기 연구』, 연세대 석사학위논문.

- 최경옥(2002),『한국 개화기 근대외래한자어의 수용연구』, 한양대 박사학위논문.

- 최웅환(2015).「국어 감탄사와 품사분류 준거」.『국어교육연구』57, 223-250쪽.

- 최재오(2005),「한-영 이중언어구사들의 Code Switching 연구」,『이중언어학』31, 253-276쪽.

- 한기형 외(2006),『근대어 근대매체 근대문학 :근대매체와 근대언어질서의 상관성』, 성대대동문화연구원.

- 한기형(2005),「근대어의 형성과 매체의 언어전략」,『역사비평』71, 356-377쪽.

- 홍윤표(1984),「현대국어의 후치사 '가지고'」,『동양학』14, 25-40쪽.

- Blackmore, Diane(1987), Semantic Constraints on Relevance, Oxford: Blackwell.

- Chafe, Wallace(1976). "Givenness, contrastiveness, definiteness, subjects, topics, and point of view" in Charles N. Li(eds.), Subject and topic, New York: Academic Press, pp.25-55.

- Chafe, Wallace(1994), Discourse, Consciousness, and Time, Chicago: The University of Chicago Press.

- C. Ford, B. Fox and S. Thompson(2001), "Constituency and the grammar of turn increments", The language of turn and sequence, New York: Oxford University Press, pp.3-13.

- D. Silverman(1998), "Harvey Sacks: Social Science and Conversation Analysis", Social Science and Conversation Analysis, Oxford Univ Press.

- Du Bois John et al(1992), "Discourse Transcription", Santa Barbara Paper in Linguistics Vol.4, Santa Barbara: Dept. of Linguistics, UCSB, pp.47-85.

- Emanuel, Abraham, Schegloff(1996), "Turn Organization", in S. A. Thompson(eds.), Interaction and Grammar, Cambridge: Cambridge University Press, pp.134-184.

- Ford Cecilia, Barbara Fox Sandra Thompson(2001), "Constituency and the grammar of turn increments", In Cecilia Ford, Barbara fox & Sandra Thompson(eds.), The language of turn and sequence, Oxford University Press, pp. 3-13.

- Ford, Ceilia & Sandra Thompson,(1996), "Interactional units in conversation", In Elinor Ochs, Emanuel A. Schegloff, Sandra A. Thompson, Interaction and Grammar, Cambridge: Cambridge

University Press, pp. 134-184.

- Ford Cecilia, Barbara Fox Sandra Thompson(2001), "Constituency and the grammar of turn increments", The language of turn and sequence, ed, by Cecilia Ford, Barbar fox & Sandra Thompson, Oxford University Press.
- Ford, C. E. (1993) Grammar in Interaction. Cambridge: Cambridge University Press.
- Fraser, Bruce(1990), "An approach to discourse marker", Journal of Pragmatics14,
- Goodwin, Charles(1981). Conversational organization: interaction between speakers and hearers. New York: Academic Press.
- Gumperz, John. J.(1982), Discourse strategies, Cambridge University Press.
- Gundel et al.(1993), "Cognitive status and the form of referring expressions in discourse", language 69, pp.274-307.
- Halliday, M and Hansan R(1976). Cohesion in English, London: Longman.
- Kim Kyu-hyun(2001), "Turn-constructional practice in Korean conversation", language Research 37-4, pp.885-922.
- Lehmann, C.(1991), "Grammaticalization and related changes in contemporary German", ed) Traugott, E.C. & Heine, B. Approaches to Grammaticalization Ⅱ, Amsterdam/Philadelphia: John Benjamins Publishing Company.

• Myers Scotton(1993), Social motivations for code switching. Oxford University press.

• Pain, Jean(2009), "Not Just Talking- Conversational Analysis", Harvey Sacks' Gift to Psychotherapy, Stylus Pub Llc.

• Prince, Ellen(1981), "Toward a taxonomy of given-new information", in Peter Cole, Radical Pragmatics, New York: Academic Press. pp.223-255.

• Sacks H.(1987), "On the preference for agreement and contiguity in sequences in conversation", In G. Button and J. R. E. lee(eds). Talk and Social organization, pp.54-69.

• Sacks, Harvey. Emanuel Schegloff & Jefferson Gail(1974), "A simplest systematics for the organization of turn-taking for conversation", Language 50. pp. 696-735.

• Schegloff, Emanuel A.(1987), "Recycledturn beginnings, In button", Graham & John R. E. Lee(eds). Talk and Social Organization, Clevedon:Multilingual Matters Ltd, pp.70-85.

• Schegloff, Emanuel. A(1996), "Turn Organization", In Ochs, Elinor, Emanel Schegloff & Sandra A. Thompson(eds.), Interaction and Grammar, Cambridge: Cambridge University Press, pp. 134-184.

• Schegloff, Emanuel(2000), "On turn's possible completion, more or less: I ncrements and trail-offs", UCLA ms.

• Schiffrin, Deborah(1987), Discourse Markers, Cambridge University Press.

494

찾/아/보/기/

저자 | 강 소 영

이화여대에서 『명사구보문구성의 문법화』로 박사학위를 취득한 이후, 국어학, 한국어교육, 글쓰기 교육 등 다방면에서 강의 경험을 쌓아왔다. 이화여대 〈우리말과 글쓰기〉 전임강사, 이화여대 HK연구교수로 재직하면서 여러 영역을 통합적으로 수용한 연구 경험을 가질 수 있었다. 현재 전사 자료를 구축하고 이를 섬세하게 들여다보는 작업을 진행하고 있다. 사람과 사람 사이의 소통을 원활하게 이끄는 언어 요소를 찾아내 의미를 부여하고, 그것이 교육내용으로 드러나 학생들에게 현실화되는 모습을 보고 싶은 소망이 있다. 연구 저작으로는 『우측어순도치구문의 사용에 내재한 성별 담화전략 연구』, 『생각을 엮는 글쓰기』, 『언어와 여성』 등이 있다.

구어 전사자료의 구축과 연구의 실제

초판 인쇄 | 2017년 4월 14일
초판 발행 | 2017년 4월 14일

저 자 강소영

책임편집 윤수경

발 행 처 도서출판 지식과교양
등록번호 제 2010-19호
주 소 서울시 도봉구 쌍문1동 423-43 백상 102호
전 화 (02) 900-4520 (대표) / 편집부 (02) 996-0041
팩 스 (02) 996-0043
전자우편 kncbook@hanmail.net

ISBN 978-89-6764-075-0 93700   정가 38,000원

＊ 이 저서는 2014년 정부(교육부)의 재원으로 한국연구재단의 지원을 받아 수행된 연구임.
  (NRF-2014S1A5B5A07040153)